U0133933

MICHAEL LOUNSBURY

PAUL M. HIRSCH

MARKETS ON TRIAL

金融危机的经济社会学分析

审判市场

[加]龙思博 保罗·赫希 主编；魏一帆 翟慎霄 毛文琳 译

（上）

THE ECONOMIC SOCIOLOGY OF
THE U.S. FINANCIAL CRISIS

ZHEJIANG UNIVERSITY PRESS
浙江大学出版社
·杭州·

图书在版编目（CIP）数据

审判市场：金融危机的经济社会学分析 /(加)龙思博,(加)保罗·赫希主编；魏一帆,翟慎霄,毛文琳译. -- 杭州：浙江大学出版社，2023.1

书名原文：Martets On Trial: The Economic Sociology of the US Financial Crisis

ISBN 978-7-308-22521-2

Ⅰ.①审… Ⅱ.①龙… ②保… ③魏… ④翟… ⑤毛… Ⅲ.①金融危机—经济社会学—研究 Ⅳ.①F830.99

中国版本图书馆CIP数据核字（2022）第062642号

MARKETS ON TRIAL: PT A: THE ECONOMIC SOCIOLOGY OF THE U.S. FINANCIAL CRISIS

This translation of Markets On Trial: The Economic Sociology of the U.S. Financial Crisis by Michael Lounsbury and Paul M. Hirsch is published under licence from Emerald Publishing Limited of Howard House, Wagon Lane, Bingley, West Yorkshire, BD16 1WA. United Kingdom

This edition arranged with Emerald Publishing Limited through Big Apple Agency, Inc., Labuan, Malaysia.

浙江省版权局著作权合同登记图字：11-2022-127 号

审判市场：金融危机的经济社会学分析

（加）龙思博　（加）保罗·赫希　主编

责任编辑	谢　焕	
责任校对	陈　欣	
封面设计	云水文化	
出版发行	浙江大学出版社	
	（杭州天目山路148号　邮政编码：310007）	
	（网址：http://www.zjupress.com）	
排　　版	浙江时代出版服务有限公司	
印　　刷	杭州钱江彩色印务有限公司	
开　　本	880mm×1230mm　1/32	
印　　张	22.75	
字　　数	629千	
版 印 次	2023年1月第1版　2023年1月第1次印刷	
书　　号	ISBN 978-7-308-22521-2	
定　　价	138.00元	

目 录

导 言
正在试验的市场：走向政策导向的经济社会学

龙思博（Michael Lounsbury），保罗·M. 史密斯（Paul M. Smith）

市场失灵往往具有毁灭性的社会影响，而且市场失灵越是剧烈和广泛，其背后的意识形态和政策就越需要严格审查（Polanyi，1944）。与1929年股市崩盘和大萧条相似，21世纪初的事件造成了更大的不确定性和模糊性，而重新评估共识的努力也提升了。在过去的30年里，芝加哥和奥地利自由市场经济学派的新古典主义模式影响并指导了美国政府的政策和执法，导致他们对银行业和投资业监管力度的严重削减。尽管这些思想和实践也传遍了世界各地，但美国起到了"灯塔"的作用。华尔街成了疯狂的西方，市场不断出现泡沫和崩溃，最终导致了所谓的大衰退，它是由2008年次贷危机和随之而来的全球金融崩溃引发的。在最近一次金融危机的余波中，美联储主席格艾伦·格林斯潘（Alan Greenspan）承认："我们中那些为了保护股东权益而关注贷款机构自身利益的人，包括我自己在内，都处于震惊得难以置信的状态。"（《纽约时报》，2008年10月24日）在2008年房地产泡沫破裂后，格林斯潘承认说："我认为决定了世界是如何运作的关键性功能结构模型中有一个缺陷。"（PBS新闻周刊，

2008年10月23日）

如此引人注目的忏悔应该会让那些继续宣扬新自由主义的人停下来。对于社会科学家来说，大萧条事件已经为金融市场提供了更多、更广泛的概念和方法。鉴于根植于新古典微观经济学的自由市场方法近年来受到越来越多的质疑，当前的全球灾难为经济学学科内外关于经济的其他观点的繁荣发展提供了更大的动力。经济学内部范式变体的发展包括制度经济学的扩展（North，1990；Williamson，2000），通过行为经济学引入更丰富的个体心理学的方法（例如Akerlof & Shiller，2009），以及宏观经济学的复兴，其中包括了凯恩斯主义的复兴（尽管有所修正）（例如Hayes，2008）。与这些来自内部的"异端邪说"运动相反，本书的重点是提供一个强大的、正在崛起的范式，其贡献已经出现在经济学学科以外的经济社会学中。我们的目标是将成果颇丰的经济社会学作为一个展示棱镜，探讨金融危机，处理关于金融体系的关键的建构性和政策性问题，以及倡导发展一种更具政策导向的经济社会学。

经济社会学是一个多元化、快速发展的国际性领域。它在几个基本方面不同于自由市场和经济理论的其他变体（例如Block，1990）。一个关键的区别是，大多数经济模型都依赖于一个非常狭隘的人类理性假设。经济社会学家对此提出了挑战，他们强调了理性是如何被社会建构和文化制约的（例如：Fligstein，1990；Dobbin，1994；Hamilton & Biggart，1988）。此外，经济社会学家没有把对市场的理所当然的理解作为计算经济行为体的场所，而是质疑市场的普遍概念及其内在效率，并采取一种更具批判性和经验性的方法来评估其更广泛的架构和动力机制（特别是Fligstein，2001）。

经济社会学家指出，必须更多地考虑权力、国家背景、国家、监管机构、文化和社会网络等关键因素。经济学家倾向于忽视经济行为是如何从根本上与这些更广泛的关注点相互渗透的（Swedberg，1994；Granovetter，1985）。虽然经济社会学的知识扎根于马克斯·韦伯

（Max Weber）、卡尔·马克思（Karl Marx）和埃米尔·涂尔干（Emile Durkheim）等学者的经典著作中（例如，Granovetter & Swedberg，1992），经济社会学作为社会学的一个正式子领域的发展还是相对较新的。社会学家阿米塔·埃奇奥尼（Amitai Etzioni）于1989年创立了社会经济促进会（SASE）。SASE是一个国际组织，通过其年度会议和期刊《社会经济评论》（Socio-Economic Review）支持跨学科的经济分析方法。在过去的20年里，出版了大量的经济社会学教科书和卷册（例如：Carruthers & Babb，1999；Dobbin，2004；Granovetter & Swedberg，1992；Guillen, Collins, England & Meyer，2002；Swedberg，1990），以及两个版本的经济社会学手册（Smelser & Swedber，1994，2005）。2001年，美国经济社会学家在美国社会学协会设立了一个正式的分会。

随着过去40年当代经济社会学的发展，人们越来越关注金融市场及其在更广泛经济中的作用。然而，积累起来的大量文献很少关注经济和金融政策问题（Block，1990；Dobbin，1993；Krippner，2007），减弱了这场知识运动所带来的影响。尽管社会学学科的学术研究，包括经济社会学的一些工作，有助于我们更普遍地理解和发展社会政策（例如，Coleman et al.，1966；Jencks，1992；Dobbin，2009），本书代表了培养一个更具社会学知识的金融市场和经济政策的方法的第一次系统性努力。幸运的是，经济社会学拥有丰富的实证研究结果和概念发展基础，这使其具有独特的优势，其在指导制定独特的政策见解和建议方面应该是有用的。

在一项重要的早期研究中，贝克（Baker，1984）展示了股票期权交易所场内交易员之间的网络关系如何影响期权价格波动的方向和幅度，这与基于超理性的市场行为的理想典型经济模型相矛盾。阿博拉菲亚（Abolafia，1996）以纽约证券交易所为背景扩展了这些基本见解，强调了社会、文化和政治动态如何塑造交易员的行为（另见Abolafia & Kilduff，1988）。这项工作的一个核心观点是，追求狭隘的自我利益，这是市场经济模型背后的一个关键假设，但即使是在金融市场交易中，这种追求也会受到文化的制约，并有着多样性的表达，甚至在最有可能发现理想化的新古典主义经济方法所描述的市场有效性的金融市场中也是如此。

强调经济行为中相当大的跨国差异的比较研究工作（例如：Biggart & Guille'n，1999；Dobbin，1993，1994；Hamilton & Biggart，1988；Hollingsworth & Boyer，1997），以及经济和管理思想（Fourcade，2009；Guillen，1994），支持了这些基础性的经济社会学见解。然而，尽管社会经济学有着极具吸引力的简约性，并在政策制定界被普遍使用，但以美国为基础的经济学思想的吸引力，以及其在美国和国际货币基金组织等主要国际机构的传播者中的力量，已经产生了削减世界各地差异性的危险（Babb，2001；Campbell & Pedersen，2001；Fourcade Gourinchas & Babb，2002；Prasad，2006）。1989年柏林墙倒塌后，俄罗斯、东欧和其他地方的新自由主义市场试验生动地展示了这一点（如Sachs，1992，1993）。也就是说，经济社会学家已经证明，为适应20世纪后半叶芝加哥学派自由市场经济思想而对金融和企业实践进行的改革，并不局限于美国——核心经济和金融机构，如中央银行（Polillo & Guillén，2005），证券交易所（Weber，Davis & Lounsbury，2009）在美国各州迅速发展，并出现了新的全球金融市场结构（如Knorr Cetina & Bruegger，2002年）。虽然对这些现象趋势存在一些批评者（例如世界贸易组织和国际货币基金组织的抗议），但需要更多的学者关注市场机构内部和周围富有争议的政治所扮演的角色（King & Pearce，in press）。

美国金融经济思想和工具的广泛的文化性传播和广泛应用被称为"金融化"（例如，Krippner，2005，2010a）。金融化被认为是"通过金融渠道而不是通过贸易和商品生产，实现越来越多盈利的一种积累模式"（Krippner，2005）。许多经济社会学家认为，与金融化相关的趋势对于支撑近期泡沫和崩溃的过度杠杆化至关重要。更进一步，在《市场至上：金融如何重塑美国》（*Managed by Markets: How Finance Reshaped America*）一书中，戴维斯（Davis，2009）列举了金融市场的历史发展如何深刻地重塑了美国社会。他认为，金融化时代的出现带来了许多变化，包括从清教徒的节俭伦理转向以投资为基础的逻辑，这种逻辑影响了社会生活的方方面面，从我们如何看待房屋所有权到我们如何重视社会关系。既然植根于新古典经济模型政策和实践，被证明正在颠覆性地（以及公开地）重新配置我们的思维和行为方式方面具有相当大的潜力（例如，Beunza & Stark，2004；Ferraro，Pfeffer & Sutton，2005；Knorr Cetina & Preda，2004；MacKenzie，2008；MacKenzie & Millo，2003；Preda & Knorr Cetina，出版中；Whitley，1986），那么经济社会学的一个关键作用在于它能够有效拓展我们的智识想象力和反思能力，使我们更具批判性地评估思想在经济构成中的作用，并有助于产生更丰富的政策辩论和更知情的政策设计。

除了追踪广泛的概念发展和实践趋势外，经济社会学家还在金融领域的特定部门培养了一大批学者。基于哈里森·怀特（White，1981，2002）的基本观点，许多研究强调了社交网络是如何塑造关键金融参与者行为的。波多尼（Podolny，1993）强调了地位结构如何塑造投资银行的行为。其他人则研究了具体的关系网络如何影响风险投资公司的投资（Sorenson & Stuart，2001）和公司融资（Uzzi，1999）。

许多学者也强调文化和制度进程的作用。泽利泽（Zelizer，1979）展示了人寿保险的发展如何依赖于社会层面文化信仰的转变，这种转变使对人的生命价值的评估合法化。在随后的工作中，泽利泽（Zelizer，1995）强调了货币的含义是如何受到社会和文化的制约的（参见Carruthers & Babb，1996和Carruthers，2005对货币和信贷社会学的回顾）。朱克曼（Zuckerman，1999）已经证明了公司业务组合的分类如何影响证券分析师对公司证券的评级。龙思博（Lounsbury）（2002，2007）展示了市场逻辑的兴起如何重塑金融领域和共同基金行业的活动，财富管理的保守方法（例如，托管制）被避开，取而代之的是专业专家，比如基金经理，他们成了能够有效管理风险和"击败市场"的高技能参与者。马奎斯及其同事研究了制度逻辑和公共政策如何对商业银行的增长和结构产生影响（例如，Marquis & Lounsbury，2007；Marquis & Huang，2009）。施内贝格及其同事强调了美国保险业的结构和监管是如何与更广泛的文化—政治进程相联系的（例如：Schneiberg & Bartley，2001；Schneiberg，King & Smith，2008）。

财务与公司治理的关系也受到了广泛的关注。例如，以20世纪创立的马克思主义金融资本理论为基础的银行控制理论认为银行和保险公司能够以符合自身利益的方式影响公司战略（Glasberg & Schwartz，1983；另见Davis & Mizruchi，1999，关于银行对公司董事会直接影响的下降）。在20世纪80年代到90年代，这一对话促进了研究金融和非金融组织之间的连锁关系，以及对公司是如何被控制的评估等小作坊式的研究（例如：Fligstein & Brantley，1992；Mintz & Schwartz，1985；Mizruchi，1982；Mizruchi & Stearns，1994；Palmer，1983；评论见Mizruchi，1996；Stearns & Mizruchi，2005）。此外，还出现了一系列以公司治理为重点的研究，考察了机构投资者的作用（例如：Davis & Thompson，1994；Useem，1996），并跟踪了敌意收购的兴起进程（例如：Hirsch，1986；Davis，1991），反全球化（Davis，Diekmann & Tinsley，1994）与合并浪潮（例如：Davis & Stout，1992；Palmer，Barber，Zhou & Soysal，1995；Palmer & Barber，2001）。在一本开创性的书中，弗雷格斯坦（Fligstein，1990）追踪了20世纪后半叶，随着公司聘用具有财务背景（与运营或营销相反）的首席执行官，并开始将业务部门作为财务投资组合的组成部分进行管理，他研究了财务思维如何日益重塑公司（另见Perrow，2002；Roy，1997，作为重要的历史参考）。

尽管这篇关于金融市场的经济社会学方法的概述只触及了目前所积累的知识体系的表面，但它突出了对社会和经济相互渗透的动态进行仔细实证研究所能揭示的深度。鉴于经济学界在预测和预防最近的全球金融危机方面的显著失败，本书聚集了一些经济社会学领域的顶尖学者，对危机各个方面进行分析，并根据他们的分析制定政策建议，提供一个另类的集体声音。作为一个整体，本书通过考虑并做出初步探索，详细说明了文化和关系的方法在经济社会学的金融政策和改革市场研究领域的影响。

　　本书的作者们提出并赞同一些有趣的政策建议，自2008年抵押贷款危机和经济崩溃以来，美国国会已经对其中一些问题进行了讨论。本书的主要概念是：金融政策的设计需要通过理解和分析作为一个互联系统的组成部分的金融产品、金融组织、监管机构、基础设施组织（如评级机构）和其他专家的方法来进行。此外，这种系统的政策研究方法必须认识到行为体和实践嵌入丰富的文化和关系的性质，以及不同制度的分层性质如何产生可能威胁政策完整性、监管者独立性的权力关系，以及不同形式的专业知识和各种专家的效用（另见Zald & Lounsbury，出版中）。也就是说，本书中的许多文章都表明了监管者和其他政府官员在创造和支持最终走向歧路的市场实践和方向方面发挥的关键作用；言下之意是，任何以市场与国家分离为出发点的政策做法都注定要失败。尽管我们没有详细说明本书中讨论的所有政策含义，但作为一个整体，本书的作者们提出了许多具体的政策建议，讨论了贷款实践、评级机构的透明度和问责制、银行的资本比率、美联储的作用、衍生产品问题，以及建立一个独立的系统监管机构等问题。

　　在下文中，我们将对本书的文章进行分类。它们每一篇都揭示了当前金融危机的某些方面，也为经济社会学做出了一个以理论为导向的研究方向的铺垫，突出了解决具有重要政策含义问题的成果。不幸的是，鉴于最初的金融危机冲击余波将继续蔓延，我们的书只涉及这场伟大而漫长的戏剧的一小部分。尽管如此，我们相信本书展示了经济社会学作为处理资本主义核心制度和进程（尤其是那些与金融体系相关的制度和进程）之独特视角的力量。此外，它为未来的工作提供了一个基础，去揭示社会和经济的相互渗透作用，以及社会关注如何与经济和金融实践交织在一起。

研究领域和论据的概述

本书由六个部分组成：（1）危机；（2）与"正常事故"的相似之处和不同之处；（3）经济熔断的社会学和历史解释；（4）分析可比较的投机泡沫和商业周期；（5）国际比较与结论；（6）如何看待未来社会经济发展的分析。此外，还有一段后记，用来展望未来的政策和预防。每一篇文章都涉及其主要议题，最后都提出了有关更美好未来的切实可行的政策建议。

第一部分的文章提供了关于金融危机及其发展的观点，追踪了与抵押贷款证券化，特别是次级贷款和评级机构倒闭有关的问题。弗雷格斯坦和戈尔茨坦的第一篇文章《抵押贷款证券化危机的剖析》建立在弗雷格斯坦（Fligstein，2001）的市场结构观点基础上，旨在说明狭隘的经济理性为何没能指导抵押贷款支持证券（MBS）参与者的行为；相反，为了理解MBS市场的剧烈涨跌，他们展示了将其置于监管机构、抵押贷款发起人、抵押贷款打包人（商业银行和投资银行）、评级机构和此类债券持有人之间更广泛的关系领域中的重要性。该研究表明，从1993年到2003年，住宅房地产和MBS市场的快速扩张导致大型银行进入市场，并最终在优质和常规抵押贷款供应枯竭时转向风险较高的次级抵押贷款。弗雷格斯坦和戈尔茨坦强调了政府在创建MBS市场以及在一段时间内诱使银行进入MBS业务中所起的关键作用。他们认为，民主党和共和党的总统和国会通过了金融改革，扩大了MBS市场，并允许最大的银行在几乎没有任何控制的情况下运营，这是一种"监管俘获"（regulatory capture）。简言之，监管机构主动放弃职责。

弗雷格斯坦和戈尔茨坦在述说他们对这场危机的社会学描述时，驳斥了一些支持这场危机的传统经济描述。他们质疑这样一种观点，即相对于其他复杂的证券，抵押贷款支持证券产品（如债务抵押债券）更不透明，更难理解。他们还强调了抵押贷款支持证券市场并不像人们通常认为的那样支离破碎，五家大公司至少控制了整个市场的40%。总的来说，弗雷格斯坦和戈尔茨坦对这场危机做出了令人信服的解释，提出了有用的政策建议，并有力地论证了对市场进行社会学知情、实地分析的效用。

到2008年春季，贝尔斯登（Bear Stearns）破产时，这场危机就已经开始酝酿，但直到2008年秋季雷曼兄弟（Lehman Brothers）破产后，危机才进入恐慌阶段。斯维德伯格（Swedberg）在《信心结构与雷曼兄弟倒闭》（"The Structure of Confidence and the Collapse of Lehman Brothers"）一文中生动地追溯和解释了这些进展。借鉴沃尔特·白芝浩（Walter Bagehot）的经典之作《伦巴第街》［Lombard Street，（1873）1992］，他提出金融恐慌通常是由隐藏的损失和市场信心的下降所催化的。对这些机制的关注为理解雷曼最终破产，以及2008年末和2009年初随之而来的全球金融恐慌提供了切入点。斯维德伯格注意到人们对信心在金融市场中的作用关注甚少，他主张将"信心"一词作社会学概念化，认为行动可以基于中介信号（proxy sign），而不是关于经济形势本身的直接信息。他认为，这样一种社会学的信心方法是必要的，应以此来对抗行为经济学家强调的"非理性"机制，这种机制认为信心属于我们的"动物精神"（例如，Akerlof & Shiller，2009）。斯维德伯格恰当地指出："当面对分析构成现代金融体系的复杂社会制度的任务时，提及人性是多么无力。"

罗纳－塔斯（Rona-Tas）和希斯（Hiss）以及卡拉瑟斯（Carruthers）的文章探讨了评级机构在危机中的作用。在《评级在次贷危机中的作用：企业的艺术和消费者信用评级的科学》（"The Role of Ratings in the Subprime Mortage Crises: The Art of Corporate and the Science of Consumer Credit Rating"）一文中，罗纳－塔斯和希斯批判性地比较了消费者和企业评级机构，并强调评级机构错误的决策方法阻碍了对证券质量的有效判断，并促成了这场危机。例如，他们强调了消费信贷评分的形式化是如何导致经济崩溃的，因为这种形式化在估计违约可能性时提供了越来越糟糕的关于未来的预测。此外，他们还发现了许多与绩效、内生性、反应性和利益冲突等相关的问题，并指出，对公司证券的评级最好由业务模式不依赖个别发行人资源的公共机构来提供。值得注意的是，他们的文章涉及金融社会研究的重要文献（例如：Beunza & Stark，2004；Knorr Cetina & Preda，2004；MacKenzie，2008；MacKenzie & Millo，2003；Preda & Knorr Cetina，出版中），将科技研究的传统延伸到金融领域。罗纳—塔斯和希斯强调了经济社会学家与这一更具民族志色彩的传统进一步接触后的成果。

卡拉瑟斯的《知识和流动性：次贷危机的制度和认知基础》（"Knowledge and Liquidity: Institutional and Cognitive Foundations of Subprime Crisis"），关注了信用评级机构如何通过继续为抵押贷款支持证券提供有利评级来刺激泡沫，并扩展了这一主题。评级机构提供的信息（即评级）巩固了金融市场的流动性。当评级被发现具有误导性时，流动性就会枯竭——投资者停止投资，银行停止放贷（见Carruthers & Stinchcombe，1999，关于流动性的社会结构）。卡拉瑟斯认为，评级机构提供的建议不仅受到机构分析的影响，而且也受到其所处金融界的影响。他指出，金融界是"一个紧密结合、自我意识强、容易出现各种羊群行为和竞争行为的独特受众"，正是这些受众和评级机构之间的互动产生了促成泡沫形成的信息。

波兹内（Pozner）、斯蒂姆勒（Stimmler）和赫希（Hirsch）用《终端同构和成功的自我毁灭潜力：次级抵押贷款发起和证券化的教训》（"Terminal Isomorphism and the Self-Destructive Potential of Success: Lessons from SubPrime Mortgage Origination and Securitization"）一文为第一部分做了总结。这篇具有批判性的文章关注的是认知过程和微观机制，这些都是金融公司功能失调的决策基础，几乎摧毁了金融市场。该文记录了组织层面上看似合理的做法（即次级贷款）是如何助长发生在系统层面的危机和集体非理性的。他们强调了未来对组织制度主义和更多的微观和中观视角的组织理论进行研究的可能性。

第二部分中的文章建立并发展了佩罗（Perrow）的"正常事故视角"（Perrow，1984），探讨了其在全球金融危机研究中概念化的效用。他们还提出并评估了机构问题——经济熔断的严重程度是否可以降低，何时会出现？帕尔默（Palmer）和马赫尔（Maher）的《抵押贷款危机的正常事故分析》（"A Normal Accident Analysis of the Mortgage Meltdown"）阐述了佩罗的"正常事故"理论，并将其应用于抵押贷款危机。要被称为"正常事故"，必须存在高度复杂、紧密耦合和相互依赖的条件。该文显示了金融部门是如何满足这些条件的。在他们看来，一旦这些条件到位，经济熔断就很难预防，会成为一场等待发生的事故。帕尔默和马赫尔还提出并检讨了不当行为的问题。他们注意到"正常事故"理论通常假定了有关行为者是诚信的，并提出了在经济熔断事件中诚信缺失的问题。尽管这一部分中的所有文章都讨论了这些代理问题，但作者一致认为，要在未来避免此类灾难的政策，金融体系必须变得不那么复杂、不那么紧密耦合，并变得更加分散。

在《2007—2009年的全球危机：市场、政治和组织》（"The Global Crsis of 2007–2009: Markets, Politics, and Organizations"）一文中，吉伦（Guillén）和苏亚雷斯（Suárez）强调了组织和机构的先兆，这些先兆导致并促成了金融体系崩溃的"正常事故"，不仅在美国，还在全世界。该文展示了更复杂、更紧密耦合的脚手架是如何在很大程度上通过一些组织和行业的强力游说而建立起来的，而这些组织和行业受到他们所推动的放松管制后果的影响最大。由于他们促成了监管和透明度的缺乏，他们便可以向冰岛、爱尔兰、希腊和其他国家的银行和政府出售"有毒性的"金融工具和信用互换。吉伦和苏亚雷斯建议美国金融业者之间形成更为松散的耦合，而其他国家应根据其政治和经济环境进行改革。

施奈贝格（Schneiberg）和巴特利（Bartley）的《监管还是重新设计金融体系？市场结构、正常事故和监管改革的困境》（"Regulating and

Redesigning Finance: Market Architectures, Normal Accidents and Dilemmas of Regulatory Reform"）一文扩展了可用于阻止金融崩溃的政策选择，重点讨论了两种类型的经济改革方法。第一种方法以给定的金融架构为基础，提出了一系列改革建议，试图对那些容易发生"正常事故"的复杂且紧密耦合的系统进行监管。这些措施包括提高评级机构管理能力的数量级，并将监管发展为学习系统，以应对互联性、创新和持续的金融创新所产生的不确定性。第二种方法建议，通过将金融服务业去中心化和创造冗余，来利用监管重新设计现有的市场架构，降低复杂性，并放松耦合。例如，他们建议减少投资银行对评估投资产品质量和提供债券评级的评级机构的影响，并提供其他更多选择，主要以当地社区银行和信用合作社为基础。施奈贝格和巴特利还强调了许多具有批判性的研究途径，并有力地论证了以更持久和系统的方式将学术注意力引导到市场监管动力机制的重要性。在一篇即将发表的评论中，戈尔茨坦（Goldstein，2010）将该文称为本书中"可能是最尖锐和大胆的言论"，因为它强调了监管机构如何从根本上影响和塑造金融市场的架构。

在《经济崩溃不是事故》（"The Meltdown Was Not an Accident"）一文中，查尔斯·佩罗（Charles Perrow）思考了对大萧条的各种分析，并解释了他认为符合他的"正常事故"模型，符合新制度理论对文化的强调，符合机构所扮演的角色和他称之为"执行失败"的概念的一些分析。尽管这里确实存在"正常事故"框架的要素，佩罗还分析了那些努力阻止系统展开的人士，但他也指出，许多相关人士的做法恰恰相反：在这里，"他们受到了很明确的警告，并在知情的情况下损害了他们的组织和客户，以及整个社会"。尽管佩罗明确表示，抵押贷款崩溃符合紧密耦合、相互依存的原则，对于一个"正常事故"来说，标准是非常复杂的，他敦促分析人士不要就此止步，而要更多地关注相关代理人的所作所为和他们的"执行失败"。

第三部分对这场危机进行了一系列具有批判性的社会学和历史学分

析。为什么会发生这种情况？如何预防？有多少人预见到了？在这个部分，作者们认为，那些主张采取更强有力的激励措施来产生更大的风险承担、增加利润和提高股价的经济观点所产生的结果与他们的设想是背道而驰的。事实上，代理理论和新自由主义所倡导的从管理主义到金融化的根本转变为随后的危机奠定了基础。

多宾（Dobbin）和郑（Jung）在评述性文章《对迈克尔·詹森先生的误用：代理理论如何拖垮经济以及为什么它可能再次出现》（"The Misapplication of Mr. Michael Jensen: How Agency Theory Brought Down the Economy and Why It Might Again"）中追溯了为高管提供股票期权以及与股价上涨挂钩的奖金等薪酬的做法是如何导致人们更加关注短期收益的，更多地依赖债务融资，进而将董事会重组以使其较少参与监督。代理理论对利益相关者权利的否定（只）有利于股东，但减少了公司对员工和社区的关注。最后，在为投资银行带来巨额回报的同时，去多元化的倡导使公司更容易受到商业周期的影响，因为他们将重点放在单一的"核心竞争力"上，消除了在多个业务领域的运作在不利时期能带来的对冲。

坎贝尔（Campbell）在《危机中的新自由主义：美国金融崩溃的监管根源》（"Neoliberalism in Crisis: Regulatory Roots of the U.S. Financial Meltdown"）一文中批评了新自由主义的经济和政治原则，即那些主张政府应规模更小，对金融部门的监管更少的观点。他追溯了新自由主义鼓吹的"放手"政策是如何导致次贷危机的。坎贝尔指出，市场是由国家授权的，国家设定了市场运作的规则和参数。按照新自由主义的逻辑，这些规则和参数被国家放宽了，而许可证的发放仍然没有受到挑战。当金融业由于不受监管而导致风险上升失控时，放松监管的新自由主义者没有反对那些鼓吹政府对这些组织提供巨大援助的意见（另见Guthrie & Slocum，2010）。与多宾和郑一样，坎贝尔警告称，除非现行政策有所改变，即让银行在国家承担损失的同时保持盈利，否则没有什么可以阻止更多不受监管的冒险行为，因为银行倒闭时，对那些冒险者来说几乎没有什么不利后果。

在《美国企业精英与2008年金融危机的历史根源》（"The American Corporate Elite and the Historical Roots of the Financial Crisis of 2008"）一文中，米兹鲁奇（Mizruchi）注意到美国企业精英的组成和行动发生了有趣的变化——从一个相对有凝聚力和务实的"内部圈子"，到一个更加分散的首席执行官的集合。尽管早期的精英是保守派，但他们参与了一种商业与政府的合作关系，其中包括制定广泛的社会政策。相比之下，如今的同行更可能避免这种接触，他们会派说客来代表他们处理可能会影响公司利益的更为狭窄的一些问题。米兹鲁奇指出，这种变化与我们的文化思想和社会政策的更广泛转变是一致的，朝着克里普纳（Krippner，2005，2010b）所说的"金融化"和戴维斯（Davis，2009，2010）所说的"所有制社会"的新思维模式转变。

在《金融繁荣的政治经济学》（"The Political Economy of Financial Exuberance"）一文中，克里普纳（Krippner）揭示了通货膨胀的政治成本和好处。克里普纳指出，就像涨潮会抬高所有船只一样，房屋和其他资产的价值的不断上升使其所有者变得更加富裕而有权力。尽管1970年至2007年间，经济不平等加剧，总体富裕水平下降，但对这些问题的认识和处理却无人理睬。人们被通货膨胀吓到了，不断上涨的房价使得可疑的抵押物能够被接受，发放了数十亿美元贷款，用于建造、购买或再融资房屋。因此，通货膨胀推迟了人们对我们现在看到的分配问题的认识和反应，克里普纳指出，这些问题代表着稀缺资源和社会优先事项之间的权衡，而这两者在过去一代人中一直被掩盖，直到泡沫破裂。

本书的第四部分具体分析了危机产生的原因，考察了应对投机泡沫和商业周期的不同方法。在阿博拉菲亚的文章《市场失灵的制度嵌入性：为什么投机泡沫仍在发生》（"The Institutional Embeddedness of Market Failure: Why Speculative Bubbles Still Occur"）中，市场危机被概念化为与学术同情心、政治和监管机构等更广泛趋势相关的问题。阿博拉菲亚认为，尽管资产泡沫并不总是对社会造成灾难性影响，但当它们与经济体系的核心联系更加紧密，并加剧了系统性风险时，就可能造成灾难性影响。此外，尽管我们拥有防止形成严重投机泡沫的工具，但由于我们对经济在制度上如何嵌入的理解有限，这种人为灾难不太可能避免。阿博拉菲亚特别批评了那些支持金融市场自我调节和最少国家干预（即市场原教旨主义）的意识形态。在理论上，他批评了传统的应对泡沫的方法，即要么将泡沫概念化为外生冲击引发的泡沫（Kindleberger & Aliber，2005），要么依赖心理还原论来解释像在"明斯基时刻"（Minsky moment）（Minsky，1986）中的行为者的行为。相反，阿博拉菲亚提倡一种社会建构主义的方法（Abolafia，1996；Abolafia & Kilduff，1988）来理解经济生活中的行为，如在社会关系、文化习惯，以及政治和经济制度的背景下发生的那些投机行为。

在《因果关系的社会建构：制度神话对金融监管的影响》（"The Social Construction of Causality: The Effects of Institutional Myths on Financial Regulation"）一文中，鲁布佐娃（Rubtsova）、德约迪（DeJordy）、格林（Glynn）和扎尔德（Zald）呼应了阿博拉菲亚对更广泛的观念在构成市场和市场危机中所起作用的强调。鲁布佐娃及其同事们聚焦于1929年的崩溃和随之而来的大萧条下的美国股市发展史，强调了具有历史属性的假设、价值观，以及与对适当的市场实践的信念相结合，形成了"市场发生危机，政府随后采取监管行动"这样社会建构性的因果关系理论。他们不仅证明了国家创造了市场，而且还说明了国家是如何受到市场历史发展及其主导逻辑的影响，这些逻辑体现在制度神话和专业规范中。通过内化国家，他们能够展示政府监管的发展、形式和内容是如何在制度上嵌入和形成的（Davis，2009）。与阿博拉菲亚的结论相一致，他们的分析意味着，认真的市场改革必须与市场运行的广泛制度和信仰的改革相结合。

与阿博拉菲亚和鲁布佐娃等人一样，比米什（Beamish）和比加特

（Biggart）对以标准、均衡为导向的经济方法来理解危机持批评态度，并认为经济社会学可以通过提供一种中观经济方法来更好地帮助人们理解这种情况。在他们的文章《中观经济学：商业建筑市场中的商业周期、企业家精神和经济危机》（"Mesoeconomics: Business Cycles, Entrepreneurship, and Economic Crisis in Commercial Building Markets"）中，他们将注意力集中在市场秩序如何因商业周期的宏观变化和更微观的企业家活动而变得不稳定和崩溃。他们以最近的金融危机期间受到重创的商业建筑业为例，强调最重要的是要了解市场如何融入社会和制度环境，构成市场中的行动者和适当行为。

本书第五部分旨在通过探讨比较制度动态，更全面地定位美国危机。麦克德莫特（McDermott）在他的《史无前例的优先：金融危机的比较制度主义观点》（"Precedence for the Unprecedented: A Comparative Institutionalist View of the Financial Crisis"）一文中，进一步阐述了国有市场的紧张局势。麦克德莫特认为，与传统观点相反，现代资本主义经济的特征不是一个"市场保护国家"——只是执行最低限度的产权规则（Weingast，1995），而是"实验性的监管国家"，"在这里，以公共和私人行动者主导建构了以积极参与、学习和实验为核心内容的复杂机制"（Bruszt，2002；Sabel，1994；Schneiberg & Bartley，2010）。麦克德莫特主张制定一种比较制度主义方法，以评估存在的和正在推行的政策替代方法，并促进民族国家间的学习（McDermott，2007）。这种方法预示着制度为市场进行配置的方式的重要性，突显了回归到过于简单的基于市场的政策方法所存在的局限性，这种方法将狭隘的技术官僚专业知识的价值固定化了。显然，一个更系统的比较流程对于发展一个更具影响力的政策导向的经济社会学是绝对必要的。（Campbell，2004；McDermott，2002；Sabel & Zeitlin，1997；Guillén & Suárez，2010）。

本书第六部分是杰拉德·F.戴维斯（Gerald F.Davis）题为《后所有权社会：另一个世界是可能的》（"After the Ownership Society: Another

World Is Possible"）一文。戴维斯在其里程碑式的著作《市场至上：金融如何重塑美国》的基础上，讲述了以企业为中心的社会消亡、所有制社会的短暂兴衰，以及后工业时代的创新前景，在后工业时代，大公司雇佣员工的比例相对于历史标准将越来越小（Davis& Cobb，出版中）。戴维斯称，2008年的金融危机叩开了乔治·布什（George Bush）时代的棺材，他在金融市场上建立了一种所有制社会模式——个人退休账户和健康储蓄账户投资股市，并通过抵押贷款证券化扩大了住房所有权。金融市场对社会和经济的内爆方式，加上企业就业能起的作用减少，使得政策必须更加注重就业问题。莱因哈特（Reinhart）和罗格夫（Rogoff）最近的一本书（Reinhart & Rogoff，2010）也反映了这一点，书中指出，以银行为中心的危机，包括最近的一次危机，都导致了严重的失业问题，更不用说救助成本和税收损失了。戴维斯认为，州和地方层面的政策制定对于创造一个以增加就业为明确目标的组织创新环境尤为重要。特别是，通过政策和立法，地方政府可以促进组织形式的试验，使员工价值优于股东价值，并为更进步和可持续的社会和经济创造基础。

本书后记部分从两位专家对经济社会学研究领域的贡献进行概述和评论，关注所提的问题和有关市场试验的论文。在《若是我们来负责又会怎么样呢？作为理性制度建设者的社会学家》（"What if We Had Been in Charge? The Sociologist as Builder of Rational Institutions"）一文中，朱克曼作为社会学家，关注的是那些被遵循的政策的"现实主义"与"建构主义"基础，以及大衰退中所有参与者所采取的行动（他认为其中一些人可能在前面的文章中被遗漏了）。他指出，房地产泡沫的破灭既被预测到了，也被广泛预期了，并认为社会学家对合理定价的天真主张持怀疑态度是正确的，但它必须仍然是我们监管处方的中心目标。要做到这一点，就需要了解促进或削弱市场效率的体制机制。朱克曼的分析为许多研究者认可的一些监管改革提供了支持（例如，提高市场透明度）。

布洛克（Block）在结束语——《经济学的未来，资本的新循环，以及对国家和市场关系的重新构想》（"The Future of Economics, New Circuits for Capital, and Re-envisioning the Relation of State and Market"）一文中认为，经济学作为一门学科，已经结束了它与其他社会科学学科进行合作以完善和更好地测试模型的历史。以经济社会学为基础的《审判市场》论文是迈向更广泛对话的一步，在这场对话中，我们会邀请更多的经济学同仁参与。布洛克还指出，需要更多地关注早期的危机，关注美国联邦储备委员会（Federal Reserve）和证券交易委员会（Securities and Exchange Commission）是如何为应对危机而成立的。从政策上看，大萧条之后似乎没有进行类似的改革。最后，布洛克正确地指出了经济社会学的下一步——不仅要更多地关注应该制止的行为，还要为升级被忽视的基础设施创造更好的投资条件。这种创造了更好的生活条件及其所需的工作岗位的"亲社会"行为，将使《审判市场》一书的作者们所研究的行为获得更好的裁决。

参考文献

Abolafia, M. Y. (1996). *Making markets*. Cambridge, MA: Harvard University Press.

Abolafia, M. Y., & Kilduff, M. (1988). Enacting market crisis: The social construction of a speculative bubble. *Administrative Science Quarterly, 33*, 177–193.

Akerlof, G., & Shiller, R. (2009). *Animal spirits: How human psychology drives the economy, and why it matters for global capitalism*. Princeton, NJ: Princeton University Press.

Babb, S. (2001). *Managing Mexico: Economists from nationalism to neoliberalism*. Princeton, NJ: Princeton University Press.

Bagehot, W. ([1873] 1922). *Lombard street: A description of the money market*. London: John Murray.

Baker, W. E. (1984). The social structure of a national securities market. *American*

Journal of Sociology, 89, 775–811.

Beunza, D., & Stark, D. (2004). Tools of the trade: The socio-technology of arbitrage in a Wall Street trading room. *Industrial and Corporate Change*, 13, 369–400.

Biggart, N. C., & Guillén, M. F. (1999). The automobile industry in four countries. *American Sociological Review*, 64, 722–747.

Block, F. L. (1990). *Postindustrial possibilities: A critique of economic discourse.* Berkeley, CA: University of California Press.

Bruszt, L. (2002). Market making as state making: Constitutions and economic development in post-communist Eastern Europe. *Constitutional Political Economy*, 13, 53–72.

Campbell, J. L. (2004). *Institutional change and globalization.* Princeton, NJ: Princeton University Press.

Campbell, J. L., & Pedersen, O. K. (Eds). (2001). *The rise of neoliberalism and institutional analysis.* Princeton, NJ: Princeton University Press.

Carruthers, B. G. (2005). The sociology of money and credit. In: N. Smelser & R. Swedberg (Eds), *The handbook of economic sociology* (2nd ed., pp.355–378). Princeton, NJ: Princeton University Press.

Carruthers, B. G., & Babb, S. L. (1996). The color of money and the nature of value: Greenbacks and gold in postbellum America. *American Journal of Sociology*, 101, 1556–1591.

Carruthers, B. G., & Babb, S. L. (1999). *Economy/society: Markets, meaning and social structure.* Thousand Oaks, CA: Pine Forge Press.

Carruthers, B. G., & Stinchcombe, A. L. (1999). The social structure of liquidity: Flexibility in markets and states. *Theory and Society*, 28, 353–382.

Coleman, J. S., Campbell, E. Q., Hobson, C. J., McPartland, J., Mood, A. M., Weinfeld, F. D., & York, R. L. (1966). *Equality of educational opportunity.* Washington, DC: Government Printing Office.

Davis, G. F. (1991). Agents without principles? The spread of the poison pill through the intercorporate network. *Administrative Science Quarterly*, 36, 583–613.

Davis, G. F. (2009). *Managed by markets: How finance re-shaped America.* New

York: Oxford University Press.

Davis, G. F., & Cobb, J. A. (in press). Corporations and economic inequality around the world: The paradox of hierarchy. *Research in Organizational Behavior.*

Davis, G. F., Diekmann, K. A., & Tinsley, C. H. (1994). The decline and fall of the conglomerate firm in the 1980s: The deinstitutionalization of an organizational form. *American Sociological Review*, 59, 547–570.

Davis, G. F., & Mizruchi, M. S. (1999). The money center cannot hold: Commercial banks in the U.S. system of governance. *Administrative Science Quarterly*, 44, 215–239.

Davis, G. F., & Stout, S. K. (1992). Organization theory and the market for corporate control: A dynamic analysis of the characteristics of large takeover targets, 1980–1990. *Administrative Science Quarterly*, 37, 605–633.

Davis, G. F., & Thompson, T. A. (1994). A social movement perspective on corporate control. *Administrative Science Quarterly*, 39, 141–173.

Davis, J. (2010). After the ownership society: Another world is possible. In: M. Lounsbury & P. M. Hirsch (Eds), *Markets on trial: The economic sociology of the U.S. financial crisis*. Research in the Sociology of Organizations. Bingley, UK: Emerald.

Dobbin, F. (1993). The social construction of the great depression: Industrial policy during the 1930s in the United States, Britain, and France. *Theory and Society*, 22, 1–56.

Dobbin, F. (1994). *Forging industrial policy: The United States, Britain, and France in the railway age*. Cambridge, UK: Cambridge University Press.

Dobbin, F. (Ed.) (2004). *The new economic sociology: A reader*. Princeton, NJ: Princeton University Press.

Dobbin, F. (2009). *Inventing equal opportunity*. Princeton, NJ: Princeton University Press.

Ferraro, F., Pfeffer, J., & Sutton, R. I. (2005). Economics language and assumptions: How theories can become self-fulfilling. *Academy of Management Review*, 30, 8–24.

Fligstein, N. (1990). *The transformation of corporate control*. Cambridge, MA:

Harvard University Press.

Fligstein, N. (2001). *The architecture of markets: an economic sociology of twenty-first-century capitalist societies*. Princeton, NJ: Princeton University Press.

Fligstein, N., & Brantley, P. (1992). Bank control, owner control, or organizational dynamics: Who controls the large modern corporation? *American Journal of Sociology*, 98, 280–307.

Fourcade, M. (2009). *Economists and societies: Discipline and profession in the United States, Britain, and France, 1890s to 1990s*. Princeton, NJ: Princeton University Press.

Fourcade-Gourinchas, M., & Babb, S. (2002). The rebirth of the liberal creed: Paths to neoliberalism in four countries. *American Journal of Sociology*, 108, 533–579.

Glasberg, D. S., & Schwartz, M. (1983). Ownership and control of corporations. *Annual Review of Sociology*, 9, 311–332.

Goldstein, A. (2010). Markets on trial: Progress and prognosis for economic sociology's response to the financial crisis. *Accounts (American Sociological Association Economic Sociology Newsletter)*, 9, 2–6.

Granovetter, M. (1985). Economic action and social structure: The problem of embeddedness. *American Journal of Sociology*, 91, 3–11.

Granovetter, M., & Swedberg, R. (Eds). (1992). *The sociology of economic life*. Boulder, CO: Westview Press.

Guillén, M. F. (1994). *Models of management: Work, authority, and organization in a comparative perspective*. Chicago, IL: The University of Chicago Press.

Guillén, M. F., & Suárez, S. L. (2010). The global crisis of 2007–2009: Markets, politics, and organizations. In: M. Lounsbury & P. M. Hirsch (Eds), *Markets on trial: The economic sociology of the U.S. financial crisis*. Research in the Sociology of Organizations. Bingley, UK: Emerald.

Guillén, M. F., Collins, R., England, P., & Meyer, M. (Eds). (2002). *The new economic sociology: Developments in an emerging field*. New York: Russell Sage Foundation.

Guthrie, D., & Slocum, D. (2010). Through the looking glass: Inefficient deregulation in the United States and efficient state ownership in China. In: M. Lounsbury & P. M. Hirsch (Eds), *Markets on trial: The economic sociology of the U.S. financial crisis*. Research in the Sociology of Organizations. Bingley, UK: Emerald.

Hamilton, G. G., & Biggart, N. W. (1988). Market, culture, and authority: A comparative analysis of management and organization in the far east. *American Journal of Sociology, 94*, S52–S94.

Hayes, M. G. (2008). *The economics of Keynes: A new guide to the general theory*. New York: Edward Elgar Publishing.

Hirsch, P. M. (1986). From ambushes to golden parachutes: Corporate takeovers as an instance of cultural framing and institutional integration. *American Journal of Sociology*, 91, 800–837.

Hollingsworth, J. R., & Boyer, R. (Eds). (1997). *Contemporary capitalism: The embeddedness of institutions*. New York: Cambridge University Press.

Jencks, C. (1992). *Rethinking social policy: Race, poverty, and the underclass*. Cambridge, MA: Harvard University Press.

Kindleberger, C., & Aliber, R. (2005). *Manias, panics, and crashes: A history of financial crisis*. Hoboken, NJ: Wiley.

King, B. G., & Pearce, N. A. (in press). Markets, contentious politics, and institutional change. *Annual Review of Sociology*.

Knorr Cetina, K., & Bruegger, U. (2002). Global microstructures: The virtual societies of financial markets. *American Journal of Sociology*, 107, 905–950.

Knorr Cetina, K., & Preda, A. (Eds). (2004). *The sociology of financial markets*. Oxford, UK: Oxford University Press.

Krippner, G. R. (2005). The financialization of the American economy. *Socio-Economic Review*, 3, 173–208.

Krippner, G. R. (2007). The making of US monetary policy: Central bank transparency and the neoliberal dilemma. *Theory and Society*, 36, 477–513.

Krippner, G. R. (2010a). *Capitalizing on crisis: The political origins of the rise of finance in the U.S. economy*. Cambridge, MA: Harvard University Press.

Krippner, G. (2010b). The political economy of financial exuberance. In: M.

Lounsbury & P. M. Hirsch (Eds), *Markets on trial: The economic sociology of the U.S. financial crisis*. Research in the Sociology of Organizations. Bingley, UK: Emerald.

Lounsbury, M. (2002). Institutional transformation and status mobility: The professionalization of the field of finance. *Academy of Management Journal, 45*, 255–266.

Lounsbury, M. (2007). A tale of two cities: Competing logics and practice variation in the professionalizing of mutual funds. *Academy of Management Journal*, 50, 289–307.

MacKenzie, D. (2008). *An engine, not a camera: How financial models shape markets*. Cambridge, MA: MIT Press.

MacKenzie, D., & Millo, Y. (2003). Constructing a market, performing theory: The historical sociology of a financial derivatives exchange. *American Journal of Sociology*, 109, 107–145.

Marquis, C., & Huang, Z. (2009). The contingent nature of public policy and the growth of U.S. commercial banking. *Academy of Management Journal*, 52, 1222–1246.

Marquis, C., & Lounsbury, M. (2007). Vive la Résistance: Competing logics in the consolidation of community banking. *Academy of Management Journal*, 50, 799–820.

McDermott, G. A. (2002). *Embedded politics: Industrial networks and institutional change in postcommunism*. Ann Arbor, MI: The University of Michigan Press.

McDermott, G. A. (2007). Politics, power, and institution building: Bank crises and supervision in East Central Europe. *Review of International Political Economy*, 14, 220–250.

Minsky, H. (1986). *Stabilizing an unstable economy*. New Haven, CT: Yale University Press.

Mintz, B., & Schwartz, M. (1985). *The power structure of American business*. Chicago, IL: University of Chicago Press.

Mizruchi, M. S. (1982). *The American corporate network: 1904–1974*. Beverly Hills, CA: Sage.

Mizruchi, M. S. (1996). What do interlocks do? An analysis, critique, and assessment of research on interlocking directorates. *Annual Review of Sociology*, 22,

271–298.

Mizruchi, M. S., & Stearns, L. B. (1994). A longitudinal study of borrowing by large American corporations. *Administrative Science Quarterly*, 39, 118–140.

New York Times. (2008). Greenspan concedes error on regulation. *New York Times*, October 24, p.B1 of New York edition.

North, D. (1990). *Institutions, institutional change and economic performance.* Cambridge, UK: Cambridge University Press.

Palmer, D. (1983). Broken ties: Interlocking directorates and intercorporate coordination. *Administrative Science Quarterly*, 28, 40–55.

Palmer, D., Barber, B. M., Zhou, X., & Soysal, Y. (1995). The friendly and predatory acquisition of large U.S. corporations in the 1960s: The other contested terrain. *American Sociological Review*, 60, 469–500.

Palmer, D. A., & Barber, B. M. (2001). Challengers, elites, and owning families: A social class theory of corporate acquisitions in the 1960s. *Administrative Science Quarterly*, 46, 87–120.

PBS News Hour. (2008). Greenspan admits 'flaw' to congress, predicts more economic problems. *PBS News Hour*, October 23. Available at www.pbs.org/newshour/ bb/ business/july-dec08/crisishearing_10-23.html. Retrieved on March 2010.

Perrow, C. (1984). *Normal accidents: Living with high risk technologies.* Princeton, NJ: Princeton University Press.

Perrow, C. (2002). *Organizing America: Wealth, power, and the origins of corporate capitalism.* Princeton, NJ: Princeton University Press.

Podolny, J. M. (1993). A status-based model of market competition. *American Journal of Sociology*, 98, 829–872.

Polanyi, K. (1944). *The great transformation.* New York: Farrar & Rinehart.

Polillo, S., & Guillén, M. F. (2005). Globalization pressures and the state: The global spread of central bank independence. *American Journal of Sociology*, 110, 1764–1802.

Prasad, M. (2006). *The politics of free markets: The rise of neoliberal economic policies in Britain, France, Germany, and the United States.* Chicago, IL: University of

Chicago Press.

Preda, A., & Knorr Cetina, K. (Eds.), (in press). *Handbook of the sociology of finance*. Oxford: Oxford University Press.

Reinhart, C., & Rogoff, K. (2010). *This time is different: Eight centuries of financial folly*. Princeton, NJ: Princeton University Press.

Roy, W. G. (1997). *Socializing capital: The rise of the large industrial corporation in America*. Princeton, NJ: Princeton University Press.

Sabel, C. (1994). Learning by monitoring: The institutions of economic development. In: N. J. Smelser & R. Swedberg (Eds), *The handbook of economic sociology* (pp.137–165). Princeton and New York: Princeton University Press and Russell Sage Foundation.

Sabel, C., & Zeitlin, J. (Eds). (1997). *World of possibilities: Flexibility and mass production in western industrialization*. Cambridge, UK: Cambridge University Press.

Sachs, J. D. (1992). Privatization in Russia: Some lessons from Eastern Europe. *American Economic Review*, 80, 43–48.

Sachs, J. D. (1993). *Poland's jump to the market economy*. Cambridge, USA: MIT Press.

Schneiberg, M., & Bartley, T. (2001). Regulating American industries: Markets, politics, and the institutional determinants of fire insurance regulation. *American Journal of Sociology*, 107, 101–146.

Schneiberg, M., & Bartley, T. (2010). Regulating and redesigning finance: Market architectures, normal accidents and dilemmas of regulatory reform. In: M. Lounsbury & P. M. Hirsch (Eds), *Markets on trial: The economic sociology of the U.S. financial crisis*. Research in the Sociology of Organizations. Bingley, UK: Emerald.

Schneiberg, M., King, M., & Smith, T. (2008). Social movements and organizational form: Cooperative alternatives to corporations in the American insurance, dairy and grain industries. *American Sociological Review*, 73, 635–667.

Smelser, N. J., & Swedberg, R. (Eds). (1994). *The handbook of economic sociology*. Princeton, NJ: Princeton University Press.

Smelser, N. J., & Swedberg, R. (Eds). (2005). *The handbook of economic *sociology* (2nd ed.). Princeton, NJ: Princeton University Press.

Sorenson, O., & Stuart, T. E. (2001). Syndication networks and the spatial distribution of venture capital investments. *American Journal of Sociology*, 106, 1546–1588.

Stearns, L. B., & Mizruchi, M. S. (2005). Banking and financial markets. In: N. J. Smelser & R. Swedberg (Eds), *Handbook of economic sociology* (2nd ed., pp.284–306). Princeton, NJ: Princeton University Press.

Swedberg, R. (1990). *Economics and sociology: Redefining their boundaries: Conversations with economists and sociologists*. Princeton, NJ: Princeton University Press.

Swedberg, R. (1994). Markets as social structures. In: N. Smelser & R. Swedberg (Eds), *The handbook of economic sociology* (pp.255–282). Princeton, NJ: Princeton University Press.

Useem, M. (1996). *Investor capitalism*. New York: Basic Books.

Uzzi, B. (1999). Embeddedness in the making of financial capital: How social relations and networks benefit firms seeking financing. *American Sociological Review*, 64, 481–505.

Weber, K., Davis, G. F., & Lounsbury, M. (2009). Policy as myth and ceremony? The spread of stock exchanges, 1980–2005. *Academy of Management Journal*, 52, 1319–1347.

Weingast, B. (1995). The economic role of political institutions: Market preserving federalism and economic development. *The Journal of Law, Economics and Organization*, 11, 1–31.

White, H. C. (1981). Where do markets come from? *American Journal of Sociology*, 87, 517–547.

White, H. C. (2002). *Markets from networks: Socioeconomic models of production*. Princeton, NJ: Princeton University Press.

Whitley, R. (1986). The transformation of business finance into financial economics: The roles of academic expansion and changes in U.S. capital markets. *Accounting, Organizations and Society*, 11, 171–192.

Williamson, O. E. (2000). The new institutional economics: Taking stock, looking ahead. *Journal of Economic Literature*, 38, 595–613.

Zald, M. N., & Lounsbury, M. (in press). The wizards of OZ: Towards an institutional approach to elites, expertise and command posts. *Organization Studies*.

Zelizer, V. A. (1979). *Morals and markets: The development of life insurance in the United States*. New York: Columbia University Press.

Zelizer, V. A. (1995). *The social meaning of money*. New York: Basic Books.

Zuckerman, E. W. (1999). The categorical imperative: Securities analysts and the illegitimacy discount. *American Journal of Sociology*, 104, 1398–1438.

第一部分

金融危机及其展开

第一章　抵押贷款证券化危机的剖析 [*]

尼尔·弗雷格斯坦（Neil Fligstein）和亚当·戈尔茨坦（Adam Goldstein）

摘要

当前的抵押贷款证券化行业危机凸显出了我们在市场运作模式、政治意愿、组织能力，以及干预市场的意识形态愿望中的重大失误。本文表明，失败的主要原因之一是缺乏对一些事物的一致理解，包括这些市场形成的原因，这些市场中主要公司的策略和策略如何随着时间的推移而演变，以及最后如何走到了主要企业的经济崩溃这一步。本文旨在通过汇总这些策略的出现和传播的历史和定量数据来提供对这些过程的一些见解，这些数据来自最大的投资银行及其来自抵押贷款发起行业的主要竞争对手。本文将根据分析提供一些政策禁令。

引言

这个将住房抵押贷款以"证券"的形式出售，即所谓的抵押贷款支

---

* 本文得到了托宾项目（Tobin Project）的资助。本文所表达的观点代表作者的观点。

持证券（以下简称MBS）的市场，是此次金融危机的核心。很明显，金融界、政策分析师界以及美联储和财政部的政府官员们大多低估了当时的形势，并乐观地认为该危机可以被抑制。这场危机甚至让那些经营着导致这场灾难的公司的人们大吃一惊。例如，贝尔斯登公司的总裁詹姆斯·凯恩（James Cayne）曾辩称，该公司没有做错任何事情，也没有冒过他们所不理解的风险，即使当时他的公司正走向破产（Cohan，2009）。更令人不安的是，监管机构的行为也体现了他们对实际情况的极度无知。监管机构基本信任市场参与者会进行自我监管。因此，一些监管机构确信从未有过抵押贷款泡沫，因为市场运作有效（Kaufman，2009，p.235）。

鉴于监管机构对标准理性行为人模型如此信任，那有必要问一下，它对银行经济行为的描述有多准确？这些持续的危机表明，"不太准确"。但是，这种模式如何失败是一个复杂的问题，我们将在本文的研究中加以阐述。我们研究的基本前提是，当时最缺乏的是认识到世界上已经存在着一种构建MBS业务的系统。我们使用弗雷格斯坦（Fligstein，1996，2001）提出的市场模型来开始我们的重建。本文试图研究监管机构、抵押贷款发起人、抵押贷款打包商（商业银行和投资银行）、评级机构与此类债券持有人之间的这种关系体系是如何通过MBS市场的兴衰而演变的。我们试图揭示抵押贷款业务的内在逻辑，以了解为什么参与者们没有如监管机构预期的那样，在狭隘经济学意义上"理性地"行事。

为此，我们首先厘清了MBS市场兴衰的基本事实。我们整理发现，从1993年到2003年，住宅房地产市场和MBS业务的成功引起了该业务的快速扩张。这种快速扩张使一些大型银行大举进入市场。随着时间的推移，那些最大的银行逐渐加大力度通过向个人出售抵押贷款来收费，它们将这些抵押贷款打包成债券，再把大量债券出售给投资者，而且很有趣的是，它们以低利率获得的资本为高收益债券提供了利润丰厚的利差，从而保留了很大一部分利润。

MBS领域的另一个重要参与者是评级机构。我们记录了一些评级机构串谋将次级MBS合法化，并从2004年到2007年大量涌入市场的情况。我们表明，三家评级公司在2003年至2007年期间夸大了对所有MBS的评级，因此可能会使投资者对债券的潜在风险有所误解。但是，这里也有一个系统在起作用。评级机构得到MBS的打包商支付的费用。如果他们不合作去把债券的评价提高，银行则会把他们的业务带到其他地方。鉴于MBS业务高度集中，MBS发行人有了指挥评级公司的权力。于是评级公司选择积极主动参与MBS评级，并愿意大方地给出评级数据，而且他们在2007年之前从这项业务中获利丰厚。

最后的，同时或许抵押贷款证券化领域最重要的参与者就是联邦政府。在抵押贷款证券化领域，政府有着双重的角色。首先，与流行的观点——政府或抑制市场的自然运作，或不插手并让自由市场发挥作用——相反，MBS市场是个监管机构和银行共同进化的案例，使得政府处于创造市场、承销市场、努力扩大市场的位置，且允许银行接管业务的关键部分，从而也就支持扩大新金融产品的生产。政府在20世纪60年代末创建了第一个MBS，过去20年来，MBS的私人市场在政府资助企业（Government-Sponsored Enterprises，以下简称GSE）的合作下成长起来。在此期间，GSE仍然是抵押贷款市场的主导者。实际上，政府不得不哄着银行进入MBS业务。各界民主党及共和党总统和国会一起通过提供扩大MBS市场的金融改革，并允许大型银行做任何他们想做的事情，从而拉动银行业务。

其次，尽管是抵押贷款证券化系统的核心部分，政府监管机构却并未将其视为一种系统。恰恰相反而且与之矛盾的是，他们接受了理性参与者金融模型，这种模型塑造了他们所嵌入的主导文化－制度基础架构。美联储主席艾伦·格林斯潘支持一种形式的市场原教旨主义，他这么做就好像政府与该市场的创造无关，而且对根本无法控制的市场风险应该尽量少插手，甚至什么都不要去管。他认为银行会为了自身利益而采取行动来保护自己的投资。

监管机构的实际角色与其声称所扮演的角色之间的这种分离导致了一种"监管俘获"。随着银行活动的扩大，并且发明出越来越多的金融产品，银行家们始终能够说服监管机构以及政府的行政和立法部门不再监管市场。他们的基本论点是，市场上的金融创新正在强劲地促进经济增长，而且其核心论点是这些创新创造出了一个能够控制自身风险的市场。要知道，MBS的市场从1992年开始一直扩展到2007年，也就使得这些论点更加可信了。在危机爆发前，艾伦·格林斯潘否认存在房地产泡沫。他认为这些产品正在迅速扩张，因为它们成功地控制了风险。因此，他阻止了债务抵押债券（Collateralized debt obligations，CDO）和信用违约掉期（CDS）等对金融产品新的法规，并阻止监管机构利用现有法规来阻止次级抵押贷款的出售。回顾之前发生的事情，很难不断定那些试图监管市场的举措，都被监管机构自己所阻挠了，而且他们还站在了银行这一边。监管机构对市场本质的这种误解是危机的核心。

我们认为，真正的危机开始于2003年之后，当时非常规、非优质市场从2003年的大约10%的市场占比上升到2007年峰值——近70%。MBS领域产品组合的这种转变与整个领域的综合增长同样迅速且引人注目。我们展示了在2003年的再融资热潮后，优质抵押贷款供应量急剧下降却又被忽视了的情况是如何被引发的。为了保持高利润和数量，发起人和中介渠道商们在各种"非常规"市场〔例如B/C级，Alt-A级和房屋净值贷款（HELs）市场〕中，积极寻求原始抵押贷款的新来源。结果是，以前规模微不足道且被专业公司主导着的市场中次级抵押贷款的部门，很快成为金融业的关键。

在介绍这段历史时，我们凭经验消除了几个有影响力的传统观点。例如，在经济危机分析中已经被认为理所当然的一个"事实"是，发起抵押贷款和打包抵押证券化的银行自身却从未持有这些证券。有人断言，这种不正当的激励使他们更可能承担更大的风险。我们想表达与之相反的观点，那就是，每一个大型抵押贷款发放机构和打包机构都持有大量抵押贷款支持证券，而且这些证券在2001年后大幅增加。简而言之，他们相信他们可以控制他们持有的风险。结果是，大多数这类公司要么已经停业，要么被合并到大银行，要么归联邦政府所有。关于MBS市场的另一个常见的神话是，它是高度分散的，要控制市场的任何一个方面，那参与者显得太多了。相反，我们认为，随着时间的推移，与MBS相关联的所有主要市场——发起人，打包机构，批发商，服务商和评级公司——不仅变得更大，而且更加集中。到最后，在行业的每个方面，5家公司控制了至少40%的市场（在某些情况下接近90%）。独立的市场利基也日益集中在同一家占主导地位的公司周围。因此，抵押贷款领域不是一个散布在全国各地的匿名市场，而是由少数几家大公司组成。这种集中意味着公司在这些不同的市场中进行了非常多的合作和竞争。公司将在打包的MBS中联合起来，彼此扮演着不同的角色。这意味着他们对市场甚是了解，同时对他人的一举一动也了如指掌。

最后，我们展示出数据来挑战传统观点，即一些金融工具（特别是CDO）的复杂性和不透明性是MBS泡沫与随后崩盘的主要原因。与抵押贷款相关的CDO（有时被称为ABS CDO）是现有MBS部分的证券化形式。尽管由于构成CDO的收入来源不同，为其定价的复杂性可能非常难应付，但从根本上讲，它只是一种MBS部分的债权，即对购房者支付抵押贷款所得的债权。尽管投资者在CDO上损失了大量资金，但我们根据历史的评级数据提供的证据表明，那些CDO并不比构成它们的MBS更具风险。CDO没有表现出其构成了评级通胀（这表明它们的复杂性并没有导致次级抵押贷款越来越多地被调整为AAA级的这种疯狂评级膨胀）。它们的评级下调利率也没有高于更传统的结构性证券。这些发现表明，金融工具的演变这种解释，并不像许多学者（例如，Skreta & Veldkamp，2009）所认为的那样合乎实际。

抵押贷款支持证券市场的历史

住房是美国经济的核心。事实上，拥有一所房子一直是美国梦的关键之一。购买房屋是大多数公民的最大开支。战后时代的公共政策已经认识到这是一个令人钦佩的目标，所有政治派别的政府都努力使所有权成为现实。要了解当前的危机，人们需要退后一步，了解自20世纪60年代以来公共和私营部门之间家庭融资的共同演变。图1-1显示了大多数人在20世纪80年代之前如何获得抵押贷款。人们会找到一个房子。他们会去他们当地的银行（基本是去储蓄和贷款银行）并申请抵押贷款。银行会同意提供款项，然后保留债权，直到贷款被还清或房屋被出售。在这个历史时期，私人银行是最大的抵押贷款债权持有人。

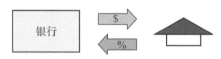

图1-1　1975 年加州的住房抵押贷款市场

图1-2描述了目前整个抵押贷款行业的组织方式。现在，借款人前往一家贷款公司（通常是一家银行，但也不是绝对的），这被称为"发起人"，因为它们发起初始贷款。与最初的储蓄和贷款银行不同，这些公司不想持有它们出售资金得到的债权，而是希望将其出售给其他人。他们的赚钱的业务基本上是通过出售抵押贷款而收取费用。如果他们持有这些抵押贷款，他们就无法再放贷出去，那么他们赚取费用的能力就会消失。因此，他们转而出售这些抵押贷款，从而重新获得资本，并再次进入市场放贷。

然后，由承销商，也就是政府资助企业、投资银行或商业银行，将抵押贷款打包成一种被称为特殊目的载体（SPV）的东西。该载体将抵押贷款转变为根据购买房屋的人支付的利率来给出固定收益率的资产。这些特殊目的载体将抵押贷款划分成一个个被称为"片层"（tranche，源自法

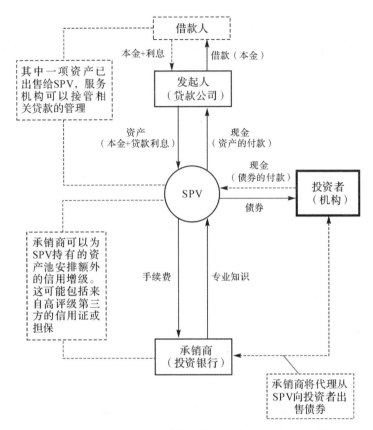

图 1-2 一项住房抵押贷款证券化打包业务

资料来源：摘自 L. T. Kendall, 1996, p.3

语，下文也有根据语境译为"层级"或"分层"）的东西。在这里，债券机构会单个评估这些抵押贷款的风险程度。包含着这些片层的债券被称为CDO。通过这种方式，投资者可以购买风险较高的债券来得到较高回报率，或风险较低的债券来得到较低回报率。特殊目的载体由叫作服务商的公司管理，他们收取每月按揭还款并将其支付给债券持有人。

1975年时，抵押贷款在地理位置上高度分散，并由当地银行持有。现在，当它们发行后，它们被迁移到曼哈顿几平方英里内的地方，在那里的大银行和GSE们（Government sponsored enterprises）的办公室，它们被打包成特殊用途载体，然后被重新分散到世界各地的投资者（尽管他们是从少数几个地方得到服务的）。投资者是一个异质的群体。这些证券的最大的投资者是持有大量MBS的GSE。但是，MBS由世界各地的银行、共同基金和私人投资者持有。有趣的问题是，我们是如何从一个本地买家去当地银行获得贷款的世界，转变为一个美国的大部分抵押贷款都被打包成MBS，并销售到广阔的国内和国际市场的世界的呢？

会令大多数读者感到惊讶的是，MBS的起源和我们刚刚提出的复杂金融结构并非由华尔街的金融奇才发明，而是由联邦政府发明的。可能更令人惊讶的是，这组发明可以追溯到20世纪60年代。至少从20世纪30年代以来，联邦政府就在某种程度上参与了抵押贷款市场。但这项现代产业始于20世纪60年代。

奎因（Quinn，2008）认为，创建MBS的想法始于林登·约翰逊总统在任期间。民主党国会和总统有三个目标：为婴儿潮一代增加住房存量，提高住房拥有率，以及帮助低收入人群买得起住房。奎因（Quinn，2008）表明，约翰逊政府并不认为分散的储蓄和贷款行业能够提供足够的信贷来迅速扩大住房市场。但是，有意扩大房屋所有权的联邦官员也担心预算赤字的规模。由于越南战争和"伟大社会"计划扩大医疗补助、医疗保险和其他社会福利，政府正在经营大量持久的债务。一项昂贵住房计划使得政府要为抵押贷款提供资金，而这将进一步增加赤字，因为政府将不得不为抵押贷款借钱，并将这些抵押贷款保留长达30年。

如果要刺激住房市场，约翰逊政府就需要找到一种方法来避免增加联邦赤字。这导致他们重组了联邦国民抵押贷款协会（俗称"房利美"）并认作它为一个准私人组织，作为一个GSE，来贷款和持有抵押贷款。他们还创建了一个新的实体，联邦住房贷款抵押公司（俗称"房地美"），来与房利美和一家政府所有的公司——政府国家抵押贷款协会（俗称"吉利美"）竞争，以确保这些抵押贷款免受违约风险。

但将这些抵押贷款授予私营实体并不是约翰逊政府的唯一创新。政府还率先创建了MBS（Sellon & VanNahmen，1988）。即使是在GSE里，政府也不想最终持有抵押贷款，因为这将给它设下能提供多少抵押贷款的限制。相反，它希望利用其资本为抵押贷款提供资金，然后将抵押贷款作为债券提供给投资者。它通过提供第一个现代MBS并为其担保来实现这一目标。这些债券可以直接出售给投资者，由GSE或投资银行出售（Barmat，1990）。第一个MBS于1970年4月24日由吉利美发行（*Wall Street Journal*，1970）。

私人MBS市场在20世纪70年代几乎没有增长。因为这里存在几个问题。储蓄和贷款行业继续控制大部分抵押贷款市场，它们在这个市场里存款、借钱和抵押贷款。但由于预付风险，抵押债券的潜在买家对购买MBS持怀疑态度。问题在于，如果你购买这种债券，人们可能会在抵押贷款期限结束之前提前偿还抵押贷款，而债券持有人会在获得大量利润之前收回资金。由于抵押贷款持有人在利率下降时更有可能为房屋重新融资，从而使有资金的债券持有人只能按低于原始抵押贷款的利率来投资了（Kendall，1996），这就使情况变得更糟糕了。

这个问题最终是通过GSE和投资银行之间的合作来解决的。他们创建了前述的"分层"系统，让投资者决定他们想要的预付款风险水平（Brendsel，1996）。但是，债券的打包也涉及法律和监管问题（Quinn，2008；Ranieri，1996）。最重要的是将抵押贷款变成担保的问题。将抵押贷款出售到抵押贷款池中的贷款发起人的问题则需要更改税法。1986年的税收改革法案为MBS市场的快速扩张扫清了道路。

储蓄和贷款银行的消亡是偶然的崩溃，但这加速了MBS市场的增长。20世纪七八十年代的总体经济危机产生了很高的利率。储蓄和贷款银行的大部分资金来源于个人存款。Q条例（Regulation Q）规定了储蓄和贷款银行可以支付给这些存款利息的利率。储户开始逃离，储蓄和贷款银行面临着他们无法筹集足够资金来发放新贷款的危机。此外，他们还持有大量以极低利率定价的抵押贷款。国会用通过《加恩－圣日耳曼法案》作为回应。他们废除了Q条例，并允许银行支付他们选择的任何利率。他们还允许银行在仍然保证非常大的存款的情况下进行风险较高的投资。

银行以多种方式作出回应。首先，他们开始以巨额亏损为代价出售其抵押贷款以筹集资金。这些抵押贷款主要由所罗门兄弟公司（Lewis, 1990）重新打包到MBS中。他们也开始对政府担保的银行账户支付高额利息。然后他们进行了非常冒险的投资，包括商业房地产中的许多投资，这些投资助长了商业房地产泡沫的形成，而这导致了他们的最终灭亡（Barth, 2004）。

20世纪80年代后期，抵押贷款证券化行业的基本概况产生了类似于图1-2所示结构的抵押贷款交易。随着储蓄和贷款银行崩溃，MBS市场大幅增长。图1-3显示了GSE如何在20世纪80年代从储蓄和贷款银行中解脱出来。1980年，GSE仅发行了2000亿美元的抵押贷款。它在2006年稳步增长到4万亿美元的高峰。图1-4显示了储蓄和贷款的急剧下降，以及政府支持的抵押贷款市场的崛起。1978年，储蓄和贷款银行在美国持有近60%的抵押贷款债务。但从20世纪70年代末开始，它们的市场份额急剧下降。到1990年，只有不到15%的抵押贷款由储蓄和贷款持有。暴增的抵押贷款债务现在由GSE打包到了MBS池中。大约50%的抵押贷款都在这些池中。如果加上GSE持有的10%左右的抵押贷款，那么GSE就会参与60%的美国抵押贷款。

从20世纪90年代初开始，银行业开始了一场金融革命。正是在这一刻，银行在所有金融市场上变得更加咄咄逼人。这场革命始于证券化的理念，但很快就创造了更为复杂的金融工具，以创造新的投资和控制风险的方式。我们现在要讲的是过去15年的故事。

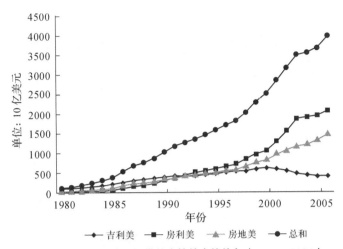

图 1-3　GSE 持有的抵押贷款支持的未偿债务（1980—2006）

资料来源：证券业和金融市场协会（SIFMA）。

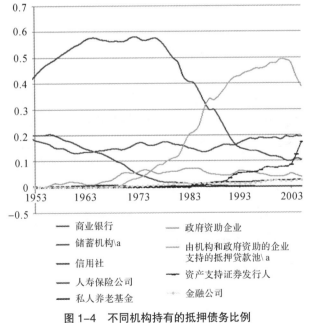

图 1-4　不同机构持有的抵押债务比例

资料来源：Green and Wachter（2005）。

MBS 市场的崛起，1993 至 2003 年

在整个20世纪90年代，GSE都是抵押贷款证券化市场的核心参与者。但在90年代初，为投资银行工作的人们看到了抵押贷款可以通过与其他产品相同的方式进行有利可图的打包和出售（Jungman，1996）。此外，这些市场的潜在规模是巨大的。美国抵押贷款市场从1990年的4580亿美元增加到2003年高峰时的近4万亿美元。这些抵押贷款大部分被打包成MBS，虽然大多数MBS仍由GSE主导，但商业或投资银行将这些包放在一起并使政府出售它们而产生的作用日益突出。正如我们在下面进一步阐述的那样，大型银行还为那些GSE不会支持的非常规抵押贷款创造了一个巨大的细分市场，特别是在2003年之后。

20世纪90年代，MBS的增长与前所未有的房地产市场增长期同时发生（且促成了后者）。在大多数关于经济崩溃的报道中，评论员很少花费太多时间讨论1990年至1998年房屋销售的快速增长（8年内几乎增加了两倍），以及2000年至2003年间市场价格上涨近400%。相反，他们只是将住房市场增长视为背景条件，而将注意力集中在2006年至2008年泡沫结束时，以及诸如缺乏监管，金融工具使用增长与银行家的贪婪和奖金导致他们从事风险越来越高的投资。但所有这些因素都出现在房地产繁荣之前，他们为长达15年的抵押贷款增加作出了贡献，但同样也对2006至2008年的下降负责。

记录自20世纪90年代初以来抵押贷款发起市场的增长是有用的。图1-5显示了1990年至2008年贷款总额的数据。它还将贷款类型分解为各种产品。1990年美国抵押贷款市场约为5000亿美元。它在1993年达到了近1万亿美元，1998年达到了1.5万亿美元。2000年，它的规模是1万亿美元。抵押贷款市场的真正激增始于2001年（股市崩盘的那一年）。从2000年到2004年，美国的来自住宅的抵押贷款从大约1万亿美元攀升到了近4万亿美元。

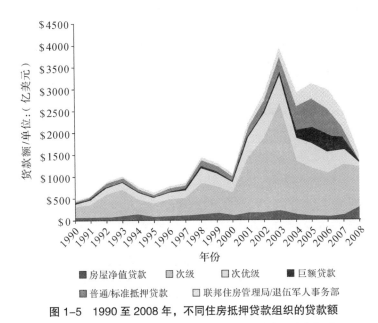

图 1-5 1990 至 2008 年，不同住房抵押贷款组织的贷款额

资料来源：由 Inside Mortgage Finance Publications, Inc. 公司出版的年报（2009 Mortgage Market Statistical Annual）。

　　第二个泡沫则有不同的原因。人们将记住2000年是"网络"股崩盘的一年。当危机开始时，美联储为了应对危机，将利率降到了零。他们的行动得到了世界各地央行类似行动的回应。美联储这样做是为了确保经济中有大量的信贷，而贷款能得以继续。但是，降低利率的意想不到的效果是它助长了美国的房地产泡沫。这种泡沫的迅速崛起令人惊讶：抵押贷款的发起在4年内上涨了400%。美联储知道且没有采取任何措施阻止它的关键因素之一是这样被解释的。艾伦格林斯潘作证说，他不相信这是一个泡沫，因为在美国，房价属于地方事务。因此，波士顿的一所房子不能代替亚特兰大的一所房子。

表1-1　1996年和2007年十大抵押贷款发起人

1996	市场份额	2007	市场份额
总体市场			
Norwest	6.6	Countrywide Financial	16.8
Countrywide	4.9	Wells Fargo	11.2
Chase	4.3	Chase	8.6
Fleet Financial	2.3	Citibank	8.1
Bank America	2.0	Bank of America	7.8
NationsBank	1.5	Washington Mutual	5.7
WaMu	1.4	Wachovia	4.0
Standard Federal	1.3	Indy Mac	3.9
FT Mortgage	1.3	Residential Capital	3.2
Resource Bancshares	1.3	SunTrust	2.4
次贷市场			
Associates Capital	7.0	Citibank	10.2
Money Store	4.3	Household Finance	9.3
ContiMortgage	3.5	Countrywide	8.8
Beneficial Mortgage	2.8	Wells Fargo	8.0
Household Finance	2.6	1st Franklin	7.0
United Co.	2.3	Chase	6.0
Long Beach Mortgage	2.2	Option 1	5.8
Equicredit	2.1	EMC	4.1
Aames Capital	2.0	Ameriquest	3.3
AMRESOS Capital	1.9	BNC	3.2

资料来源：由 Inside Mortgage Finance Publications, Inc. 公司出版的年报（2009 Mortgage Market Statistical Annual）。

　　但他在分析中选择忽略的是，全国各地的低利率以及二级市场投资者的强烈需求促使银行尽可能多地贷出抵押贷款。银行家可以以约1%的利率借钱，并以5%～7%的利率发放贷款。这导致银行家们在任何可以发放贷款的当地房地产市场都进行广泛搜索。在住房稀缺且人口增长的地方，房价上涨了，这鼓励银行专注于这些市场。亚利桑那州、佛罗里达州、内华达州和加利福尼亚州的部分地区是住房危机产生的基地，这并不奇怪。换句话说，房地产泡沫的根源是系统性的，它们是由鼓励房屋所有权和证券化的政府政策驱动的。

第一次和第二次房地产繁荣的另一个主要因素是抵押贷款证券化工具的激增，以及大型银行越来越多地参与这些过程。大银行进入这些市场的目的是扩大它们的规模，增加它们在这些市场上的市场份额。他们积极地使用证券化工具作为抵押贷款筹集资金的方式和销售方式。表1-1和表1-2显示了随着市场的增长，抵押贷款市场各处的顶级参与者如何随时间而变化。表1-1显示，1996年，抵押贷款市场中最大的参与者主要是像美国国家金融服务公司或西北抵押贷款公司这样的抵押贷款专家，或是像富力金融贷款公司或PNC银行这样的区域性商业银行。但到了第二次泡沫结束时，最大的贷款发起人的身份已经变为大型国家银行控股公司，如富国银行，花旗银行和美国银行。美国国家金融服务公司已经变成了国家银行，美国大通、美联银行和华盛顿互助银行也是如此。随着全国市场的扩大，这些大型企业的规模也不断扩大。

表1-2　顶级抵押贷款渠道

1996	市场份额	2007	市场份额
十大抵押贷款渠道			
GE Capital	8.4	Countrywide	13.6
Independent National	5.0	Wells Fargo	7.8
NW Assets	4.5	Lehman Brothers	7.1
Merit	3.6	Bear Stearns	6.8
Predential	3.3	Washington Mutual	5.7
Solomon Bros.	3.3	JP Morgan	5.7
Merrill Lynch	3.1	Merrill Lynch	5.6
Donaldson, et. al.	2.0	Morgan Stanley	4.8
Structural Assets	2.0	Deutsche Bank	4.4
PNC	1.9	Indy Mac	4.0
主要的次级抵押贷款渠道			
Money Store	10.3	Merrill Lynch	10.1
United Co.	6.4	Countrywide	7.9
ContiMortgage	5.3	Morgan Stanley	7.8

续表

1996	市场份额	2007	市场份额
Beneficial	5.0	Lehman Brothers	5.5
AMRESO	4.5	Bear Stearns	4.3
Aames	4.3	Barclays	3.4
Household Finance	4.2	Citibank	3.3
Residential Finance	4.2	Deutsche Bank	3.2
Associates Mutual	4.1	Washington Mutual	2.7

资料来源：由 Inside Mortgage Finance Publications, Inc. 公司出版的年报（2009 Mortgage Market Statistical Annual）。

表1-2显示了与MBS打包机构类似的过程，在行业术语中称为"中介渠道商"（conduit，本意为"管道"）。1996年，所罗门兄弟公司（现为花旗银行的一部分）和美林证券都在名单上。但是，MBS的打包商通常是规模较小的公司，其投资银行的投资范围比金融公司更为狭隘。2007年，抵押贷款中介渠道商的名单由雷曼兄弟、贝尔斯登、摩根大通、摩根士丹利、德意志银行和美林等投资银行主导。请注意，现在几个最大的抵押贷款发起人（像美国国家金融服务公司、华盛顿互助银行、印地麦克银行和富国银行这样的银行）已经通过利用《格拉斯－斯蒂格尔法案》的变化而得到了好处。他们现在不仅提供抵押贷款，还做着这些贷款的打包机构的事。这两张表告诉我们，主要受益者，也就是抵押贷款发起和MBS业务增长的驱动因素，是最大的投资和商业银行。

抵押贷款发起市场最不具备特色的特征之一就是其在历史上的集中程度。据我们所知，唯一提供类似数据的学术评论员是考夫曼（Kaufman，2009）。表1-1显示，1996年前五大发起人的市场份额为16.3%，这是一个非常低的集中度。但在2007年，前五大发起人占了更大市场的52.5%。图1-6显示了从1990年到2008年，贷方的集中度是如何变化的。1990年，25家最大的贷方占抵押贷款市场总份额不到30%。这种情况在20世纪90年代稳步上升，到2007年，前25位发起人控制了90%的市场份

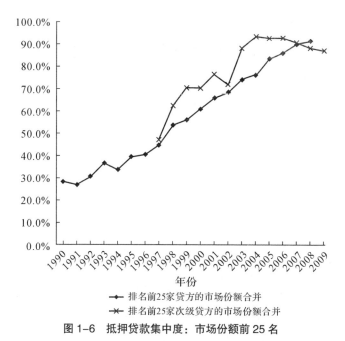

图 1-6　抵押贷款集中度：市场份额前 25 名

资料来源：由 Inside Mortgage Finance Publications, Inc. 公司出版的年报（2009 Mortgage Market Statistical Annual）。

额。这些数据直接与抵押贷款证券化业务给人的标准印象之一相矛盾：贷款发起人的市场非常不集中。尽管在此期间独立抵押贷款的数量确实增加了，但是大型国有银行越来越多地主导了发起市场。他们要么与所谓的货架发起人谈判独家合同，要么收购以前独立的抵押贷款发起人，从而确保了他们自能提供抵押贷款。

表1-2显示了MBS中介渠道商的类似过程。1996年，前五大生产商占有24.5%的市场份额，而在2007年这一比例上升至41%。如果看一下2007年排名前十的渠道商，总占比为71%。因此，这些市场的规模不仅快速增长，而且还在向一些规模较大、面向全国的银行迅速集中。

理解为什么同样的大型商业银行和投资银行处于每个MBS市场的核心是很重要的。投资银行历来涉足两项相关业务。他们为投资者提供打包并出售公司和政府债券的帮助。他们帮助投资者包装和出售公司和政府债券。他们还帮助公司发行股票并就并购提供建议。这些活动将它们置于金融系统的中心，在那里它们充当着金融中介机构。《格拉斯－斯蒂格尔法案》强迫银行在成为投资银行或商业银行中二选一，并对每项活动实施限制。在过去15年中，政策制定者和银行家们一直致力于打破这一障碍。其中一个原因是MBS业务。随着业务规模的扩大，商业银行希望能够出售贷款（成为发起人）、一揽子贷款（成为渠道商），并持有贷款（成为投资者）。像美国银行和花旗银行这样的公司认为，将这些套餐组合在一起的费用最终会落到投资银行手中，他们也想要获得这笔利润丰厚的业务。同样，投资银行希望通过接管发起人来确保上游的抵押贷款供应，以便他们能够更大规模地应用他们的交易结构专业知识。投资银行和商业银行都实现了愿望。《格拉斯－斯蒂格尔法案》于1999年被撤销，银行被允许从事他们选择的任何业务。这种市场划分的消除使大公司能够整合并充分参与MBS市场的每个部分。

将抵押贷款重新打包成债券，成了许多投资银行最大的收费业务，包括所罗门兄弟、雷曼兄弟、贝尔斯登、美林、摩根士丹利和高盛等。当然，美国银行、富国银行、花旗银行和美国国家金融服务公司等商业银行和银行控股公司也深入参与了市场的各个阶段，从发起到打包，再到服务。

那些大公司通过采用策略以多种方式从MBS中获利，同时从保留的MBS资产中通过获取费用和收入来赚钱。银行发起人可以使用自己的资本或低价借入的资本向购房者提供贷款（Ashcroft & Schuermann，2008，他们支持这种说法）。然后，他们可以转身将这些贷款出售给中介渠道商们。如果他们使用别人的钱（假设以1%～2%的利息借入），那么他们基本上可以以非常低的成本和相对较高的费用进行整个交易。中介渠道银行也可以低成本借到钱。然后，他们将购买抵押贷款，将其打包并出售给投资者。但是，从2002年左右开始，商业银行和投资银行开始意识到他们可以用1%～2%的利率借钱，创造MBS，并持有可能支付高达6%～7%利率的MBS。这使他们能够利用其他人的资金赚取利润，而不会给自己的资本带来风险。美国和全世界的低利率鼓励各种银行尽可能多地发放贷款，并持有MBS，因为它们当时正在用借来的钱赚钱。

但不仅仅是中介渠道银行发现可以低成本借入资金，购买并持有MBS。图1-7记载了MBS的单据。这些中介渠道持有的MBS从2002年的约350亿美元增至2007年的1750亿美元，增幅超过400%。但与此同时，商业银行的持有量从2002年的6500亿美元增加到2007年的1.1万亿美元。其他私人投资者（包括对冲基金）在此期间将MBS的所有权从250亿美元增加到7000亿美元。共同基金运营商也开始购买MBS，从大约4000亿美元增加到近8500亿美元。最引人注目的是，外国人的投资从2000亿美元增加到1.2万亿美元。这表明全世界对被认为是安全但高收益投资的兴趣是危机的驱动因素之一。对"安全"高收益债券的需求不仅来自松散的美国货币政策，还来自全球的资本供应。

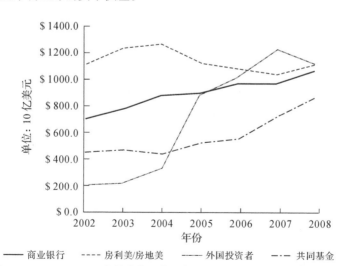

图1-7　2002至2008年最大的四类投资者持有的抵押贷款相关证券价值

资料来源：由 Inside Mortgage Finance Publications, Inc. 公司出版的年报（2009 Mortgage Market Statistical Annual）。

MBS的大规模增长导致了两种二级市场的发展（Barmat，1990）。首先，CDO市场允许通过重新证券化现有的MBS部分或其他收入流（包括公司债务和飞机租赁等）来进一步汇集和转移风险。其次，信用违约掉期（CDS）市场允许公司为他们在CDO和其他金融工具上持有的风险投保（Tett，2008，对CDS的演变进行了仔细讨论）。

由于次级抵押贷款市场的崩溃对抵押贷款证券化市场产生了负面影响，这给CDO市场和CDS市场带来了压力。在CDS市场，亏损高于预期。由于许多公司购买CDS以保护自己免受此类风险，因此这意味着CDS的持有者面临着偿还其债务的压力。为MBS提供CDS的主要供应商之一是美国国际集团（AIG），他们在这个市场中被曝光是他们被政府收购的主要原因。

次级贷款的成长

到2003年，各种投资者——商业银行、投资银行、对冲基金、保险公司和其他私人投资者——已经找到了如何通过低成本借钱的杠杆来购买MBS。实际上拥有现金的投资者——如养老基金、保险公司，以及世界各地的政府和银行——正在寻求提供超过1%～2%利率——政府债务的利率的安全投资。美国抵押贷款似乎是一个不错的选择。抵押贷款的基础资产是房屋，MBS包含来自全国各地的抵押贷款，因此在地理上看起来多样化。在很长的时间里，美国房价一直在稳步上涨。最后，MBS得到了评级，而且很可能继续保持住其"AAA"级别债券的位置。这使得美国抵押贷款看起来像是低风险、高收益的投资。

然后，在2004年，MBS市场经历了一场供给冲击。该事件的反响将为2008年的市场崩溃奠定基础。如图1-5所示，传统抵押贷款的供应在2003年达到顶峰，此后开始迅速下降。2003年有大约2.6万亿美元的常规抵押贷款或优质抵押贷款被购买，这在2004年下降到1.35万亿美元，下降近50%。抵押贷款的急剧下降既不反映住房市场疲软，也不反映二级市场需求放缓。相反，是一个饱和的大宗商品市场和一次加息，导致了推动2003年繁荣的再融资大幅减少。因此，虽然那些有钱购买MBS的人正在寻求产品买入，但那些发起和打包MBS的人却缺乏足够的产品去出售。这意味着这里有增加抵押贷款数量的巨大动力。这种激励措施使贷款发起人寻找新的抵押贷款市场来为证券化机器提供资金，这导致了"次级抵押贷款市场"的快速增长，即市场向信用记录不良且预付款较少的人提供贷款。

企业迅速转向次级抵押贷款，以弥补日益减少的优质贷款存量，这一点令人瞩目。2001年，最大的传统（优质的、政府担保的)发起人在传统市场上做了91%的业务。到2005年，这家最大的传统贷款发放机构在传统领域开展的贷款发放业务还不到其贷款发放业务的一半。

更详细地讨论图1-5有助于我们理解这种抵押贷款市场转变的含义。图表底部是由联邦住房管理局（FHA）和退伍军人事务部（VA）发放的住房贷款。虽然它们在2001年之后确实略有增加，但它们从来不是总发起贷款的很大一部分。市场的最大部分是传统和符合要求的抵押贷款。这些抵押贷款是发放给那些为自己的房子付了两成首付，并且贷款价值不高于某个截止点（超过这个截止点的话，他们需要支付额外的利息以保护与较高贷款额相关的较高风险）的人的。随着房价的上涨，截止点不断上升。我们可以看到，1990年至2003年的大部分抵押贷款市场都包括这两类贷款。

但是从2003年开始，随着银行开始寻找客户，我们开始看到各种形式的非常规贷款迅速增加。房屋净值贷款是指针对房屋净值的贷款。它们通常采用的是信贷额度或第二抵押贷款的形式。Alt-A和次级抵押贷款人（有时被称为"B"和"C"抵押贷款，这表示他们的债券评级较低）是信用记录不佳的人，或者缺乏支付大额首付的人（或者有时两者兼有）。巨额贷款的利率较高，因为其贷款额超过了FHA每年设定的价值。

2004年，这四类贷款首次超过了主要市场或传统市场。在2006年，抵押贷款热潮的高峰时期，在所有贷款中有70%是非常规抵押贷款。监管机构和国会注意到抵押贷款市场的这种惊人的变化。但是，美联储选择忽略正在发生的事情。艾伦·格林斯潘曾在国会辩解说，他没有采取任何行动阻止非常规抵押贷款的快速增长，因为他认为银行如果认为风险过高，就不会提供这些贷款。他也曾公开表明自己在这一点上显然是错的（Reuters，2008）。

为了解私营部门银行对次贷危机的影响有多大，来看看图1-8是有用的。这张图包含了1995年按揭类型为私营部门银行发放的按揭证券发行量。从20世纪90年代持续到21世纪初，传统或主要的MBS市场由GSE主导。但是，从2001年开始，由"非银行"银行（即私人银行）控制的MBS市场部分大幅上涨。在次级抵押贷款市场的高峰期，私人银行每年

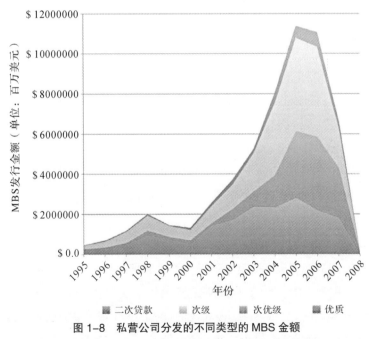

图1-8　私营公司分发的不同类型的MBS金额

资料来源：由Inside Mortgage Finance Publications, Inc. 公司出版的年报（2009 Mortgage Market Statistical Annual）。

发行近1万亿美元的非常规MBS。次级抵押贷款和次级抵押贷款证券化一直作为边缘利基市场存在，但到了2005年，这个市场已经转移到金融部门的中心，规模庞大，并且最大的金融公司都参与了进来。

将 B/C 级抵押贷款转入 AAA 级债券

另一个使这种转变合法化的主要参与者是评级机构。尽管几乎所有评论员都认为过度膨胀的债券评级是产生危机的核心因素，但我们目前对评级通胀的来源和模式知之甚少。是什么推动了评级通胀？它是从什么时候开始的？它如何与次级抵押贷款、Alt-A，以及抵押贷款市场的其他"非传统"部门的增长产生关联？它与发行人用于设计证券的日益复杂的结构有什么关系？在本节中，我们提供了MBS评级动态的解剖结构，并展示了这种解剖结构揭示的模式如何为发生的事情的总体解释提供了重要的见解。[1]

图1-9记录了2003年至2007年不合格抵押贷款MBS初始评级的构成变化，这是这些抵押贷款形式数量增加的核心年份。令人惊讶的是，随着时间的推移，获得AAA评级的百分比从15%增加到42%。差不多80%的不合格MBS获得A级或以上的评级。因此，即使这些MBS的数量和规模增加，其平均评级也会增加。在这里，我们因为篇幅有限，把B／C，Alt-A和HEL类MBS计算在了一起，但是在这些非传统资产类别中，从非优质抵押贷款债券制造越来越多的优质证券的普遍趋势几乎是相同的。因为其他证据表明，借款人的信贷构成在此期间正朝着相反的方向发展，那这种通胀趋势就更为引人注目了（Keys, Mukherjee, Seru, & Vig Vikrant, 2008）。

有人可能会说这些评级是合法的。要表明非传统的MBS越来越被高估，人们需要检查评级如何随着时间的推移而变化。对此的一个很好的衡量标准是债券降级的次数。这些数据表明，在2003年至2007年期间，与成分通胀（compositional inflation）相伴而来的是评级质量/准确度的大幅下降，尤其是评级最高的部分。首先，高估逐渐变得更加普遍。尽管2004年以来大约一半的B/C、Alt-A和HEL证券在崩盘后至少下降了两个等级，但2006年发行的证券中有80%被大幅降级。这种模式在每个单独的资产类别中或多或少地被等效重复了，这表明了更广泛的MBS被高估的长期趋势。

其次，在2003年至2007年期间，高估也逐渐变得更加密集。图1-10显示了随后的评级在2009年5月之前的评级下调的平均幅度。图表显示所有债券在崩溃后都会遭受重大评级下调。但它表明，2005年至2007年发行的债券，次级抵押贷款市场的高度，被降得特别厉害。例如，2006年发行的债券平均降级4.6档，而2002年发行的债券仅降级2.8档。2004年以后发行的债券评级更高，但随着市场恶化，它们被大幅降级证明了这些债券显然是被更加高估了。图1-11按照债权的类型将其拆解出来。我们再次看到债券降级的趋势会影响到所有类型的MBS。但一般来说，风险较高的B/C、HEL和Alt-A支持的债券经历了最严重的降级。

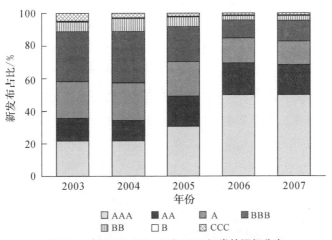

图 1-9　新 B / C，Alt-A 和 HEL 证券的评级分布

资料来源：彭博金融服务（2009 年）。

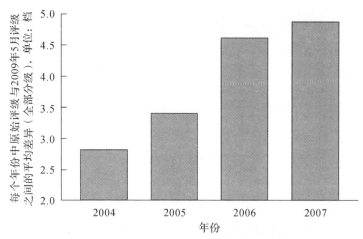

图 1-10 后续 Alt-A，B／C 和 HEL 证券的平均幅度按年份降级

资料来源：彭博金融服务（2009 年）。

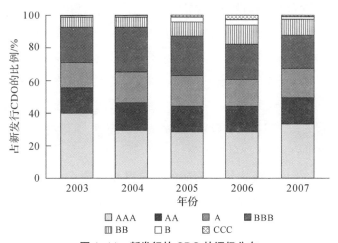

图 1-11 新发行的 CDO 的评级分布

资料来源：彭博金融服务（2009 年）。

危机的原因

我们认为，危机的直接原因可以在抵押贷款证券化领域的两个转变中找到。首先，2000年后所有形式的金融投资者可以轻松获得信贷，这意味着可以通过低利率借钱然后转而购买MBS来赚钱。这种杠杆化过程是银行和许多其他金融机构的核心战略。没有杠杆化的全球投资者也在寻求更高但更安全的回报，而美国抵押贷款对他们来说看起来很不错。这些策略使所有主要银行积极参与抵押贷款证券化，并使抵押贷款证券化成为金融业的关键。

但是，第二个转变（目前还未被完全理解）与第一个转变同样重要。到2004年，美国没有足够的优质或传统抵押贷款来打包到MBS。这导致了对新客户的搜索，其中许多客户的资金减少或信用额度降低。正是次级抵押贷款和Alt-A市场的急剧增长取代了主要或传统市场。各种银行对该市场的积极追求使我们走向了现在的状况。信用评级机构的主要作用是通过向参与者保证证券化市场的转型不是危险的来缓解担忧。监管机构发挥的主要作用是拒绝干预这些市场。美联储主要由那些认为尽管市场发生了这种危险转变但市场参与者不会承担太多风险的人所主导。我们现在知道这是错的。自21世纪初以来银行战略的演变使他们对主要是垃圾的资产加了极高的杠杆。

简要勾勒出抵押贷款违约如何影响整个金融系统的机制是有用的。从2007年开始，有两个主要因素侵蚀了银行和GSE的头寸。首先，"AAA"次级抵押贷款MBS债券的取消抵押品赎回权率高于预期。截至2007年7月，拖欠贷款率和取消抵押品赎回权率已经上升到即使是沉默寡言的债券评级机构也被迫开始大规模降低次级抵押贷款评级的程度了。其次，随着MBS的价格下跌，已经贷款购买MBS的银行必须偿还这些贷款或提供更多的抵押品来保留它们。这是因为，他们的大部分贷款都包含了如果债券价格下跌或抵押品的信用评级被降级，就要求他们增加资本投资的契约。大多数银行的杠杆率非常高，这导致银行的客户最终发现无法筹集足够的资金来偿还贷款。到2007年年中，次级抵押贷款显然正在破坏债券价格，并对所有银行施加压力。到2008年春天，像贝尔斯登这样的银行开始倒闭了。

了解一下那些在2005年抵押贷款证券化业务领域的领头羊银行现在过得怎么样了，是很有用的。表1-3和表1-4显示出次级抵押贷款发放业务和次级抵押贷款MBS业务的前十大公司的表现。2005年10家最大的次级贷款机构中现在有7家停业或被合并吸收。同年，10家次级抵押贷款公司MBS公司中有8家公司破产或合并为其他实体。次级抵押贷款市场的崩溃基本上消灭了所有在该业务上发展壮大的公司。除摩根士丹利和高盛之外，处于次级抵押贷款MBS市场核心位置的大型投资银行都已不复存在。花旗银行、美国银行、摩根大通和富国银行已成为大型综合性银行，并入了许多次级抵押贷款的输家，而高盛和摩根士丹利都已重组为商业银行。

表1-3 2005年的前十次级贷方（灰色部分为已破产公司）

等级	贷方	2005	
		体量	市场份额（%）
1	Ameriquest Mortgage, CA	$79.68	12.0
2	New Century Financial, CA	$56.10	8.4
3	Countrywide Financial, CA	$44.64	6.7
4	Wells Fargo Home Mortgage, IA	$42.35	6.4
5	Option One Mortgage, CA	$40.05	6.0
6	Fremont Investment & Loan., CA	$36.24	5.4
7	Washington Mutual, WA	$36.10	5.4
8	First Franklin Financial Corp, CA (Merrill Lynhch)	$29.33	4.4
9	GMAC-RFC, MN	$25.26	3.8
10	HSBC Mortgage Services, IL	$25.08	3.8

资料来源：由 Inside Mortgage Finance Publications, Inc. 公司出版的年报（2009 Mortgage Market Statistical Annual）。

表1-4 2005年的前十次级贷方（灰色部分为已破产公司）

等级	发行商	体量	
		2005	2004
1	Ameriquest Mortgage	$54,237.1	$55,126.5
2	Countrywide Financial	$38,101.7	$40,602.5
3	Lehman Brothers	$35,295.1	$27,336.1
4	New Century	$32,357.7	$22,306.2
5	GMAC-RFC	$28,657.4	$25,988.2
6	Option One	$27,153.1	$17,528.4
7	Bear Stearns	$20,882.3	$10,297.3
8	CS First Boston	$19,651.2	$18,152.3
9	WMC Mortgage	$19,569.8	$12,778.9
10	First Franklin (Merrill Lynch)	$19,394.4	$19,522.2

资料来源：由 Inside Mortgage Finance Publications, Inc. 公司出版的年报（2009 Mortgage Market Statistical Annual）。

人们可以预期会有更多的银行合并，很可能一些大型集团银行最终会在所有产品线上占据美国银行业的主导地位。投资银行的彻底崩溃表明了次级抵押贷款证券化的愚蠢。承担这种风险的公司的经理们是在玩火自焚。拯救经济的是政府接管GSE和支持其他银行体系。美联储现在是MBS的最大购买者。具有讽刺意味的是，MBS市场已经走到了尽头。政府最早是在20世纪60年代和70年代为了刺激住房市场而发明了这个市场。他们对此很欣慰，一直支持着这个市场，并采取措施引入私人投资。但最终，这些银行通过借入资本将其活动扩展为风险投资。政府现在已经全力投入市场支持它。

次级 MBS：一些神话和现实

对于我们之前呈现的危机，有几种不同的观点。在本节中，我们将检查这些竞争性的观点，并表明它们与关键证据不一致。关于危机的一个流行说法侧重于交易激励的结构。这种论点的支持者认为，MBS的卖方和买方之间的不正当激励和信息不对称促使前者抛售风险资产。这也意味着购买债券的人不知道次级抵押贷款的风险程度如何。

由于MBS是债券，因此受到安全和交易委员会（SEC）的监管。当中介渠道银行想要发行MBS时，它必须向SEC提交发行说明书。这些说明书是公共信息，只需点击两下鼠标即可通过网络访问相关页面。"次级抵押贷款"一词实际上有一套正式的定义。要获得优质或传统抵押贷款的资格，一个人需要首付20%并且FICO信用得分为660或更高（平均得分为710，范围从450到900）。不符合这些条件的抵押人没有资格获得优质或传统抵押贷款。但是，如果他们愿意支付更高的利率，他们就有资格获得Alt-A或次级抵押贷款。

明确一下什么构成了不良信用对我们是有帮助的。在发生以下情况时，抵押权人依然能获得次级抵押贷款：在过去12个月中有两次或更多次违约；在过去24个月内发生1次或多次逾期60天的拖欠；在过去24个月内受到判决，被取消抵押品赎回权或抵押品被收回；过去5年内破过产；FICO得分低于660和债务收入比率为50%或更高（即每月付款超过家庭总收入的40%）。应该指出的是，这些特征被列在向SEC提交的所有发行说明书中。

图1-12显示了那些为次级抵押贷款而创建特殊目的载体的主要机构：GSAMP 信托2006-NC2。该信托的发起人是新世纪金融，这是最大的次级贷款发起人之一。高盛充当了该信托的中介渠道商。穆迪评定了该信托中的债券。欧克文金融公司充当了该信托的服务商。德意志银行和富国银行担任该信托的顾问。这种信托是在此期间完成的MBS打包的典型信托。

信托的发行说明书中提供了以下信息[2]。该信托中有3949名次级抵押贷款人，价值8.81亿美元。其中43.4%用于购买新房，而其余则用于为现有贷款重新融资。90.7%的抵押贷款人将住在房子里。73.4%为单户住宅，其余为共管公寓。38%的房屋位于加利福尼亚州，10.5%位于佛罗里达州。借款人的平均FICO评分为626。31.4%的人得分低于600，在600和660之间占51.9%，在660之上仅占16.7%。在整套抵押贷款中，总债务与收入的比率为42%。表1-5显示了各部分的批次和债券评级。大约79%的债券发行被评为"AAA"，评级最高。不到5%的被评为"B"，这应该是典型的次级抵押贷款评级。从这些信息的细节可以清楚地看出，任何想要了解他们在GSAMP 2006-NC2中购买的东西的人都不能说他们不理解自己

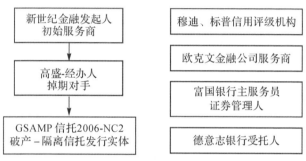

图 1-12　围绕在 GSAMP 信托 2006-NC2 周围的主要机构

资料来源：GSAMP 信托 2006-NC2 在美国证监会的招股说明内容。

正在查看的内容。

表1-5　GSAMP信托2006-NC2的资本结构

类型	分层描述			信用评级		票面利率	
	名义金额	占比（%）	次级债权占比（%）	S＆p	Moody's	(1)(%)	(2)(%)
A1	$239,618,000	27.18	72.82	AAA	Aaa	0.15	0.30
A-1A	$214,090,000	24.29	48.53	AAA	Aaa	0.07	0.14
A-2B	$102,864,000	11.67	36.86	AAA	Aaa	0.09	0.18
A-2C	$99,900,000	11.33	25.53	AAA	Aaa	0.15	0.30
A-2D	$42,998,000	4.88	20.65	AAA	Aaa	0.24	0.48
M-1	$35,700,000	4.05	16.60	AA+	Aa1	0.30	0.45
M-2	$28,649,000	3.25	13.35	AA	Aa2	0.31	0.47
M-3	$16,748,000	1.90	11.45	AA-	Aa3	0.32	0.48
M-4	$14,986,000	1.70	9.75	A+	A1	0.35	0.53

类型	分层描述			信用评级		票面利率	
	名义金额	占比（%）	次级债权占比（%）	S & p	Moody's	(1)(%)	(2)(%)
M-5	$14,545,000	1.65	8.10	A	A2	0.37	0.56
M-6	$13,663,000	1.55	6.55	A-	A3	0.46	0.69
M-7	$12,341,000	1.40	5.15	BBB+	Baa1	0.90	1.35
M-8	$11,019,000	1.25	3.90	BBB	Baa2	1.00	1.50
M-9	$7,052,000	0.80	3.10	BBB-	Baa3	2.05	3.08
B-1	$6,170,000	0.70	2.40	BB+	Ba1	2.50	3.75
B-2	$8,815,000	1.00	1.40	BB	Ba2	2.50	3.75
X	$12,340,995	1.40	0.00	NR	NR	N/A	N/A

资料来源：GSAMP 信托 2006-NC2 在美国证监会的招股说明内容。

关于次级抵押贷款支持证券的第二个神话是，发行人和中介渠道都没有持有债券。我们已经简要讨论了图1-7，其中显示了2002年至2008年最大的MBS持有人的数据。GSE是最大的债券持有者。从2002年到2008年，当次级抵押贷款供应增长最快时，商业银行和银行控股公司将其持有的MBS从6500亿美元增加到1.1万亿美元。正如我们前面提到的那样，打包MBS交易的中介渠道在2002年至2007年期间将其MBS持有量从300亿美元增加了400%以上，至1750亿美元，即使债券在这繁荣的几年中逐渐变得更有风险（Inside Mortgage Finance Publications，2009）。中介渠道和商业银行深入参与MBS的生产；他们保留了相当大一部分资产（并且经常因此而破产）这一事实让人对发生危机是因为中间人策略性地将所有风险最大的资产卖给了不知情的投资者这种说法产生了怀疑。

批评者们在评级过程中发现第三个有问题的激励措施。这里的基本问题是，证券发行人付钱给评级机构而不是买家。这使得代理商不得不夸大评级以满足他们的客户（发行人），否则他们将在其他地方开展业务，也就是所谓"评级采购"。结果是发行人能够提高其证券的评级。这种解释的支持者指出，给定证券的所谓采购评级往往高于主动的评级。这与我们之前提出的数据一致。这表明随着市场的发展，各机构对新的MBS问题的债券评级大大夸大了。然而，这种解释的问题在于，同样的不正当激励结构已经存在了一段时间（Tett，2008）。只有在2003年之后它才会导致评级通胀飙升。[3]虽然可能是必要的，但信用评级机构不正当的激励措施不足以解释评级构成随着时间推移的变化。究竟发生了什么仍然是一个难题。

总体而言，基于激励结构的信贷危机解释未能说明主要参与者的行为。确实，激励机制的结构表明，狡猾的、理性的公司会将风险较高的次级抵押贷款证券化，然后将它们全部卖给那些无法理解在其不透明结构中所包含的风险资产的不知情投资者。但根据经验，这不是发生在次级抵押贷款支持证券上的情况。首先，发起、打包和发行次级抵押贷款的公司确实持有其中相当大的一部分，主要是因为它们产生了高额的短期利润。其次，那些购买次级抵押贷款支持证券剩余部分的投资者可以轻松获取有关贷款抵押品的信息。与每个参与者都欺骗下一个人的场景不同，数据提供给我们一种集体参与、整个行业都陷入幻觉的理论图像。

特别是，银行持有大量自己的垃圾资产这一事实给理性行为者模型带来了问题。一个重要的问题是：如果银行知道他们持有的资产风险极大，那么他们为什么要持有这些资产呢？更重要的是，为什么几乎所有处于市场核心位置的银行都这样做呢？实际上，除了高盛和摩根大通之外，所有大型银行直到最后都继续坚持持有次级抵押贷款支持证券。回答这个问题超出了本文的范围，但我们将下面的问题作为未来研究的重要领域。

另一个关于信贷危机的观点侧重于强调金融工程创新以及由此产生的证券化资产的复杂性。虽然不是相互排斥的，但这种解释与我们的不同之处在于将注意力集中在金融工具的技术而不是金融行为者的策略上。例如，麦肯齐（MacKenzie, 2009）写道："危机的根源在于金融体系的社会技术核心。"（p.10）

有几个原因可以解释为什么日益复杂的金融资产可能会增加风险，

或掩盖次级抵押贷款MBS的风险。尽管标准MBS允许发行人主要从次级抵押贷款构建AAA层级，但CDO基本上允许通过从传统MBS中获取夹层级（BBB）部分（在违约情况下首先降级的那些部分）进行双重升级，并将它们重新打包为AAA级别的CDO部分。麦肯齐认为这使得CDO特别危险，但同时使它们看起来会风险更小、更可口。然而，没有经验证据表明CDO结构导致了它们构成的MBS资产和相关领域的崩溃。换句话说，复杂性解释的支持者几乎没有提供复杂性具有独立影响的证据。

经验性地测试复杂性解释的一种方法是检查信用违约期权的评级动态与更常规结构的MBS资产的不同之处。如果这些论点是正确的，那么评级通胀应该在最复杂的工具类别（CDO）中最为明显，并且CDO工具的风险增加应该在泡沫破裂之后的降级中显而易见。

与金融工程推动评级通胀的假设相反，数据显示，最复杂和最具创新性的CDO工具实际上在其整体评级构成中表现出最大的稳定性。如图1-11所示，与MBS资产中明显的通货膨胀趋势相比，新发行的CDO的初始评级在一段时间内非常稳定。这意味着将MBS部分重新包装成CDO并不会进一步导致评级通胀。尽管有很多关于复杂CDO工具具有特别严重危险的讨论，我们的数据显示这些工具并不比构建它们基础的MBS更危险，至少通过随后的降级来衡量。实际上，如图1-13所示，CDO与整体贷款（即不合格的"巨型"）证券实际上往往比B/C、Alt-A或HEL证券更少被高估。这表明，高估的区别更多地与抵押债务的基本质量相关，而不是与债券结构的复杂性相关。它还表明，那些把危机根源固定在更复杂的证券化结构增长上的人必须提供更好的证据来证明CDO如何提高了构筑它们基础的MBS的风险。

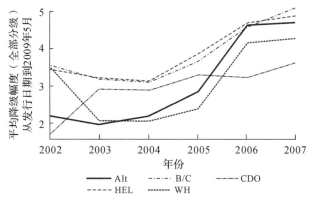

图1-13　后续降级的平均幅度（按年份和资产类型）

资料来源：彭博金融服务（2009）。

结论

我们从这篇文章一开始就提出，过去40年来政府监管、住房市场，以及该市场的主要私营部门参与者之间存在着共生关系。从20世纪60年代开始，政府希望刺激市场，以增加公民拥有住房的机会。由于20世纪60年代源于"伟大社会"计划和贫困战争的预算问题，约翰逊政府创新了一套策略，以增加市场的私营部门发放抵押贷款的动力。他们创建了由政府资助的企业房利美、房地美和吉利美来购买抵押贷款，并将其重新包装成MBS。

由于一些问题，这个市场的私营部门在20世纪70年代和80年代初难以起飞。其中一些是监管问题，另一些是由于私人资本对投资抵押贷款缺乏兴趣。所罗门兄弟和摩根士丹利等投资银行说服联邦官员支持修改税法，使MBS成为可能并对投资者具有吸引力。放松对储蓄和贷款银行的监管无意中进一步推动了抵押贷款证券化革命，推动储蓄和贷款银行摆脱其传统的为中产阶级办抵押融资的角色。这留下了一个由华尔街逐渐填补的空白。政府监管机构总是对投资银行家和商业银行家很友好，他们与

GSE合作推进MBS。例如，他们努力让银行引入浮动利率抵押贷款。这些产品保护银行免受利率突然上升的影响，同时迫使消费者在利率上升时支付更多费用。

抵押贷款市场在20世纪90年代迅速扩大，证券化工具使消费者能够更轻松、更便宜地获得抵押贷款和所有其他形式的信贷。到20世纪末，抵押贷款市场规模从每年5000亿美元转为1.5万亿美元。这吸引了全国最大的银行进入不断扩大的市场。这也促使它们游说政府允许银行参与抵押贷款业务的所有环节。行政和立法部门再次满足了金融部门的愿望。到21世纪初，成为控股公司和投资银行的最大商业银行开始主导市场。

在2000年股市崩盘后，美联储大幅降息。这为抵押贷款证券化市场的快速扩张创造了条件。我们注意到的一个目前还没有被广泛注意到的事实是，这种情况造成了对MBS的巨大需求。为了满足这种需求，贷款发起银行和中介渠道银行（有时是同一拨人）需要找到一个新的抵押贷款市场。他们发现的市场是次级抵押贷款市场。美联储一直拒绝主导正在快速增长的次级抵押贷款市场。最后，几乎所有金融系统中的大型企业都拥有了大量的MBS。那些通过低成本借钱来购买MBS的人发现自己从2007年开始陷入了流动性危机。

通过两种方式听取次级抵押贷款市场的讨论是很常见的。首先，评论员经常将次级抵押贷款人视为不知道自己正在购买什么，或者因为挥霍无度而入不敷出的人。其次，批评这一观点的人认为，次级抵押贷款的目标是将房屋所有权扩大到较贫穷的人或信誉较差的人。由于拥有住房是美国梦的核心部分，有评论员赞扬了这种迅速扩大到这些消费者的信贷。

虽然对第二个主张有所共鸣，但我们的讨论表明，次级抵押贷款市场扩张的速度应该让政府官员感到警觉了。传统抵押贷款市场的快速下降加上市场非常规部分的快速增长应该引起政府官员注意到潜在的问题。此外，越来越多地使用杠杆来购买和持有MBS，这清楚地表明低利率促使银行寻找人们借钱，以便银行可以借钱向这些消费者发放贷款，然后持有债券。最后，次级抵押贷款评级的快速通胀随着它们的增长而占据了更大的市场份额应该引发了许多问题。美国银行系统核心的整个结构很快就从非常规抵押贷款的MBS交易中获得了主要利润。

我们从这篇文章一开始就提出了监管机构的主要问题之一，是他们实际上对金融市场如何成为一个系统缺乏概念。所谓系统，我们指的是一组拥有少量参与者的市场，所有参与者彼此认识，互相观察，并模仿彼此的行动。这些相同的参与者希望在抵押贷款市场的各个部门占据一席之地，以扩大他们的业务，并通过向消费者出售抵押贷款，为投资者包装这些抵押贷款，将这些抵押贷款出售给投资者，以及持有相当大一部分MBS来收费。他们是用借来的钱买这些MBS。在这个系统中，每家银行都可以通过多种方式赚钱。

监管机构以多种方式促进了这一结构的创建。他们帮助开拓了这些工具，并通过创建向抵押贷款投资者提供政府担保的GSE来支持市场。当行业有要求时，他们通过了友好的立法。最重要的是，他们几乎在任何情况下都拒绝介入市场。他们相信银行家们知道自己在做什么。我们认为这是一种被动形式的"监管俘获"。银行家向监管机构表达了他们的意愿，他们最终获得了有利的立法和宽松的监管。银行家还通过收买监管机构来使它们对自己有利（Davis，2009）。政府官员基本上信任市场，并相信防止任何形式的崩溃的对私人的激励措施已经到位。

如果我们是正确的，这意味着监管的任何变化都必须从这样一种观点开始：抵押证券化行业是一个系统，是一系列由少数参与者主导的相互关联的市场，这些参与者运用着每个玩家都知道的一套策略。在引言中，我们提出，监管机构、立法机构、行政部门、银行本身，以及债券评级机构都是关于MBS的故事的一部分。我们注意到，直到2003年，MBS市场似乎运作良好。它向大量消费者提供了大量贷款，并且增长迅速。我们相信，这一成功使监管机构在2003年之后对任何事情都可能出错这种想法持谨慎态度。但是，事后看来，我们认为有一些重要的经验教训可以学习，并且还需要进行一些明显的改革。

我们不知道什么?

我们的故事概述了对抵押贷款证券化如何上涨和下跌的剖析。我们与那种观点保持了一致,即:政府在市场的建立及其随后的演变中发挥了关键作用。我们还展示了政府随着时间的推移如何希望市场的私营部门也越来越多地参与到向越来越多的美国人提供抵押贷款的过程中。这意味着总统、国会和监管机构一般都会向私营公司提供能让他们更多地参与市场的机会。

这提出了两个有趣的问题。首先,政府官员当然广泛接受考夫曼所谓的"经济自由主义"(Kaufman,2009,p.235)。考夫曼认为,政府官员认为政府的角色主要是给金融市场的流程让路。换句话说,金融市场是高效的、发挥作用的。从20世纪80年代中期开始,他们就肯定持有这种观点了,这使他们似乎忘记了政府已经启动市场并继续通过GSE来为其背书。其次,政策制定者既扮演着帮助生产和维持这个市场的更受瞩目的角色,同时也认同市场自我调节的观点,那他们是如何理解这两者之间的联系的呢?

一个相关的问题是银行业在这个过程中的作用。对此我们有两种不同的印象。一个是个别银行似乎通过努力逃避监管和收买他们可以获得的最轻松的监管来无情地利用该系统。另一个是该行业通过"监管俘获"得到了它想要的东西:允许可变抵押贷款,改变税法,以便养老基金和保险公司可以持有MBS,废除《格拉斯-斯蒂格尔法案》,并影响与他们持有的MBS有关的会计师事务所。"监管俘获"是否存在?或者说,企业是否真的需要收买监管来获得他们想要的东西?

还有许多其他未解答的问题。我们只是初步探讨了抵押贷款业务发生变化的程度(特别是从1990年开始)。传统观点认为,20世纪80年代的金融放松管制，以及储蓄和贷款协会的衰落导致了抵押贷款金融价值链的垂直解体。相反，我们的数据表明，银行通过抵押贷款融资变得更大、更集成。这也意味着，对银行来说，有必要参与链条中的每笔交易，从出售抵押贷款到个人，到把抵押贷款打包成MBS，再到服务MBS，最后保留部分MBS作为投资。更好地理解这种垂直整合的市场结构非常重要。一个论点是，银行在20世纪90年代从基于客户的银行转向基于交易或收费的银行。它们对控制的理解的变迁并没有被很好地记录下来，也没有得到很好的理解。就其发生的程度而言，它解释了为什么银行会不可抗拒地去控制抵押贷款交易链的所有部分。为了更好地理解这一过程，有必要对档案、访谈和定量数据进行研究。

投资者对他们购买的MBS知道些什么的问题仍然没有被完全了解。行为金融学声称，行为者贪婪，往往低估风险，往往过于乐观，往往没有良好的风险知识，最后倾向于追随牛群。关于这个问题和关于其他泡沫的主要解释都是基于这些断言（例如，这种论证的例子见Schiller，2008；Akerlof & Schiller，2009；Krugman，2009）。

出于几个原因，我们对这种论点的强形式持怀疑态度。有证据表明，MBS的买家和卖家确实认为抵押贷款相对安全，而且这是基于历史数据得出的结论，并以CDS作为保险。我们几乎没有证据表明投资者无法获得有关次级抵押贷款/ MBS风险的信息。但是，我们不知道他们为寻求这样的证据付出了多少努力，或者他们是否被高信用评级和令人信服的债券推销员所欺骗。我们也不知道高层管理人员明不明白他们的下属所做的投资风险程度如何，或者他们只是不关心，因为住房市场似乎是一个安全的赌注，他们认为如果真的发生了灾难，政府会为他们开脱。未来的研究可能会探讨几种可能的答案。首先，有大量的轶事证据表明银行高管将CDS理解为一种保险形式，他们认为这种保险可以在经济低迷时期保护他们。其次，所有银行都以低利率借入资金并持有次级抵押贷款MBS投资赚取了大量资金。可能许多公司都认为，如果它们不得不卖掉MBS，他们可以在看似相对具有流动性的市场中售卖。由于他们从这些投资中获得了基本上免费的资金，因此损失必须非常大，才能抵消迄今为止的收益。

另一个相关问题涉及房地产市场开始停滞后主要参与者的理性行为。一旦这些市场开始解体，银行如何理解正在发生的事情？他们会拒不接受事实，如贝尔斯登的詹姆斯·凯恩那样？或者，他们会认为自己陷入了螺旋式下降，但鉴于金融体系内部的紧密联系，他们什么也做不了？

显而易见的是，当房价开始停滞不前时，市场和大多数主导企业的反应很小，并且止赎率最早在2006年底才开始上升。美林证券等几家大型银行继续积极扩大其次级业务。2007年，次级抵押贷款市场出现问题的迹象在财经新闻媒体中被广泛描述为一个孤立的问题。只有当贝尔斯登无法再为其债务提供资金时，市场才开始寻找同样脆弱的其他银行。正是这一连串的信息最终导致这整场演出的失败。

最后，我们对使用次级抵押贷款购买房屋的人以及他们为何这样做的人知之甚少。我们有这样的买家的多种印象。首先，我们被告知，穷人被花言巧语欺骗了，他们获得了房屋所有权，但要负担掠夺性的贷款。这些人没有工作，没有收入，没有首付。其次，我们还被告知，在抵押贷款泡沫即将结束时，约有四分之一的贷款流向了投机者，他们从未打算住在自己的家中，而是打算在价格上涨后立即出售房产。最后，我们的印象是，他们生活在这个国家房价上涨飞快的地区，以至于他们再也无力承担传统的抵押贷款。这些为他们的家庭寻找良好社区和良好学校的中产阶级人士最终负债累累。他们被迫进入次级抵押贷款市场，因为他们负担不起传统贷款。要弄清楚每个故事的真实程度非常重要，这有助于更有效地保护消费者和规范抵押贷款市场。

政策建议

即使不完全了解所发生的事情，我们也可以思考哪些类型的监管是有用的。在许多领域，政府监管机构要么没有使用他们的权力，要么国会拒绝增加额外的监管。我们列出以下监管行动建议。

1. 次级借款人是掠夺性贷款行为的受害者。有足够的证据证明这一点（例如Albers，2008；Sanders，2008；未在本文中提出）。我们在这里提出的是，银行迅速将抵押贷款出售给那些信贷额可能远远超出合理范围的人。有证据表明，这些人经常不知道他们在买什么。

解决方案：应通过并强制执行法律，禁止此类借贷行为。这些法律将保护消费者并缓和次贷泡沫的快速增长，而不会完全抑制向有合法需求却没有得到服务的人群提供住房融资。

2. 信用评级机构由债券的打包商支付。这造成了利益冲突，债券评级机构不会帮助债券买方，而会帮助卖方。

解决方案：信用评级机构应对其评级方案的透明度负责。让MBS的买家，而不是贷款的卖家来支付信用评级费用也是一个好主意。这里存在明显的利益冲突，而且这种冲突明显产生了影响。

3. 投资银行和其他投资者使用贷款购买抵押证券，并且相信违约率低得不合理、价格高得离谱的金融公式。这意味着他们正在充分利用他们的资本撬动杠杆。当标的资产开始下跌时，它们无法支持他们并筹集到额外资金。

解决方案：应该对银行进行更严格的监管，以确保其资本足以弥补其潜在损失。银行还应该将所有的财务风险都放在他们的账簿上，不允许银行使用账簿外的特殊目的载体（SPV）。他们还应该对这些证券使用更现实的风险评估模型进行评估。

4. 美联储决定在2001—2005年保持低利率。这鼓励了房地产泡沫，并鼓励了银行以低成本借钱购买MBS。

解决方案：无论是与股票市场还是房地产市场相关，美联储都应该更加重视其助长泡沫的作用。如果美联储早些时候提高利率，那么投资银行就没有动力以低成本借钱购买MBS。他们也应该对市场的快速变化保持警惕，例如2003年至2007年在MBS市场发生的变化，而不是假设市场参与者知晓风险。

5. 那些大银行被允许使用其受到严格监管的活动，为其风险较高的活动提供资金。这意味着，当他们的贷款变成坏账时，他们会被认为"太大而不能倒"，从而需要大量救助。

解决方案：银行监管应规定对银行控股公司的活动进行分离，以便使银行行为的风险在其资本中得到适当的核算。

6. CDS被视为一种保险形式。由于CDS市场不透明，因此不清楚是谁为风险投保，以及他们拥有多少保险。

解决方案：如果CDS市场是一个保险市场，它应该像保险一样受到监管。这将阻止像AIG（American International Group，美国国际集团）这样的公司不合时宜地将其风险暴露给CDO产品。

如果这些法规已经到位，它们是否足以阻止当前的金融危机？我们认为，如果监管机构有效地执行了这样一套规定，他们就会使次级抵押贷款在2003年之后更加难以扩张。房地产泡沫的总体水平意味着有错的不仅是次级抵押借款人。在这方面，可能美联储应该努力控制房地产泡沫。他们本可以通过提高利率来实现这一目标，这可能会降低投资银行借钱购买抵押贷款支持证券的吸引力。同样，如果债券评级机构更透明、更有效地完成工作，客户可以更好地了解他们购买的产品。

注释

[1] 该分析基于彭博数据库中包含的所有非代理的MRS证券的纵向评级历史。这些数据包括由三大机构之一评级的非托管住宅MBS和CDO：标准普尔、穆迪和惠誉。这三个机构几乎涵盖了所有债券评级活动。这里仅包括了以美国货币发行且主要包含美国抵押贷款的交易。

[2] 感兴趣的读者可以在线访问美国证券交易委员会，并在下述网页上找到此信息。http://www.sec.gov/Archives/edgar/data/1366182/000112528206003776/

b413822_ 424b.txt.

[3] 麦肯齐（MacKenzie，2009）认为，在MBS市场上，一家第三评级机构惠誉（Fitch）的关键性存在使得收买评级被放大了。

参考文献

Akerlof, G., & Schiller, R. (2009). *Animal spirits*. Princeton, NJ: Princeton University Press.

Albers, M. (2008). The financialization of home and the mortgage market crisis. *Competition and Change*, 12, 148–166.

Ashcroft, A., & Schuermann, T. (2008). *Understanding the securitization of subprime mortgage credit*. Unpublished paper. New York Federal Reserve.

Barmat, J. (1990). Securitization: An overview. In: J. Lederman (Ed.), *The handbook of asset-backed securities* (pp.3–22). New York: New York Institute of Finance.

Barth, J. (2004). *The savings and loan crisis*. Amsterdam, The Netherlands: Kluwer Press.

Bloomberg Financial Services. (2009). Bond ratings. Bloomberg Financial Terminal.

Brendsel, L. (1996). Securitization's role in housing finance: The special contributions of government sponsored entities. In: L. T. Kendall & M. J. Fishman (Eds), *A primer on securitization* (pp.17–30). Cambridge: MIT Press.

Cohan, W. (2009). *House of cards*. New York: Doubleday.

Davis, G. (2009). *Managed by the markets*. New York: Cambridge University Press.

Fligstein, N. (1996). Politics as markets: A political-cultural approach to market institutions. *American Sociological Review*, 61, 656–673.

Fligstein, N. (2001). *The architecture of markets*. Princeton, NJ: Princeton University Press.

Green, R., & Wachter, S. (2005). The US mortgage in historical and international contexts. *Journal of Economic Perspectives*, 19(4), 93–114.

Inside Mortgage Finance Publications. (2009). *The Yearbook of the mortgage market*. Bethesda, MD: Inside Mortgage Finance.

Jungman, M. (1996). The contributions of the resolution trust corporation to the securitization process. In: L. T. Kendall & M. J. Fishman (Eds), *A primer on securitization* (pp.67–81). Cambridge: MIT Press.

Kaufman, H. (2009). *The road to financial reformation*. New York: Wiley.

Kendall, L. T. (1996). Securitization: A new era in American finance. In: L. T. Kendall & M. J. Fishman (Eds), *A primer on securitization* (pp.1–16). Cambridge: MIT Press.

Keys, B., Mukherjee, T., Seru, A., & Vig Vikrant, V. (2008). Did securitization lead to lax screening? Evidence from subprime loans. EFA 2008 Athens Meetings Paper. Available at SSRN: http://ssrn.com/abstract = 1093137

Krugman, P. (2009). *The return of depression economics and the crisis of 2008*. New York: Norton.

Lewis, M. (1990). *Liar's poker*. New York: Penguin Books.

MacKenzie, D. (2009). *The credit crisis as a problem in the sociology of knowledge*. Working Paper. Department of Sociology, University of Edinburgh, Edinburgh, Scotland.

Quinn, S. (2008). Securitization and the state. Paper presented at the Annual meetings of the American Sociological Association, Boston, MA, August.

Ranieri, L. (1996). The origins of securitization, sources of its growth, and its future potential. In: L. T. Kendall & M. J. Fishman (Eds), *A primer on securitization* (pp.31–44). Cambridge: MIT Press.

Reuters. (2008). Available at http://www.reuters.com/article/idUSTRE49M58 W20081023? pageNumber = 2&virtualBrandChannel = 0&sp = true.

Sanders, A. (2008). The subprime market and its role in the financial crisis. *Journal of Housing Economics*, 17, 254–261.

Schiller, R. (2008). *The subprime solution*. Princeton, NJ: Princeton University Press.

Sellon, G. Jr., & VanNahmen, D. (1988). The securitization of housing finance. In: *Economic Review*, 73(7), 3–20. Kansas City: Federal Reserve Bank of Kansas City. July/ August.

Skreta, V., & Veldkamp, L. (2009). *Ratings shopping and asset complexity*. NBER Working Paper no. 14761. NBER, Cambridge, MA.

Tett, G. (2008). *Fool's gold*. London, England: Little, Brown.

Wall Street Journal. (1970). Ginnie Mae offers first mortgage backed bond. *Wall Street Journal*, April 24, p.12.

第二章　信心结构与雷曼兄弟破产

理查德·斯维德伯格（Richard Swedberg）

摘要

2008年9月15日，雷曼兄弟公司（Lehman Brothers）申请破产事件几乎导致了整个金融系统的崩溃。本文着眼于雷曼兄弟破产前的情况，以及雷曼兄弟破产事件是如何在2008年的秋季和2009年初引发金融恐慌的。本文研究结果有两个关键点。第一，引发金融恐慌的通常是隐性损失。第二，信心在金融恐慌中扮演着重要的角色，这种信心可以被理解为来自信念的表现形式，即行动可以基于中介信号（proxy sign），而不是关于形势本身的直接信息。

2008年9月15日的凌晨45：1，美国雷曼兄弟公司申请破产，几乎导致全球金融体系的崩溃。几天后，伯南克（Bernanke）发表了著名的声明："我们可能在周一不会有经济了。"（Thomas & Hirsh，2009）。布什总统也表达了同样的想法，但他是用他自己的方式说的："这个笨蛋可以下岗了。"（Mason，2009，p.28）

评论人士一致认为，雷曼兄弟的破产改变了一切。经济学家罗伯特·卢卡斯（Robert Lucas）提到："在雷曼兄弟破产之前，经济衰退是战后时期非常典型的一种温和衰退……但是当雷曼兄弟破产后，情况完全变了，潜在的危机已经成为现实。"（Lucas，2009，p.67）另一位著名经济学家艾伦·布林德（Alan Blinder）表示，雷曼兄弟倒闭后，一切都土崩瓦解了，几乎没有一家金融机构是安全的，贷款的冻结使得经济一落千丈。当时有很多人都表示这是一个巨大的错误（Blinder，2009）。两个月后，美国财政部部长亨利·保尔森（Henry Paulson）向公众提到雷曼兄弟的破产带来了一次系统性的危机，并导致人们对金融体系的信心蒸发：

> 我们遭遇了一场系统性的危机，信贷市场冻结，银行大幅度地削减了同业间的贷款额度。整个金融体系的信心遭到严重的损害。我们的金融体系正处于崩溃的边缘，这将显著地表现为严重恶化并长时间持续的经济衰退（Paulson，2008a）。

是什么导致雷曼兄弟破产？雷曼兄弟破产怎么会对金融系统产生如此巨大的影响？这一单一事件是如何将某种严重的经济危机扩展为全方位的金融恐慌的？这将是本文试图来解决的一些问题，本文主要分为以下三个部分：（1）9月15日事件之前的经济形势；（2）9月15日之前的那个周末，当保尔森和伯南克决定让雷曼兄弟破产时的情况；（3）雷曼兄弟破产后的经济形势。

在开始讨论9月13日至14日这个周末的经济形势之前，我将先简单讨论一下金融体系信心的内涵。我们之所以特别关注金融体系的信心，是因为它在金融体系中扮演着非常特殊的角色。甚至可以说，如果不考虑信心因素，就无法理解当前的金融危机。如果你想更深入了解雷曼兄弟的破产，以及该事件是如何将信贷紧缩转变为全面的金融恐慌，我将在下文中努力说明。

引入论证：信心及其双重结构

尽管信心很重要，但目前只有少数研究关注信心在金融中的作用（Walters，1992；文献综述详见斯维德伯格即将出版的作品；关于信任的经济学，参见Fehr，2008）。本文中，我将引用其中一项研究，即沃尔特·白芝浩［Walter Bagehot，（1873）1922］的经典著作——《伦巴底街》（*Lombard Street*）。白芝浩对信心在金融中的作用很感兴趣，他非常清楚信心在全球银行业中所扮演的特殊角色。白芝浩试图解释信心在金融恐慌释放过程中所扮演的角色，这与本文的研究内容高度相关。

白芝浩指出，银行系统总是要求远远高于经济体系中任何其他领域所需的信任度。在经济体系的这一部分中，人与人之间必须存在"前所未有的信任"［Bagehotm，（1873）1922，p.151］。简而言之，银行是一种需要不同于其他行业的、更高的信任度的行业。

这里主要有两个原因：一是与流动性相关，二是与偿付能力相关。银行体系中存在空前信任的第一个原因与期限转换有关，即存款是短期的，而贷款是长期的。如果存款人对他们的钱是否安全没有充分的信心，他们就会要求取回存款。而当他们这么做时，银行就会陷入缺乏流动性资源来支付其他储户的困境。相对于存入的金额，如果贷款人借出的金额越大，储户的信心就越脆弱。

信心在银行系统中格外重要的第二个原因是银行可能因为贷款而造成自身的损失。换句话说，银行系统是非常脆弱的，不仅是因为资金的流动性问题，还因为银行要用自身资本来抵消损失。同样，当银行借出的资金越多，它就越脆弱。随着损失的增加，反过来又会极大地改变杠杆率。

这也就是说，银行业是一个信任密集型的行业。白芝浩明确指出，存在隐性损失对银行系统更是特别危险的一种情况。当银行损失被公之于世时，就会引发一场普遍的恐慌，远远超出问题银行本身问题的范围。随着整个银行体系的崩溃，任何事情都可能突然揭示出真实的经济状况。或者如白芝浩所说：

> 我们不应对银行体系中突然出现的恐慌感到意外。在逆境中，即使在经济繁荣时期的最后一刻，整个银行体系结构也是脆弱的。银行体系本质的特殊性就是需要建立人与人之间前所未有的信任；而当这种信任因为一些隐藏的原因被大幅削减时，一个小事件就可能会极大地伤害银行系统，而一次大事件则可能几乎摧毁它。
>
> ［Bagehot，（1873）1922，p.151-152］

在本文的以下内容里，我将多次提到白芝浩关于投资者突然失去对银行系统信心的论点，因为这些投资者意识到会存在隐藏的损失。

应该指出的是，尽管白芝浩指出了一般的机制是如何运作的，可是他并没有过多提及当银行体系中释放出恐慌时，信心在这过程中的性质。要对一场金融危机是如何因隐藏的损失引发的有更好的理解，这个问题必须得到阐释。

理解信心的关键在于其具备的双重结构（double structure）。我认为，人类能够依靠我们称之为"Y"的一些关于X的中介信号或中介信息，来对某个话题X做出重要判断。[1]在一些情况中，我们甚至完全基于Y信息来主导我们的行为，来假设Y正确反映了X的信息。这意味着我们对"Y"有信心。

我们可以将信心定义如下。信心是一种决策者准备根据他或她的决策采取行动的意愿，不是基于关于某个事件的最佳可用信息（因为这对决策者是不可能实现的），而是基于可以表明这个事件是什么状态的一些中介信号。

举例说明：曼瑟·奥尔森（Mancur Olson，1990，p.178）曾经指出，当我们走在路上时，我们认为"我们脚下的混凝土会支撑我们的脚，且认为路是由混凝土构成的，而不是纸上画的混凝土"。在这个例子中，混凝土的视觉形象是一种中介信号，反映了我们脚下确实是混凝土的事实或情况，且承载着行人的重量。同样的，当我们与一个个体或一个组织打交道时，当我们看到中介信号预示他们将以某种特定的方式行动时，我们会有信心他们会这样做（Bacharach & Gambetta，2001）。

同样，在经济生活中，我们也寻找一些中介信号来说明一些事情，例如一个人将偿还其债务，或者一个公司正表现良好。一个公司表现良好的中介信号可能是公司的年度报告，或是它的信用评级。当这些报告或评级由第三方发布时，中介信号会显得非常可靠和客观，例如信用评级机构或审计公司提供的信息。涉及第三方的情况是现代金融系统的典型特征，其中的关键行动者是组织而不是个人（Zucker，1986；Shapiro，1987）。

虽然一些中介信号是官方的，但也有一些是非官方的，比如商业媒体上关于某家公司的文章或来自知情者的八卦。不明显的中介信号属于非官方标志的范畴，由于他们被认为是很难操纵的，通常被视为具有额外的价值，这也成为不明显中介信号总是吸引人去操纵的原因。如本杰明·富兰克林在《给一个年轻商人的忠告》（*Advice to A Young Tradesman*，1748）中给所有新的木工业务老板以下建议："当债权人听到你在早上五点或是晚上八点发出的锤子的声音，他在之后的六个月会更轻松。"（Weber，1976，p.49）

人们使用中介信号的原因很简单，当他们想要采取一些行动时，例如投资公司或者是借钱给他人，但无法获得关于某些情况的直接信息时，中介信号就变得非常重要，它代表着实际情况的信息。就像你必须信任你的视觉，认为前面的人行道上不是简单地由一张纸画成的，你需要相信你决定依靠的中介信号，例如年度报告、评估评级机构等，它们可以正确地反映形势；如果你不相信它们，你将不会采取行动。

如果中介信号提供了错误的信息，其结果将是灾难性的。在人行道上，你可能会掉进洞里；而在投资的境遇里，会导致经济损失。相信中介信号是具备感情因素的，也就是说你必须完全信任它，才能采取行动，并相信它确实代表正确的信息。同样，当你发现自己正在自由落体，或者刚刚失去了一笔财富时，你会感到非常不安和迷惑——这意味着你会突然地、残酷地失去这份信心。

早些时候，我引用了白芝浩关于银行系统中隐藏损失的情况，现在我们可以借助中介信号的概念和信心的双重结构来充实他的论证。如果中介信号表明经济形势是积极的，而事实也是积极的，那么我们就有充分的信心认为这件事没有问题。同样地，当中介信号显示经济形势是衰退的，而事实也是衰退的时，也不会出现问题。例如，当一家公司陷入了经济困境时，由于这对经济市场来说是众所周知的，所以不会扰乱经济的正常运作。

如果中介信号表明经济形势是衰退的，而实际上是增长的，那么我们就有一个案例来回答罗伯特·默顿（Robert K. Merton）在有关自我实现预言的论文中关于银行挤兑的论证：银行是有偿付能力的，但有谣言说银行没有，所以存款人将钱取出来，银行因此而破产。或者我们可以用默顿的话来说："资不抵债的谣言，一旦被足够多的存款人相信，就会导致银行资不抵债。"［Meton，（1948）1968，p.476］

在本文中我的观点是，虽然默顿关注信心丧失在金融系统中所扮演的重要角色，但这不是理解金融恐慌的唯一的，或者说不是核心的因素。我认为，信心丧失的真正问题不在于银行是否有偿付能力，也不在于存在相反的传言（中介信号是负面的，而经济形势是积极的）。它发生在一些银行没有偿付能力的时候，而这都是未知的（中介信号是积极的，经济形势是衰退的）。我们都处于白芝浩所谓的危险境地，不知道谁有损失，谁没有损失，一场事故可能引发一场危及整个金融体系的普遍恐慌（图2-1）。正如白芝浩所说，默顿机制只在隐形损失的状况下发挥重要的作用。

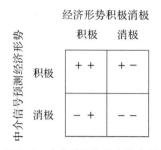

图2-1　中介信号和信心的本质

注：信心可以被定义为一个行动者准备好做出行动决定的基础，不是基于关于某一事件的最佳可得信息，而是基于表明事态的中介信号。在理想的情况下，中介信号可以被假定为与事件状态一致或不一致。在前一种情况下，积极的中介信号正确地表示积极的事态，而消极的符号正确地表示消极的事态。在这两种情况下，信心都得到了维护，因为行动者拥有正确的信息（++/--）。相反，当中介信号与实际情况不一致时，中介信号就会误导人们对事件的判断，行动者的信心就会受损。如果中介信号是消极的，而事态是积极的，这适用于上文银行事件，人们可能会对银行进行挤兑，就像默顿（Morton，1948）在他的关于自我实现预言的论文中描述的那样。当中介信号是积极的，而真实事态为消极时，人们就会看到一个更接近白芝浩在《伦巴底街》中所描述的非常危险的状况。为了避免误解，这里明确指出，我们所说的经济形势并不代表某种客观和"真实"的现实，而是一种同样基于符号的社会建构。更为复杂的是，一个符号（包括中介信号）必须由某个具体行动者来解释——不同的行动者可能会以不同的方式来解释同一个符号。

雷曼兄弟破产前的经济形势

白芝浩关于金融界恐慌的观点，将我们的注意力吸引到两个因素上，即亏损和这些亏损是否被隐藏起来。特别是如果它们不为人所知，那么突然的信息披露损失很有可能会导致普遍的恐慌，在这种情况下，即便表现良好的银行也会破产。

白芝浩在19世纪末写道，当时的人们认为银行应该遵循保守的理念，且不从事投机活动。在这里，谨慎是关键所在。这样的想法在国际金融体系中的布雷顿森林体系（Bretton Woods syste，1944年至70年代初）

中也相当具有说服力。与白芝浩时代的一个不同之处是，我们现在已经有了可以确保存款安全的法律。但信心的运作方式和管理方式与白芝浩时代并没有太大的差异。

而取代布雷顿森林体系的新金融体系的情况则大不相同：自20世纪70年代初以来，形成了一种极具活力和不断变化的国际金融体系（Eatwell & Taylor，2000）。每天都有大量的货币交易、大量的资本在各国和各大洲之间迅速地来回流通。各国的金融体系正日益相互开放，人们首次谈到一个真正的全球金融体系的出现。值得强调的是，这个新金融体系比布雷顿森林体系更不稳定，且更容易发生危机。一些主要大国也意识到了这一点，1999年金融稳定论坛（Financial Stability，FSF）的创立也说明了这一点。

在这个新的金融系统里的经济文化与二战后，甚至更早以前非常不同。曾被中央银行牢牢监管的稳定的国内市场，如今已经被激烈的竞争、投机，以及源源不断的金融创新所取代（Strang，1997；Eatwell & Tayler，2000）。银行业需要谨慎以及采取保守行为的观点，被如今银行是跟一般公司没什么不同的营利机构的观点所取代了。就好像现代的公司为了在短时间内追求更高的收益水平都承受着巨大的压力，金融领域的行动者也是如此（Franzen，2009）。随着全球化程度的提高，中央银行对未来金融行业走势的预测能力也在被大幅削减。

这不仅改变了传统观念里对银行的理解，许多非银行和金融类机构也渐渐开始从事一些以前仅限于银行，并受到严格监管的活动。（Mayer，1998；Berger；Kashyap & Scalise；1995）。值得强调的是，这些非银行的机构在美国通常不受到银行或类银行的监管。相反，它们已成为影子银行体系的一部分。

影子银行系统的原则是"非银行机构来发挥银行的功能，做一些银行所做的事"（Akerlof & Shiller，2009，p.82）。银行的功能是集中资金，提供信贷，并进行期限转换。而影子银行体系中的许多机构也拥有与银行存款相当的资金，例如在回购市场进行的日常融资。它们也提供类似传统银行的贷款服务，例如一些流动性不是很强但收益率很高的长期投资或证券业务。

换句话说，传统类型的银行已经被现代银行体系所取代——当涉及与信心相关的脆弱性时，现代银行体系在结构上与传统银行体系非常相似（Gorton & Metrick，2009）。正如我们将在下文中看到，正是基于短期借款而非存款的挤兑导致了这次金融危机的爆发。

属于影子银行体系的机构主要有：投资银行、单一险种保险公司、结构性投资载体（structured investment vehicles，SIVs）、对冲基金、抵押贷款经纪人，或许还有一些开展离岸银行业务的企业（Geithner，2008；Krugman，2008；Zandi，2009b，pp.119-121）。需要指出的是，有关影子银行体系的信息流通质量通常较差，而在为避免损失而需要保持准备金方面，也缺乏监管。因此，在影子银行体系中，信心格外不稳定，也特别脆弱。

克鲁格曼（Krugman，2010）指出："在金融危机发生的前几年，监管机构未能针对日益增长的'影子'银行体系，来强化相关监管力度。包括像雷曼兄弟在内的机构，虽然不提供传统的银行存款，但却可以发挥一些类似于银行的功能。"

此外，在布雷顿森林体系之后出现了许多新的非常复杂的金融工具，有的甚至无法被普通人理解，只能被少数受过专门训练的人理解。有一些新的金融工具不在市场上交易，这意味着它们的价值必须以其他方式来决定，例如数学模型。而金融评级机构也不得不以此来作为估值的一部分参考。

就中介信号而言，整个经济市场的发展让市场参与者更难以正确评估目前的形势，更缺乏足够的信息来评估影子市场系统中的参与者。许多新的金融工具是如此复杂和难以理解，以至于你通常不得不相信一些第三方的评估。这些发展趋势都使得对市场的信心变得越来越不稳定，而且非常难以管理。

从2001年开始，美国开始出现信贷泡沫。大量的资本流入这个国家，以寻求远高于当时低利率的利润空间。在当时的市场，房地产泡沫正在形成，通过证券化的过程，房地产市场与美国金融体系的信贷泡沫，以及与国际金融体系的信贷泡沫紧密相连。传统上属于地方银行业务的抵押贷款，被汇集起来变成债券和债务抵押债券（CDO）后，卖给美国和其他地方的投资者。

房地产泡沫的新奇之处在于，它还牵涉到一群新的参与经济活动的行动者：那些因为获得了次级抵押贷款和低等级抵押贷款产品，而第一次有能力买房的人。与通过传统抵押贷款买房的人不同，这些新的经济活动参与者只能在一个条件下得以支付他们的费用，即房地产市场持续向上。只有这样，他们才有资本可以重新谈判并继续拥有自己的房子（Gorton，2008）。然而，一旦房地产市场走低，他们将不得不被取消抵押品赎回的权利，而基于这类抵押贷款的业务将出现亏损。

这正是2007年发生的事情，当时美国房地产市场的下滑开始严重影响了整个金融体系。很多人都认为金融危机始于2007年8月，当时一家大型的抵押贷款机构破产，导致美联储和欧洲央行不得不向它们的金融体系注入数十亿美元和欧元。

值得再说一次的是，次级抵押贷款的失败正是现在我们关注问题的核心。截至2007年8月，次级抵押贷款的金额估计为2万亿美元。如果是传统的抵押贷款，就会出现止赎，并导致许多地方银行面临严重的损失。而现在，绝大多数的抵押贷款在很大程度上被证券化了，这意味着将会有其他的事情发生。

同样，如果新的证券是完全透明的，处于链条末端的投资者就将承担他们全部的损失。可事实并非如此，相反，问题蔓延到了金融体系的其他部门：同业拆借利率开始冻结，结构性投资载体（SIVs）出现挤兑。为什么会这样呢？在一篇重要论文《2007年的恐慌》（"The Panic of 2007"）中，作者提到，出现这样的现象的原因是投资者无法决定哪些债券和债务抵押债券会遭受损失，以及会损失到什么程度（Gorton，2009）。这些证券的构造方式使它们无法被投资者看透。

这篇论文的作者加里·戈顿（Gary Gorton）还认为，所谓的ABX指数（次级房屋贷款债券价格综合指数/次贷衍生债券综合指数）在将房地产市场的经济损失状况转化为金融系统中的一些部门的低水平恐慌方面起到了关键性的作用（MacKenzie，2009a，pp.63-65）。ABX指数首次出现在2006年，使人们第一次可以为与抵押贷款相关的次级债券以及基于这些次级债券的债务抵押债券来设定市场价格，同时还可以对冲价值下跌的风险。然而，尽管ABX指数可以让投资者意识到市场现在正在降低基于次级抵押贷款的证券价格，但却不允许投资者准确地找出其中涉及的证券。这样的结果是，人们因为担心隐藏的损失会蔓延到所有与次级抵押贷款相关的债券和债务抵押债券，以及持有这些债券和债务抵押债券的机构。戈顿还指出，一旦与抵押贷款相关的债券和债务抵押债券开始贬值，其他证券也会跟着贬值。例如，回购市场对更多抵押品的需求会推动许多其他类型证券进入市场，并降低其价格，同时要求证券按市价估值的会计规则（美国财务会计准则第157号或按市价计价规则）也按同一方向来运作。

戈顿（Gorton，2009，p.568）如此总结了他的观点：

> ABX指数带来的信息，再加上关于具体风险位置信息的缺乏，导致银行对其交易对手履行合同义务的能力丧失了信心。当恐慌开始蔓延，首先是结构性投资工具遭到挤兑。

虽然戈顿主要关注由各种金融工具的信息不透明性而导致瞄准、确定损失存在着困难，但我们也可以考虑导致隐藏亏损的其他原因。其中一点就是金融欺诈，这显然在整个次贷市场中扮演了重要角色；另一点是各种各样的会计手段。[2]

但是，即使金融市场早在2007年就已经出现了明显的问题，投资者们也很难发觉该迹象。例如，道琼斯指数在当年10月份创下14164点的历史新高，同时伴随相当大的震荡。从事金融行业的人很清楚金融市场上正在发生的事情，但他们似乎认为这只是流动性问题，而不是资不抵债。著名的金融专家约翰·泰勒（Taylor，2008）确信问题是出自资不抵债（也见Roubini，2007）。然而，泰勒（Taylor，2008）和一位同事基于对当时交易员进行的调查显示，大多数人认为这是流动性问题。

随着2008年的到来，经济问题持续存在，除了次贷和次优按揭以外的其他抵押贷款也开始出现贬值。这意味着潜在的损失——隐性损失——已经扩展到价值在5万亿到10万亿美元之间的按揭证券池。越来越多的抵押贷款相关发起人也面临破产问题，同时房价持续下跌。当结构性投资载体（SIVs）面临压力时，它们不得不被移回至发起人的资产负债表上。花旗集团拥有许多结构性投资载体，最终结果就是不得不在突然之间欠下巨额亏损。

两家在法律上独立于贝尔斯登的对冲基金，通过债务债券与贝尔斯登联结在一起，却因为在抵押贷款相关证券上损失惨重而在2007年7月被清算（Cohan，2009）。当贝尔斯登承担这些损失时，其实力被大大削弱。贝尔斯登自身持有的用于抵押贷款的相关资产，再加上极高的杠杆率，最终导致贝尔斯登于2008年3月16日被出售给摩根大通，以此避免了破产。这笔交易的部分资金来自美联储，这也从一定角度表明了当时形势的严重性，因为投资银行本是由美国证券交易委员会（SEC）监管的，而非美联储。这是美联储在历史上第一次帮助拯救一家投资银行。

与其他投资银行一样，贝尔斯登也曾是所谓的抵押贷款支持证券的发起者和分销链的一部分，并在杠杆率极高的情况下持有了过多的劣质证券，其脆弱的经济地位导致了他在银行挤兑过程中被击垮了。

贝尔斯登的末日始于3月10日，当时其一笔抵押贷款债务被穆迪下调了评级，引发了有关这家银行陷入困境的传言。贝尔斯登立即否认其存在流动性问题，但当一家银行否认自己存在流动性问题时，他就已经输了。当保尔森被问及贝尔斯登幸存的可能性时，他说："当信心存在，他就存在；当信心消失，它就消失。"（Wessel，2009a，p.15；Bagehot，1922，p.68）[3]

贝尔斯登的命运让我们能够迅速重审默顿和白芝浩关于信心丧失的理论，以及信心丧失与金融系统崩溃的关系。默顿认为，一个健康的银行都可能因为流言而破产，即便他具备支付能力，而白芝浩认为，如果银行存在隐藏的亏损，就更容易额外遭到来自公众的信心损失。

贝尔斯登破产时，时任美国证券交易委员会主席克里斯多佛·考克斯（Christopher Cox）（Cox，2008，p.3）用默顿的方式解释了贝尔斯登的命运：

> 按照行业惯例，贝尔斯登在其能力范围内，在有担保的基础上通过借贷来获得短期融资。从3月10日（周一）晚些时候开始到本周，有关贝尔斯登流动性问题的传言愈演愈烈，削弱了投资者对该公司的信心。尽管贝尔斯登继续提供高质量的抵押品作为借款的担保，但市场交易对手越来越不愿意与贝尔斯登签订担保融资协议。这就导致了一场信任危机。

对冲基金投资者大卫·埃因霍恩（David Einhorn）（Einhorn，2008a，p.6）对贝尔斯登命运的解释与白芝浩更相似：

> 当然，贝尔斯登并不是因为流言而失败。其下跌的本质是因为杠杆率过高，拥有太多价值可疑的非流动性资产，并在同一时期依赖于短期融资。

在贝尔斯登倒闭后的几个月里，总体经济形势持续恶化。随着房地产市场价格的下跌，起初看似安全的证券也进入了危险地带，即便是拥有AAA评级的证券也无法幸免于难。到了8月，根据国际货币基金组织的信息，大量资产的价值急剧下降，这对那些依赖短期融资的机构来说尤其危险（Turner，2009，p.24）。

2008年秋季，整体经济形势继续恶化，压力转向了剩下的投资银行，尤其是雷曼兄弟。为了更好地理解9月13日至14日那个致命的周末发生了什么（雷曼兄弟的命运就是在这个周末被决定的），我们来看看雷曼兄弟在2007年和2008年期间的经济活动。

9 月 13 日至 14 日这个周末的雷曼兄弟

现代化的雷曼兄弟公司（其最早起源于1847年在亚拉巴马州创立的一家干货公司，历史非常久远）直到成立后大约50年才承担起了投资银行的职能（McDonald & Robinson，2009；Tibman，2009）。1994年，雷曼从美国运通（American Express）剥离出来，1969年就加入雷曼兄弟的理查德·福尔德（Richard Fuld）被任命为总裁兼首席执行官。雷曼在福尔德的领导下业绩出色，截至2006年，拥有大约7000亿美元的资产和负债，以及大约250亿美元的资本。其资产主要为长期资产，而负债主要为短期。雷曼通过每天在短期回购市场上的数百亿美元到数千亿美元借款来融资。作为一家投资银行，雷曼显然是一家高度依赖信心的公司。

直到2008年6月福尔德被推到一边，他一直以一种威权式的方式管理雷曼，在咄咄逼人、竞争激烈的企业文化中留下了自己独特的印记，这种企业文化似乎是现代投资银行的特征。[4]与华尔街许多成功的首席执行官一样，福尔德也选择了一种与普通人隔绝的生活方式。[5]

与大多数投资银行一样，雷曼兄弟的员工都获得了极高的工资和奖金，这些加起来甚至超过了公司税前利润的一半（Dash，2010a）。雷曼的奖金结构也鼓励了一种冒险的精神（Valukas，2010，p.162）。

雷曼后来破产的一个原因就是，当时任何被福尔德视为威胁的人很快就被辞退了——包括一些早已意识到雷曼正走向严重麻烦的批评者（MacDonald & Robinson，2009；Tibman，2009）。还需要指出的是，福尔德的个人经验主要是一名债券交易员，他对债务抵押债券（CDO）、信用违约掉期（CDS）等新型金融工具几乎没有什么技术上的理解（McDonald & Robinson，2009，pp.91，234-236）。

雷曼兄弟是推出证券化的抵押贷款的领头人之一，拥有两家抵押贷款公司，即在加利福尼亚的BNC和在科罗拉多的"极光贷款服务"。[6]《华尔街日报》提到："雷曼本身就是次级抵押贷款支持证券市场的领头羊（20世纪90年代中期）。雷曼建立了一个曾在其他证券公司工作过的专家团队，并与次级抵押贷款机构建立了关系。"（Hudson，2007）

在2005年和2006年，雷曼兄弟是基于次级抵押贷款的最大证券生产商。到2007年，已有十多起针对雷曼的诉讼，理由是该公司让无能力偿还贷款的人不当地申请到了贷款。正如雷曼兄弟的一位前抵押贷款交易商所说的那样（Hudson，2007）："只要能让交易成功，什么都行。"

次贷危机一旦爆发，雷曼兄弟首当其冲。根据最详尽的关于雷曼兄弟的调查，其瓦解主要是因为在一些其他领域的戏剧化的战略变化，而不是始于2006年的次贷市场（Valukas，2010）。[7]从2006年到2007年的年中，雷曼采取了一项非常激进的新战略，即利用自有资本在商业地产、私人股本和杠杆贷款领域实现商业扩张。福尔德并不认为次级抵押贷款市场的问题会扩散，他甚至认为次级贷款市场出现的问题恰巧为雷曼兄弟提供了一个商业机会，让其在竞争对手撤退的时候得以大举前进。

雷曼所谓的反周期战略在2007年的年中被终止，因为此时雷曼的亏损和非流动性资产开始失控。然而，无论是在2007年的第四季度，还是在2008年第一季度，雷曼都没有试图筹资或出售其资产。在此期间，雷曼采取一种会计技巧（"回购105"，"Repo 105"），从其账面上减少了大约500亿美元。此时，雷曼兄弟对短期回购市场的依赖程度也急剧增加，占其负债的近26%，是同业银行的两倍（Valukas，2010，p.1407）。

贝尔斯登在3月中旬的垮台极大地改变了雷曼的处境。雷曼兄弟在1月2日以62.19美元价格出售的股票，在贝尔斯登垮台后的第二天下跌了

19%，跌至31.75美元（Onaran，2008，p.61；Valukas，2010，p.11）。华尔街的许多人都开始认为雷曼兄弟将是下一家倒闭的银行。

财政部部长亨利·保尔森也这么认为，他开始定期与福尔德会面，向其强调雷曼正处于非常困难的状况，必须找到一个买家。保尔森后来说："我们敦促他要在6月之后找到一个买家。"（Nocera & Andrews，2008）

美国证券交易委员会和纽约联邦储备银行的人员开始驻扎在雷曼。美联储和纽约联邦储备银行（New York Fed）也开始向雷曼提供巨额的贷款，并将持续至雷曼在9月15日倒闭。就像其名为"回购105"的会计手段一样，雷曼用这笔钱让投资者相信，雷曼的状况比过去更好了。[8]

现在看来，当时福尔德并没有意识到保尔森所说的事情的严重性，更没有意识到整个金融形势的严重性。一方面，他认为自己得到了保尔森的全力支持。在4月12日与保尔森会晤后，他在电子邮件中提到："我们与财政部之间建立了良好紧密的关系。"（Fuld，2008a）

从3月一直到9月13—14日的周末，福尔德还拒绝了几次出售雷曼以及沃伦·巴菲特（Warren Buffett）的注资机会（Story & White，2008）。他还试图与摩根士丹利、高盛和美国银行达成交易，结果一无所获（Sorkin，2009a）。目前还不清楚福尔德对雷曼的个人情感因素在多大程度上起到了作用。即便到了7月初，福尔德还在对记者说，"我永远不会卖掉这家公司"。（Gowers，2008）

福尔德无视所有这些损失，始终坚持雷曼兄弟的破产是因为谣言和短期的出售，而不是他在不断恶化的经济状况下失败的决策带来的巨大损失。福尔德后来在国会作证时坚持认为："雷曼兄弟最后的失败都是源自信心的缺乏。"（Fuld，2008b，p.8）

尽管福尔德似乎相信雷曼兄弟能够经受住2008年春夏季的任何风暴，但投资者们都越来越感到紧张。虽然雷曼兄弟并不在许多已经宣布严重亏损的银行队伍中，它甚至宣称其在2008年第一季度盈利为数亿美元。

三大主要评级机构对雷曼兄弟的表现给予的评价是，他们会一直坚持到最后。[9]

尽管如此，有关雷曼兄弟正努力掩盖其严重损失的谣言四起。一些投资者开始自己寻找有关信息，并认为雷曼兄弟的表现非常值得怀疑。大卫·埃因霍恩就是其中一人，他是一家名为绿光资本（Greenlight Capital）对冲基金的领导者。在4月份的投资者会议上，埃因霍恩发表演讲，他认为投资银行在很多方面看来是危险的。投资银行用了其收入的一半来奖励员工，这即意味着他们的员工有很强的动力去增加他们公司的杠杆率。他在整个演讲中对雷曼进行了全面的抨击。如果你计算它的杠杆率，你会发现当时是44：1，这意味着如果雷曼兄弟股价下跌1%，该公司将会损失几乎一半的股本。这样的结果将会是戏剧性的："突然间，44倍的杠杆变成了80倍的杠杆，而投资者也对其失去了信心。"（Einhorn，2008a，p.9）

埃因霍恩还试图估算雷曼兄弟的损失。他仔细研究雷曼投资的各类资产，并发现这些资产自2007年开始贬值。他的结论是：

> 雷曼兄弟没有给予足够的信息透明度，我们甚至不敢猜测他们是否将这些资产都算进去了。雷曼对要求改进其令人不悦的透明度作出了回应。但我非常怀疑即便增加估值的透明度，也不会激发市场对其的信心（Einhorn，2008a，p.9）。

然而，埃因霍恩和雷曼兄弟之间的纠葛并没有结束。同年5月底，埃因霍恩又公开攻击雷曼兄弟。这次他宣布他的对冲基金正在做空雷曼，并详细解释了其中的原因（Einhorn，2008a，p.9）。埃因霍恩最后提到，他希望考克斯、伯南克和保尔森关注到雷曼带给金融系统的风险，并带领雷曼进行资本重组和识别其亏损，同时还希望不需要向纳税人的钱提出援助要求（Einhorn，2008a，p.9）。

当雷曼惊人地宣布其第二季度亏损28亿美元时，埃因霍恩在6月初明显已经对雷曼的财务状况有了很好的理解。即便如此，投资者们仍未平静下来，他们担心雷曼还会有更多的隐性亏损，关于雷曼兄弟即将倒闭的传言越来越多。

随着危机愈演愈烈，雷曼并非唯一一家出现问题的公司。房利美和房地美都遇到了麻烦，这两家半官方的私人机构共担保了约1.5万亿美元的抵押贷款。在9月7日，这两家机构都被收购归为国有，美国政府又一次进行了干预，而且远远超出了他过去所做的，即财政部向这两家机构共注入了2000亿美元的资金。

与此同时，福尔德正拼命地筹集资金、寻找买家。他联系了许多潜在的投资者，包括花旗集团。花旗集团还派了团队来翻阅雷曼的账簿（McDonald，2009，p.281）。当韩国产业银行（Korea Development Bank）宣布其决定退出一项可能的收购后，雷曼兄弟最后可能被收购的机会也在9月10日消失了。同一天，雷曼兄弟还宣布亏损39亿美元，并被标准普尔警告可能下调其评级。

第二天，雷曼兄弟在筹集摩根大通要求的80亿美元额外抵押品时遇到了很大的困难，显然雷曼兄弟日常的融资能力正在迅速削弱。换句话说，金融末日即将来临。9月12日，华尔街几位重要的首席执行官分别接到美联储工作人员的电话，通知他们下午6点去纽约联邦储备银行参加紧急会议。雷曼兄弟的命运如何有待决定。

致命的周末——2008 年的 9 月 13 日至 14 日

2008年9月13日至14日这个周末通常被认为用于尝试拯救雷曼免于破产，以及研究雷曼最终应如何在9月15日凌晨宣布破产。本文将重点关注信心在9月13日至14日这次事件中的作用。这意味着，我将继续关注投资者对雷曼的信心问题。例如，这周末的任务之一就是准确判断雷曼兄弟的实际经济状况，判断的结果将使我们能够确定雷曼兄弟的真实经济状况是否真的比官方所知的糟糕得多，还是它仅仅只是毫无根据的谣言的受害者，就像考克斯说贝尔斯登的那样。

在讲述9月13日至14日周末发生的事情前，我们应该注意到，这种在美联储指导下寻求所谓私营部门或行业解决方案的会议是严格保密的。不会有任何的会议记录，参会者也不能就会议内容进行私下讨论。虽然已经有一些关于这个周末的描述，但一些重要的信息可能还会在未来添加进来（Fishman，2008；Wessel，2009；Sorkin，2009；Stewart，2009；Paulson，2010）。例如，我们依然无法得到来自雷曼兄弟的代表巴特·麦克达德（Bart McDade）和亚历克斯·柯克（Alex Kirk）的论述，理查德·富尔德（Richard Fuld）并没有被邀请参与这次会议。

还需要强调的是，一旦我们进入9月13日至14日这个周末，我们还需要考虑另一种新形式的信心，即对整个国家的信心。如果私人部门的解决方案没有奏效，美联储会不会介入并支持雷曼？我将这种信心称为对政府的信心，因为问题不在于财政部或美联储是否会支持雷曼，而在于美国政府是否会这样做。

虽然在许多方面对国家的信心与投资者信心不同，但它可以根据早先推出的一些执行计划被分析出来。如果国家发出一个信号（中介信号），表示其将介入进行干预，并确实进行了干预，那么信心将得到维持。当中介信号为负面的，且国家没有任何行动，那情况也是如此。然而，如果国家说不会介入，但最终却在行动上进行了干预，那么其将会丧失一部分来自投资者的信心，但不会是全部。相反，如果国家说将支持某个政党，但最后并没有这样做，那么个体对国家的信心将受到威胁，甚至最终可能破碎。

据摩根士丹利的分析师所言，在当时有强大的信心认为美国不会让一家大银行倒闭："在雷曼之前，几乎存在不可动摇的信念，即在金融系统中具有相当重要性的大型金融机构的高级债权人和交易对手均不会面临直接违约的风险。这种信心是自1984年伊利诺伊大陆银行（当时美国第七大银行）破产以后建立起来的，在那次破产中，债券持有人得到了全额偿付（fully paid out）。"（van Duyn，Brewste&Tett，2008）

但这样做还是存在一些道德风险问题，同时，我们通常认为最好的解决方案就是由市场来决定的。我们可以从保尔森的行为上看出，在这一点上要维持民众对国家的信心是非常困难的。在9月13日至14日周末之前的一周，保尔森与伯南克和盖特纳（Geither）进行了电话会议，他惊慌失措地大喊说："他们都叫我救市先生，我不能再这样做了（救助另一家银行）！"（Wessel，2009a，p.14）

保尔森后来提到他发火的原因是，他不希望任何美联储官员向媒体透露，他已经准备支持另一项救助计划。保尔森当时因为帮助贝尔斯登、房地美和房利美而遭到了不少批判。需要指出的是，国家的许多政治精英——包括当时的总统候选人奥巴马和麦凯恩，以及众议院议长南希·佩洛西——都反对这个救助计划，而金融界的各类人士以及布什总统周围的许多人也一样（Cornwell，2008；Sorkin，2009a，pp.283-285）。[10]

在他大发雷霆之后不久，保尔森允许他的一些工作人员向媒体透露，他完全反对救助计划。这让盖特纳非常沮丧，他质问保尔森："你将不得不花费更多公帑，这会比你不这样做花费得还要多，你的声明太不明智了！"（Wessel，2009a，p.16）。在盖特纳看来，眼下的情况需要的是以一种灵活的方式来应对，而不是将自己锁定在某一个位置上。

伯南克对保尔森的大发雷霆也感到非常不安，他希望保尔森在知道发生了什么之前不会承诺采取某种明确的行动。与保尔森一样，伯南克也曾因不通过经济市场的方式来处理贝尔斯登、房地美和房利美而遭受了批判。例如，《华尔街日报》一则关于贝尔斯登交易的社论题目为《美联储的懦夫》（*Wall Street Journal*，2008b）。

伯南克后来回忆说，当时许多经济学家也告诉他要相信市场。在2008年8月的美联储年度会议上，很多经济学家说："哦，你知道，你应该顺应市场。让他们失败吧，市场会处理他们的。"（Wessel，2009a， p.21；Cassidy，2008，p.61）。然而，伯南克并不认为经济学家的观点很有说服力：

> 我没有被他们说服。我认为，一家重要的金融机构在金融危机期间的破产，不仅会通过影响其交易对手而将衰减的形势蔓延，还会对市场信心产生巨大的负面影响。（Wessel，2009a，p.21）

9月12日星期五，当20多位华尔街首席执行官一起开会时，保尔森首先告诉他们，国家不会给予雷曼任何救助。"联邦政府没有救助的政治意愿。"（Wessel，2009a，p.16）保尔森还提到，他已经为雷曼找到了两个潜在的买家：美国银行（Bank of America）和巴克莱银行（Barclays）。

在这个周末结束后，保尔森坚称，他曾经说过不会进行公共救市行为，其目的是让市场参与者更明确这一点，他们必须努力找到一个市场途径来解决雷曼问题：

> 我们说："没有财政资金。"我们公开说过这个。并且他们来的时候，我们又重复了一遍这个声明。但对我们自己来说："如果有机会通过财政资金来避免这次灾难，我们会想要做。"（Stewart，2009，p.63）

在保尔森向首席执行官们讲话后，盖特纳将银行家们分成三组，并给他们每人分配了一个周末任务。一组是评估雷曼兄弟的损失；另一组是为雷曼兄弟的破产做准备；最后一组是看雷曼是否还存在被拯救的希望。盖特纳说，我们必须为雷曼兄弟的破产做好足够的准备，以缓冲破产可能带来的巨大问题（Wessel，2009a，p.17）。

银行家们在周五的晚间带着各自的任务离开了，并被告知需要在第二天（9月13日）早些时候回来。在周六，负责评估雷曼兄弟经济状况的小组得出结论称，该公司的损失远远超出预期。除了已知的与抵押贷款相关的损失外，雷曼在商业房地产投资组合中也损失了数百亿美元。总之，雷曼的损失（包括隐藏的和已知的损失）总计为300亿～800亿美元。[11]

这周的早些时候，当美国银行得知雷曼兄弟的部分损失是由于其在商业房地产领域的交易后，它最终失去了收购雷曼的兴趣。美国银行开始将注意力转向了也正在寻求买家的美林（Merrill Lynch）。美林公司的首席执行官约翰·塞恩（John Thain）相信，一旦雷曼兄弟破产，市场将有利于他的公司（Thain，2009）。在保尔森的支持下，塞恩很快与美国银行达成了收购协议。交易的细节第二天就制订出来了。

但在9月13日（星期六），一个新的麻烦又出现了。周末会议的一位与会者掌握了有关美国国际集团（AIG）的内部消息，他询问保尔森是否关注这家保险巨头公司。"为什么，AIG怎么了？"保尔森问道（Stewart，2009，p.65）。当他被告知AIG需要在一个星期内筹集60亿美元，以及在接下来的两周里还会需要更多才能活下去时，保尔森惊呼："哦，我的天哪！"晚上的时候，AIG的首席执行官打电话给保尔森，表示他需要400亿美元。

到周六，巴克莱银行明确有了收购雷曼的意向，但首先需要英国金融当局批准这笔交易。9月14日（星期日），显然这项批准没有通过。具体原因尚不清楚，但很可能是英国金融当局担心雷曼的实力比巴克莱想象的还要弱许多。尽管美联储和财政部曾表示愿意在与巴克莱的交易中弥补雷曼的一部分损失，但不会准备提供全面救助行动所需的巨额资金。

"英国人耍了我们。"保尔森总结道（Paulson，2010，p.213）。到了这个时候，决定做出了，雷曼兄弟必须宣布破产。雷曼兄弟首席破产律师哈里·米勒（Harry Miller）被告知，他必须为雷曼兄弟的破产做出安排。米勒虽然对会发生这种事已经有所耳闻，仍然惊呼道：

> 你不知道你在说什么。这将对市场产生破坏性的影响，摧毁人们对信贷市场的信心。如果雷曼倒闭，那将是世界末日。
> （Stewart，2009，pp.67-68）

雷曼兄弟破产一段时间后，当伯南克和保尔森被问及为何选择不拯救这家银行时，他们都为自己的决定进行了辩护。保尔森说，美国政府根本没有能力阻止雷曼兄弟破产，但公开这样说会适得其反。"你不会想说'皇帝没衣服穿'吧？"（Wessel，2009a，p.24）

伯南克最初表示，美联储没有进行干预，是因为市场早就知道雷曼的问题，因此应该有能力应对即将到来的问题。后来他还指出，由于雷曼兄弟缺乏足够的贷款抵押品，美联储缺乏干预这种情况的法律权威。"雷曼已经资不抵债，"他说，"而且没有足够的抵押品来保证美联储的贷款，而这些抵押品是防止其破产所必需的。"（Stewart，2009，p.72）。但当美联储在9月15日至17日向雷曼兄弟旗下被出售给巴克莱银行的部门发放了一系列巨额贷款时，后一种说法就并不令人信服了。[12]可能的解释是，伯南克根本没想到雷曼兄弟的倒闭会引发如此大的恐慌。

挫伤信心和引发金融恐慌的事故

大多数评论人士都认为，雷曼兄弟的破产引发了一场恐慌，最终不仅威胁到了美国金融体系，还威胁到了全球金融体系。根据伯南克的说法，"世界上的每一家大型金融公司实际上都处于破产的严重危险之中"（Bernanke，2009年）。雷曼兄弟的破产大概发挥了引爆器作用，但如果这是真的，这到底是如何起作用的呢？或者，雷曼兄弟的破产更像是一系列爆炸中的第一个，也就是说，最终引发了一场雪崩？这些问题目前很难回答，其中一个原因是，人们对雷曼破产后发生了什么几乎没有确切的了解。

尽管如此，还是存在一些事实。我们可以先来看看雷曼破产造成的直接影响。我所谓的"直接影响"，我指的是与雷曼的直接互动而产生的效应，比如因为一些机构持有雷曼债券，与雷曼或类似机构进行了CDS交易。

但也有间接影响或没有直接相互作用的影响。这类效应包括雷曼破产引发的恐慌，以及现在开始流传的谣言等等。根据白芝浩的理论，我们认为间接影响比直接影响更危险。

只要想想这宗6130亿美元的破产案是美国历史上规模最大的破产案，就能迅速了解雷曼破产的直接影响有多广泛。除此之外，雷曼兄弟在全球有近80家子公司与美国母公司关系密切。这使得雷曼的影响立即蔓延到了全世界。

我们所说的雷曼与其他参与者之间的直接联系到底有多少？这个问题很难回答，即使人们可以从以下事实中得到一些迹象：由于雷曼的破产，"数以百万计的交易"立即被冻结，约2万起针对雷曼的索赔已在破产法庭上被提出（Hughes，2009）[13]。

报纸上的报道和从雷曼破产案中获得的信息证实，雷曼在全球范围内造成了损失，甚至波及冰岛、苏格兰和日本等遥远的国家和地区[14]。在日本，银行和保险机构声明，由于与雷曼之间的关系，他们将损失24亿美元；而苏格兰皇家银行提到他们的损失金额将在15亿到18亿美元之间（Bloomberg.com，2008；Reuters，2008）。在冰岛，金融机构仅持有价值1.8亿欧元的雷曼债券，但由于雷曼破产后信用违约掉期激增，这些机构损失惨重（Jonsson，2009，p.158）。

许多其他国家（地区）和行动者也与雷曼有直接联系。以英国为例，约有5600名散户投资者以1.6亿美元的价格购买了雷曼支持的结构性产品（Ross，2009）。而在中国香港，43,000个人购买了雷曼兄弟发行的价值18亿美元的所谓迷你债券，其中很多是老年人（Pittman，2009）。我们还知道，养老基金也遭受了损失，如纽约州教师的退休计划（Bryan-Low，2009）。由于雷曼兄弟的破产，美国所有的县市总共损失了20多亿美元（卡雷鲁，2010；cf. Crittenden，2009）。德国国有银行萨克森银行（Sachsen bank）损失了约5亿欧元（Kirchfeld & Simmons，2008）。当雷曼兄弟宣布破产时，伦敦的大量对冲基金也被冻结了大约120亿美元的资产（Spector，2009）。

美联储和财政部一直担心，雷曼兄弟参与信用违约掉期会给金融界带来混乱，因此，在雷曼兄弟破产前，他们会尽其所能来处理这个问题。评论人士一致认为，伯南克和保尔森在这方面的行动是成功的。[15]然而，在雷曼兄弟宣布破产后，信用违约掉期的价格立即飙升，这对一些机构造成了相当大的损害。

然而，美联储和财政部没有意识到的是，货币市场的主要参与者之一在雷曼债券上投资了数亿美元。这是持有雷曼兄弟公司价值7.85亿美元债券的一级基金，如今这些债券已经一文不值。当这一损失为人所知时，货币市场上发生了挤兑。

最后一个例子说明了直接原因和间接原因之间的密切关系。一家货币市场公司对雷曼债券的投资让投资者认为，其他货币市场公司也可能持有雷曼债券或雷曼相关资产（"隐藏损失"）。简而言之，与一个行动者的直接联系导致了一种信念，即市场上的所有行动者可能都持有类似的股份。这种反应可以被称为类型化的，因为它涉及的是一类参与者，而不是与雷曼有直接联系的一个或多个参与者。

关于雷曼兄弟破产的另一个间接影响的例子是谣言。此时，谣言开始四处传播并附属在单个参与者身上，当这个参与者有隐藏损失时，谣言通常会出现。瑞银集团（UBS AG）就是一个例子，根据一位分析师在9月16日的报告，该集团突然损失了40亿美元。后来发现，实际数字是3亿美元（Mollenkamp et al.，2008）。

雷曼破产间接影响的又一个例子是，道琼斯指数在9月15日下跌500点，或者说4.4%，这是自"9·11"恐怖袭击以来的最大跌幅。人们对美国政府失去了信心，也失去了对事态发展的控制能力，人们知道政府不会支持雷曼。法国财政部部长和欧洲央行行长立即批评了美国的决定（Paulson，2010，p.348）。

在间接效应和直接效应这一类别中，还可以包括对现存投资银行的新一轮攻击。两家主要的投资银行——贝尔斯登和雷曼——已经消失，后一家在没有美国政府任何支持的情况下就倒闭了。投资者现在转向剩下的投资银行，其违约保险成本大幅上升就是明证。摩根士丹利、高盛和花旗集团的股价上涨了几百个基点（按高低顺序排列）（Onaran & Helyar，2009，p.61）。

由雷曼引发的金融崩溃进程将在2008年秋季加速。许多投资者和政界人士担心，9月15日之后整个全球金融体系将经历数次崩溃。究竟该如何去追踪恐慌期间发生了什么还不是很有头绪。除了个别证据表明金融体系确实处于内爆的边缘之外，人们还可以参考一些衡量各种金融市场恐惧和压力的指数。例如，其中两个指数在去年秋季见顶，一个仅见过一次，另一个见过几次。

伦敦银行同业拆息与隔夜指数掉期的息差（LIBOR-OIS spread）在10月中旬见顶，直到政府决定动用问题资产救助计划（TARP）的资金来增加美国银行的资本金，并由联邦存款保险公司为所有新增银行贷款提供保险（例如：Taylor，2008；cf.Zandi，2009）。波动率指数（VIX）或者说是恐惧指数，在这一时间点上也曾飙升，但在一周后，即11月17日至20日，达到了更高的峰值。出现最后两个高峰的原因似乎与令人担忧的国际金融新闻有关（图2-2）。[16]

在10月中旬到11月中旬期间，恐慌逐渐开始降温，直到"自由落体期"结束，即2009年初夏的某个时候。9月15日，在雷曼兄弟破产周年纪念日上，伯南克公开表示，危机"似乎已经结束"（Robb，2009；图2-3）。

在9月中旬雷曼兄弟破产至2009年初夏（自由落体似乎已经结束）这一过程中，信心，或者说信心的丧失，扮演了怎样的角色？同样，这可能更多的是一个研究课题，而不是今天可以确定的事情。然而，在此期间，我将提出，人们可能想要区分两种类型的信心缺失，这可能对理解雷曼破产后的情况有所帮助。

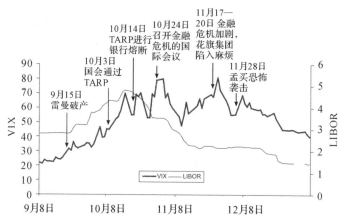

图 2-2 2008 年秋季的波动率指数（VIX）或所谓的恐惧指数（Fear Index）和伦敦银行同业拆借利率（LIBOR）

注：虽然 VIX 或所谓的恐惧指数不能衡量信心缺失，但人们可能会辩称，它涵盖了现象的某些方面。信心意味着稳定的行为和相反的波动。值得注意的是，波动率指数并不用于衡量过去的波动率，而是投资者对未来 30 天波动率的预期。问题在于标准普尔 500 指数的波动性。正如罗伯特·威利（Robert Whaley）在《投资组合管理期刊》（2009 年春季）中的《理解波动率指数》一文里所述："波动率指数的高水平反映了投资者对股市可能下跌的焦虑"，"当经济或社会或政治领域出现意外事件时，波动率指数通常会上升"。他估计，波动率指数突破 34.22 的可能性为 5%，而自 1986 年以来，这一数字被突破的最长时间是 47 天。在金融危机期间，这个时限可能会增加，最终，这个时间是 151 天（从 2008 年 9 月 26 日到 2009 年 5 月 4 日）。

白芝浩认为，在隐藏损失的情况下，某些"意外"可能会引发恐慌。"一场小事故可能会对（金融体系）造成巨大伤害，而一场暂时的大事故可能几乎会摧毁金融体系。"［Bagehot，（1873）1922，pp.151-152］。雷曼兄弟事件似乎可以称得上是一场大事故，因为做出让它破产的决定之后，全球金融市场经历了一段巨大动荡的时期。

刹那间，各个市场的投资者都意识到，他们的一些资产突然变得比他们原来想象的价值要低得多。当行动者突然意识到他们的资产中有隐藏损失时，就会出现信心的丧失，这是信心缺失的一种形式，可以称之为信心崩溃（collapse of conifdence）。这种类型的信心缺失正是白芝浩所想

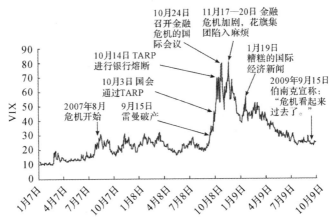

图 2-3 2007 年 8 月至 2009 年 9 月金融危机期间的 VIX 或所谓的恐惧指数

注：恐惧指数在 2008 年 8 月急剧上升到 20 以上，直到 2009 年 12 月 22 日才低于这个水平。

的，它通常与强烈的恐惧感和恐慌感有关。

第二种信心缺失的类型在本质上有些不同。这与投资者和机构意识到他们不再相信经济中常见的中介信号时所采取的行动有关。当投资者觉得他们不能依赖现有的中介信号时，他们不会采取任何行动——这意味着市场冻结。

这种信心的丧失虽然没有白芝浩提到的那么严重，但却造成了严重的破坏。它代表一种信心的消退（withdrawal of confidence）。这是一种信心的消失，通常伴随着冷静和理性的思考而做出的决定。如果信心很快消退，行人将以自由落体告终（让人想起曼瑟尔·奥尔森提到的画面）——就像亚当·斯密在访问格拉斯哥一家制革厂时掉到一个洞里这样著名的事件（当时他正"热烈地谈论他最喜欢的话题，劳动分工"——Ross，1993，p.152）。相反，如果信心只是慢慢地消退，他或她只会站着不动，拒绝让步。

这两种类型的信心丧失都是雷曼兄弟破产后所发生事件的一部分。在观察目前发生的事件时，一些事件引起了人们的注意，因为它们以一种非常戏剧化的方式引发了对系统性风险的担忧。其中包括AIG的垮台，对幸存银行的攻击，以及保尔森和伯南克为应对危机而突然要求的7000亿美元。

但在此期间也发生了其他重要事件。这些事件并没有以同样戏剧化的方式威胁到整个体系，但却深深地影响了它。其中之一可能包括冻结一些重要的金融市场，如货币市场、回购市场和银行间市场。其中一些行动是信心崩溃的结果，但更多的是信心消退的结果。

9月15日之后，有好几次，在美联储看来系统性危机是内在的。第一次发生这种情况的同一天，雷曼兄弟宣布破产。9月15日，AIG被主要信用评级机构降级，这意味着它必须大幅提高其抵押品的价值。几年来，AIG在抵押贷款相关业务上损失了超过500亿美元，但现在将其推向悬崖边缘的是其庞大的信用违约掉期投资组合（Lewis，2009）。AIG伦敦办公室（AIG F.P.）下属的一个部门甚至接受了750亿美元的次贷相关信用违约掉期。总的来说，AIG的领导层似乎对处理信用违约掉期的复杂性和危险性知之甚少。[17]

伯南克认为，如果AIG突然破产，金融体系可能会崩溃。正如他后来所说的那样，他也确信"市场并不想让它出局"（Wessel，2009b，p.25）。因此，美联储迅速决定向AIG投资800亿美元，并获得了77.9%的股权（优先无投票权股票）。

在信心丧失方面，AIG破产似乎会导致信心迅速崩溃，随后信心会大幅下降。尽管如此，正如人们很快指出的那样，让市场来解决问题的决心只持续了一天。也正是意识到这一点，众议院金融服务委员会主席巴尼·弗兰克（Barney Frank）建议将9月15日称为"自由市场日"（*Wall Street Journal*，2008a）。

虽然美联储支持AIG的决定可能阻止了金融体系的崩溃，但它也导致了混乱。其原因是，它发生在美联储让雷曼破产的一天之后。据英国《金融时报》报道，"许多分析人士批评美国当局采取武断的方式进行金融救援——拯救了AIG，而不是雷曼——而未能提振信心"（Guha，Mackenzie & Tett，2008）。

保尔森在9月16日告诉他的员工："这是一场经济界的'9·11'！"例如，从剩下的两家投资银行的情况可以清楚地看出，对金融界的信心正在迅速消失。在雷曼兄弟破产后的日子里，高盛和摩根士丹利的股价迅速下跌，很明显，这两家公司都可能垮掉。[18]摩根士丹利出现了一些未被披露的重大亏损，但高盛的状况要好得多，因为自2006年以来，高盛一直为应对抵押贷款市场下跌在做保险。换句话说，如果高盛倒下了，这将是一个类似默顿的自我实现预言的案例。

这两家银行将它们的麻烦归咎于卖空者，并于9月19日成功地让美国证券交易委员会（SEC）发布了针对金融公司的临时卖空禁令。需要说明的是，卖空经常被投资银行用来获利。

然而，卖空禁令并不足以阻止高盛和摩根士丹利股价的下跌。但是，他们找到了另一个解决问题的办法，那就是把他们的身份从投资银行改为银行控股公司。这发生在9月21日，意味着从现在开始管辖他们的是美联储，而不是美国证券交易委员会（SEC）。他们还得到了一些额外的美联储贷款安排，这可能是最终高盛和摩根士丹利得救的原因，即使他们的股票继续下跌直到11月中旬。

而且，在雷曼兄弟破产后，花旗集团的股价也持续下跌。从2007年开始，这家大型银行集团就遭受了严重的抵押贷款相关损失；同时被怀疑还有更多这类隐藏损失。然而，美联储对花旗集团的偿付能力有信心，这一点从9月下旬它协助并批准了其对另一家大型银行美联银行（Wachovia）的收购就可以看出。然而，花旗集团与美联银行之间的交易在那之后不久就夭折了。富国银行宣布愿意在没有任何政府支持的情况下接管美联银行，并得到了美联储的批准。伯南克和保尔森最终意识到，花旗集团本身的状况非常糟糕。当10月中旬做出直接向银行注资的决定时，花旗获得了250亿美元。接近11月底时，美联储同意再投资200亿美元，并为其3060亿美元的贷款和证券提供担保。财政部以"股价下跌"为由做出了上述决定。然而批评者认为这3060亿美元是"一份毫不掩饰的礼物"（Lewis & Einhorn，2009）。

9月15日雷曼兄弟破产后爆发的金融风暴也让伯南克和保尔森很快意识到，除了处理个别案例外，还有其他事情要做。至关重要的是要设法阻止整个局势进一步恶化，为此，需要采取一种非常不同的措施。正如保尔森（Paulson，2010，p.254）所说："我们不能继续使用胶带和救助线来维持整个体系。"在他们看来，需要大量立刻能用上的钱，他们决定的数字是7000亿美元。

在这一决定的背后，除了其他因素外，还有伯南克对必须通过美国政府的大规模注资来对抗经济萧条的威胁的坚定信念。弗里德曼（Milton Friedman）对美联储未能提供流动性资金而导致大萧条的分析，更是直接激发了这种信念。几年前，伯南克（2002）曾公开告诉弗里德曼："你是对的。我们（也就是美联储）那么做了。但是多亏了你，我们不会再这样做了。"

伯南克和保尔森首先去争取布什总统支持他们向金融系统注入大量资金以稳定金融系统的计划。"总统先生，"伯南克说，"我们正在见证一场金融恐慌。"（Paulson，2010，p.255）他补充说，情况和大萧条一样糟糕，而且"还可能变得更糟"。

9月18日，伯南克和保尔森与国会领导人举行了首次会晤，伯南克尽其所能筹集了应对大萧条威胁所需的巨额资金。他告诉政客们："（金融体系）崩溃""只是时间问题"。他使用了非常强硬的语言。"我有点吓着他们了，"他后来说，"我有点吓着自己了。"（Wessel，2009a，p.204；Paulson，2010，pp.258-262）

保尔森很快制定了一份三页长的文件，这份文件允许他自行决定动用7000亿美元来应对危机。该文本包括以下声明："财政部部长根据本法做出的决定是不可复审的，并由机构自行决定，不得由任何法院或任何行政机构复审。"（*New Times*，2008）。约瑟夫·斯蒂格利茨（Stiglitz，2009）将这份文件描述为"一种极其傲慢的行为"，并对保尔森说了以下几句话：

> 伯南克提出该计划是为了恢复信心。但它没有找出信心丧失的根本原因。银行发放了太多的坏账。他们的资产负债表上有很大的漏洞。没有人知道什么是真实，什么是虚构。救市计划就像给一个内出血的病人大量输血，但对问题的根源却束手无策。

保尔森提出的动用7000亿美元来应对危机的计划首先遭到了众议院的否决，这使得整个形势更加糟糕。然而，10月1日，参议院通过了为TARP（问题资产救助计划）提供资金的法案。10月3日，迫于压力，众议院也通过了该法案。

然而，问题资产救助计划并没有阻止恐慌的升级。其中一个原因是，购买大量不良抵押贷款相关证券的想法很难付诸行动，因为这类证券很难估值，也很难在直线下跌的情况下进行交易。"用现金换垃圾"（有人这样描述）根本不是解决办法。要恢复人们对金融体系的信心，还需要采取其他措施。

这项新战略最先被英国人实施，10月8日，英国宣布将直接向本国银行注资4000亿英镑。这是一种比伯南克和保尔森试图通过购买不良资产来稳固银行的更快的方法。通过这种方式，银行的杠杆率将大幅提高。在英国做出决定的两天后，七国集团会议宣布，应该利用公共资金为银行和其他主要金融机构提供资金。

10月14日，美国公众获悉了一项新的资本购买计划。保尔森宣布，从问题资产救助计划中拿出2500亿美元来加强美国银行系统的资本基础。英国《金融时报》评论称：

> 各国财长现在接受的观点是，对流动性的担忧反映了对真正的

偿付能力和资本的担忧。更重要的是，他们现在也认识到（甚至在美国），解决这个问题的唯一方法是用纳税人的钱以一种系统性的方式对银行进行资本重组，而不是要求央行用更多的流动性手段来解决问题。（Tett，2008b）

10月13日保尔森向银行发表的一份声明清楚地表明，这次行动被视为恢复信心的一种方式。这份声明要求银行接受注资。"这将信心注入系统中，你是获得信心的关键。"（Sorkin，2009a，p.524；Paulson，2010，p.337）同样的，第二天保尔森（Paulson，2008b）就公开使用新的TARP资金："今天，我们的金融体系缺乏信心。我们必须克服这个问题，因为这对我们的经济构成巨大威胁。"

从资本重组计划的另一个细节中也可以清楚地看出，保尔森和伯南克确实是满怀信心地设计这一部分用来阻止金融危机的工作。如果新基金只投资于那些需要资金的银行，这将被市场解读为负面的。因此，伯南克和保尔森命令所有主要银行要接受注资。

伯南克和保尔森上一次担心系统性风险是在12月中旬，当时美国银行和美林银行也参与其中。在美国银行决定收购美林后的几个月里，其首席执行长肯·刘易斯（Ken Lewis）逐渐意识到，美林的损失远比他在9月份预想的要大得多。结果，他告诉保尔森（2009），他希望这笔交易无法达成，从而引发了所谓的实质性不利变化。

保尔森似乎已经意识到了将要发生的事情，正如他所说，美国银行已经变成了"潘趣酒碗里的屎"（Crittenden & Hilsenrath，2009）。然而，他和伯南克在任何情况下都不希望美国银行撤销与美林的交易，因为他们担心这可能会威胁到金融体系。所以他们迫使刘易斯坚持交易。他们还决定弥补美林的部分损失，最终为此支出了200亿美元。

我们现在将谈谈雷曼破产后一些不那么戏剧化但仍然非常严重的事件。当9月15日货币市场的挤兑开始时，伯南克和保尔森都大吃一惊。再说一遍，这是他们没有预料到的情况。美联储最初拒绝干预，但随着挤兑加剧，约4000亿美元的存款被紧张的投资者们取出，美联储改变了主意。

做出为总计约4万亿美元的货币市场行业提供担保的决定，其原因似乎有两个。首先，担心市场可能崩盘，因为它的运作方式类似于影子银行。货币市场基金接受个人投资者的存款，这些存款可以在接到通知后立即提取，同时向企业提供期限较长的贷款，但不像银行那样有义务留出准备金。其次，美国许多大公司的财政都依赖货币市场。

公司债券市场是与货币市场挂钩的，但也开始自行冻结。在雷曼倒闭之前，这一数字约为1.8万亿美元，但在去年秋天开始大幅下降，2009年降至1万亿美元左右。通过这种方式，金融系统的问题被传递到其他经济领域。

回购市场也很快冻结。这个市场非常重要，但鲜为人知，其规模在2007年估计有12万亿美元（Gorton，2009，p.570）。这个市场的一个重要组成部分按日向投资银行提供资金，被称为三方回购市场，这里的第三方银行作为清算银行（纽约梅隆银行和摩根大通银行）运作。三方回购被认为占了整个回购市场的15%～20%。

三方回购市场现在停止运作的另一个原因与它在一开始接受的作为抵押品的那种证券有关。最初，只有财政部发行的证券被接受作为抵押品，但多年来也有其他质量较差的证券被接受。"只有在清算银行确信他们能够迅速清算抵押品的情况下，这个系统才会起作用。"一位专家表示（Mackenzie，2009）。回想起来，摩根大通对雷曼9月初提供的抵押品失去了信心，要求追加数十亿美元。

银行间的借贷也冻结了，因为人们担心其他银行在其资产中有隐藏损失。对这类市场的信心抑制，通常用所谓的自由与隔夜指数掉期息差（LIBER-OIS spread）来衡量，这种息差在雷曼兄弟破产后立即开始飙升。这种情况一直持续到10月中旬，政府当时决定向西方银行体系投资，包括向美国主要银行发放问题资产救助计划（TARP）资金。10月14日，联邦存款保险公司（FDIC）还宣布了一项新计划，即为新的银行贷款提供担保［临时流动性担保计划（TLGP）］。

除了上面所提到的，信心的消退还影响了其他一些市场，包括信用卡市场、汽车贷款市场和学生贷款市场。通过美联储的月度调查，我们也知道获得消费者和工业贷款变得越来越困难（Federal Reserve Board，2009）。缺乏信心使小型企业的经营更加困难，并使许多小型银行破产。正如斯蒂格利茨（Stiglitz，2010，p.119）所说："银行不知道他们的净值，因此他们也不可能知道任何其他公司的净值，也就不知道他们可以向谁贷款了。"这意味着金融危机现在开始对所谓的实体经济产生了很深的影响，然后实体经济又反作用于金融危机，以这样的方式增加了其影响力。[19]

结束语

与以往所有危机一样，问题的根源是投资者和公众在关键金融机构和市场的力量的信心缺失，这已经产生连锁反应，并对信贷可用性和储蓄价值有了不受欢迎的影响。今天的行动（向银行注资）旨在恢复人们对我们的机构和市场的信心，并修复它们的能力，以满足美国家庭和企业的需要。

——伯南克，2008年10月14日[20]

人们不但没有解决根本问题，反而绝望地实施救市计划，希望能重新吹起信贷泡沫，支撑股票市场，防止经济衰退。他们的努力显然失败了：2008年是股市历史上最糟糕的一年，我们将在未来一段时间内陷入衰退。我们的领导人把这个问题框定为"信心危机"，但实际上他们的意思似乎是"请不要关注我们未能解决的问题"。

——迈克尔·刘易斯和大卫·埃因霍恩[21] 2009年1月4日

凯恩斯把金融系统描述成"一台我们不了解其工作原理的精密机器"，它如此微妙的一个重要原因与信心在其中扮演的角色有关［Keynes，（1930），1963，p.136］。需要补充的是，目前对金融信心的研究严重不足。因此，我在本文中试图概述信心理论可能是什么样子的（Swedberg，即将发表）。

简而言之，这一理论的核心思想是，信心与人们倾向于将自己的行为建立在某些情况的指标或中介信号有关系。在这些情况下，人们缺乏对情况的直接了解。当中介信号与经济形势适当匹配时，投资者就会有信心（正面的信号，积极的经济形势；负面的信号，经济形势不好）。当出现负面信号和正面经济形势时，可能会出现一些问题（见默顿的案例）。然而，真正的问题出现在正面的信号和负面经济形势的时候。这表明在银行或金融系统中有投资者不知道的隐藏损失（白芝浩的案例）。

请注意，这个论证与所谓的透明度论证是不同的。那种观点认为金融体系缺乏透明度是导致金融危机的原因之一。相反，根据本文论点，中介信号与潜在经济形势之间的脱节是造成恐慌的主要原因。

然后，本文试图将经济中的中介信号应用到投资者信心和经济行动者对央行的那种信心上——对国家的信心。本文还试图区分两种不同类型的缺乏信心。一方面，有信心突然消失的情况（信心崩溃）。还有一种情况是，行动者因为缺乏信心而不参与某些经济行动（信心消退）。

由隐藏损失的披露引发的信心丧失，就像雷曼的情况一样，会以直接或间接的方式扩散。在前一种情况下，雷曼与某些参与者之间存在互动。当信心的丧失以一种间接的方式蔓延时，反应是明确的。也就是说，投资者现在以同样的方式对待所有属于同一类别的参与者，担心他们可能都有同样的问题（"关联犯罪"）。

我终于注意到，在所谓的信任关系中，一个参与者相信另一个参与者会基于中介信号做某事。信任关系还可以包括第三方——通过其客观性、特殊知识或类似的东西来保证中介信号质量的人。这是现代金融体系的典型特征，评级机构就是这种第三方的一个例子。

但是，关于信心的本质还有更多的东西要讲，正如这一结论部分开头的两段引言所表明的那样。对金融体系的信心不仅是经济上的，也是政治上的，可以被作为一种政治工具。信心很重要，同时也模棱两可，难以量化，而这两种品质增加了信心作为政治工具的有用性。正如这篇结束语开头的引言所表明的那样，目前存在一种争论，即金融危机主要是由信心丧失（流动性立场）引起的，还是主要由与经济损失有关的信心丧失（无偿债能力立场）引起的。这两种立场不仅会导致对实际情况的分析产生不同，而且还会产生不同的政治后果，影响对金融体系需要做什么的判断。

在这篇文章中，我试图用这些关于信心的观点来解释雷曼的倒闭，以及这场崩溃是如何促使2007年的信贷紧缩转变为2008年的金融恐慌的。再重复一下本文的中心思想，经济形势在9月15日之前已接近白芝浩描述的一种情况——隐藏损失，而雷曼触发了这次恐慌。

需要指出的是，认为雷曼没有以某种方式"导致"金融危机的观点非常普遍（例如：Paulson，2010，p.349）。有时，人们还会提出与事实相反的观点：哪怕没有雷曼，危机无论如何还是会发生，但随后会是由其他事件引发的。摩根大通首席执行官杰米·戴蒙（Jamie Daimon）就持这种观点：

> 雷曼兄弟破产后，全球金融体系陷入了"心脏骤停"状态。关于雷曼兄弟的破产是否造成了危机，人们有很多争论，但回顾过去，我认为上述所有事件的累积创伤和金融体系中的一些重大缺陷才是导致危机的原因。如果不是雷曼兄弟，其他公司可能会成为压垮骆驼的最后一根稻草（Carney，2009）。

一些经济学家认为，雷曼在引发危机中的作用被夸大了，伯南克等人的行为也很重要。约翰·泰勒（John Taylor）认为，正是伯南克和保尔森在国会寻求7000亿美元救助时惊慌失措的行为，对危机的影响最大

（John Taylor，2008；Cochrane & Zingales，2009；可以详见Ferguson & Johnson，2010）。"他们（对国会）说：'如果你不这样做，即使你这样做，也可能会有下一次大萧条。'"（Wessel，2009b）。马克·赞迪（Mark Zandi，2009a）指出另一个事件——由于美联储决定接管房地美和房利美而导致的投资损失是将危机转变成全面恐慌的触发点。最后，根据斯蒂格利茨（Stiglitz，2010，p.324）的说法："雷曼兄弟倒闭后的金融动荡，在一定程度上是政府（对所有银行）担保范围的不确定性增加的结果。"

哪个论点是正确的？我不认为目前存在足够的证据来确定某一解释，并排除其他的。或许我们可以这样说，2008年秋季的一系列决策将信贷紧缩转变为全面的金融恐慌，其中最重要的决策之一涉及雷曼兄弟的破产。

关于金融体系信心的最后一个问题需要得到解决。我在这篇文章中的论点是，信心在金融体系中扮演着关键角色，但目前人们对这一角色的理解还不够透彻，也没有引起足够的分析性关注。到目前为止，在关于金融危机及其成因的讨论中，行为经济学家最常提到的是信心。他们的论点是基于这样一种观点，即人性有其非理性的一面，这种信心属于我们的"动物精神"；而后者需要被更好地理解（Akerlof & Shiller，2009；Krugman，2009；Gladwell，2009）。阿克尔洛夫和希勒（Akerlof & Shiller，2009，p.4）也指出，"动物精神"构成了雷曼兄弟倒闭的原因。

虽然我同意阿克尔洛夫和希勒，以及其他人关于金融危机的著作中对信心的强调，但我想强调的是，虽然信心确实有心理方面的因素，但它也有明显的社会的或社会学方面的因素。在分析构成现代金融体系的那种复杂的社会机构时，对人性的提法显得太过平淡。这就为经济社会学家提供了一个明确的机会，他们可以利用自己的概念工具，更好地理解信心在现代金融中扮演的角色。

注释

[1] 这里提出的关于信心的中介信号理论与查尔斯·皮尔斯的符号学之间的联系，见Swedberg即将出版的作品，参考〔Peirce，（1868）1950；Peirce，1953，pp.26-27〕。与Peirce的理论一样，重点是信号的存在，而不是像迈克尔·斯宾塞（Michael Spence，1974）和甘贝塔（Gambetta，2009）的理论那样强调信号的行为。

[2] 目前还不存在威廉·布莱克（Black，2005）在储蓄和贷款危机中提出的那种金融危机中的欺诈行为的完整描述。布莱克（Black，2009）在最近的一次演讲中说，欺诈在当前的金融危机中扮演了"主导角色"。

[3] "每个银行家都知道，如果他必须证明自己值得信任，不管他的论据有多好，实际上他的信任已经消失了；但我们需要的是不需要任何证明。"〔Bagehot，（1873）1922，p.68〕

[4] 根据一种说法，福尔德喜欢用军事术语来描述雷曼兄弟及其业务。"每一天都是一场战斗，"他告诉"他的军队"，"你必须杀死敌人。他们企图杀害我们。"在2008年艰难的春天，"他敦促人们投入战斗。他打开公共广播系统，与交易员交谈。他甚至还分发了一些塑料剑。他们在战斗，他想让他们知道，他们会变得更强大"（Fishman，2008）。雷曼兄弟的前雇员劳伦斯·麦克唐纳（Lawrence McDonald）曾写过一本关于雷曼破产的大部头著作，他将雷曼兄弟描述为"银行业勇士"（McDonald，2009，p.[1]）。福尔德因其好斗的个性被他的员工称为"大猩猩"，多年来，他一直在办公室里养着一只填充玩具大猩猩（Sorkin，2009a，pp.23，28）。有关雷曼兄弟男性员工妻子的信息请参见（Vicky Ward，2010），以及她即将出版的新书《魔鬼的赌场：友谊、背叛和雷曼兄弟内部的高风险游戏》（*The Devil's Casino: Friendship, Betrayal, and the High Stakes Game Played Inside Lehman Brothers*）。

[5] "福尔德住在格林尼治的一幢巨大豪宅里，超过9000平方英尺（约合4300平方米），价值1000万美元。他还拥有一套价值2100万美元的公园大道公寓，里面有三个燃木壁炉，以及爱达荷州太阳谷附近一座壮观的滑雪小屋。他的艺术收藏价值2亿美元，包括价值数千万美元的战后和当代绘画收藏，其中一幅出自杰克逊·波洛克（Jackson Pollock）之手。"（McDonald，2009，p.275）。

在2000—2008年期间，福尔德从雷曼兄弟公司获得了5.41亿美元的赔偿——当公司破产时，他损失了大约9.3亿美元的雷曼股权（Bebchuk，Cohen & Spamann，2009）。到2009年底，福尔德和他的妻子只剩下了四所房子和艺术收藏品。2008年11月10日，福尔德以100美元的价格把佛罗里达州的豪宅卖给了他的妻子，价值约1400万美元。2009年4月，他开始在对冲基金矩阵顾问（Matrix Advisors）工作。

[6] 根据汤姆森金融（Thomson Financial）的信息，雷曼在美国抵押贷款支持证券的市场份额在2004—2007年如下（括号内的数字表示其在市场的地位）：2004年10.1%（3），2005年10.2%（2），2006年10.3%（1），2007年10.7%（1）（Rose& Ahuja，2009，p.15）。

[7] 2010年3月，法院任命的破产审查员安东·沃卢克斯（Anton Valukas）的报告被公之于众。大约有4000页，制作成本为3800万美元。该报告基于约500万份文件、400万至500万封电子邮件和250人的采访，其中包括雷曼、财政部、美联储等机构的人员。

[8] 这些信息来自Valukas，2010，pp.1385-1480；McCracken & Spector，2009；Dash，2010b。

[9] 雷曼兄弟申请破产的当天（2008年9月15日），标准普尔将投资银行的债务评级定为A，根据标准普尔的定义，A意味着"强大的"履行财务承诺的能力。穆迪当日对雷曼的评级为A2，穆迪将其定义为"低信用风险"。惠誉给雷曼A+等级，描述为"高信用质量"（Evans&Salas，2009，p.69）。商业新闻也是如此，总体来说，对雷曼的评价太过天真（Starkman，2009）。试图让评级机构对他们所评估的雷曼抵押贷款支持证券承担法律责任的尝试失败了，详见索尔金的论述（Sorkin，2010）。

[10] 布什的弟弟杰布是雷曼的顾问，他的堂兄乔治·沃克四世是雷曼执行委员会成员（并试图通过联系布什进行干预，但失败了）。保尔森的兄弟理查德曾在雷曼兄弟的芝加哥办公室工作（Sorkin，2009a，pp.181，284）。

[11] 有关雷曼隐藏损失的信息差异很大。还要注意的是，这些损失中有许多是雷曼领导层不知道的，或者是被隐藏起来的；比如，它关于商业地产交易的书籍就极其糟糕（"a horror story"，Mcdonald & Robinson，2009，p.301）。雷曼兄弟在商业地产的投资估计为530亿美元。大卫·韦塞尔（David Wessel）在

他的《我们信任美联储》（*In Fed We Trust*）一书中提到，自2008年9月13日（周六）美国银行高管告知美联储雷曼兄弟有这么多有害的房地产资产以来，雷曼兄弟的资产总额为650亿～700亿美元（Wessel，2009a，pp.17-18；Sorkin，2009a，p.319；Valukas，2010，pp.209，699）。英国《金融时报》在雷曼破产几天后报道称，"（雷曼的有害资产）估计在400亿至800亿美元之间"。纽约联邦储备银行负责估算雷曼损失的小组认为300亿美元是正确的数额（Sorkin，2009a，p.321）。

[12] 9月15日至17日，美联储向雷曼兄弟的一个部门发放了一系列短期贷款，该部门后来被出售给巴克莱银行（Barclays）。这些贷款分别为628亿美元（9月15日）、477亿美元（9月16日）和489亿美元（9月17日）。巴克莱后来偿还了这些贷款（Stewart，2009，p.80）。

[13] 据一名消息灵通人士称，雷曼兄弟控股公司在破产时从事"约100万个公司间衍生品交易和约45万外部交易，约有8000个对手方"（Tibman，2009，p.218）。

[14] 尽管最初人们认为雷曼兄弟将申请破产清算，但最终它申请破产保护。有关雷曼兄弟控股公司破产案的信息，请参阅纽约南区美国破产法院的网页。报纸上也有大量关于雷曼破产案的文章，其中包含有关雷曼交易对手方的信息以及各种交易涉及的金额。例如，根据其中一项，瑞典银行向雷曼兄弟提供了13.5亿美元的抵押贷款，当雷曼兄弟破产的消息传出后，瑞典银行的股价暴跌（Frangos，2008）。

需要补充的是，有关雷曼兄弟交易对手方的信息，也有助于准确地勾勒出"相互联系太紧密而不能倒闭"的确切含义。因此，后一个概念需要使用网络分析（关于使用网络分析分析系统风险的例子，参见Markose，Giansante，Gatkowski & Shaghaghi，2010）。虽然网络分析在这方面可能很有帮助，但它应该被增加，也需要得到补充。原因之一与本文后面的现象描述为一个明确的反应，也就是说，直接联系的现象让许多参与者觉得某种类型的所有参与者（类别）处于一个类似的金融困境，并做出相应的反应。

[15] 据后来的报道，52亿美元的净付款足以支付雷曼涉及的4000亿美元的信用违约掉期。

[16] LIBOR-OIS指数是根据英国银行家协会（British Bankers' Association）

下属银行交易员的信息编制的芝加哥期权交易所的波动率指数之一（例如，MacKenzie，2009b；Whaley，2009）。简而言之，每一项指标都衡量了某一类参与者的反应。需要补充的是，道琼斯指数在2007年10月3日以14164点触顶，随后一路下滑，直到2008年3月9日创下6547点的历史低点。根据世界大型企业联合会的消费者信心指数（即所谓的"现状指数"），消费者信心在2007年7月达到峰值，略早于道琼斯指数（138.3），然后在2009年跌至20多岁的历史低点（例如，2月：21.9；11月：21.0；早些时候的最低纪录是1983年2月的17.5）。

[17] 有人认为，AIG必须在2008年9月中旬之前公布导致其灾难性经济状况的决策的内部信息，参见，Spitzer，Partnoy and Black，2009。

[18] 通过SEC发表的信息类型，我们可以知道的是，一些高盛的人在贝尔斯登破产后，甚至是在雷曼破产后，出售了他们公司的许多股票。

[19] 术语"雷曼浪潮"（Lehman Wave）指的是试图模拟2008年秋季事件在长供应链中引发的变化（Steen，2009）。该模型描述了一开始相对较小的商品需求变化是如何被增加的，一直到在长供应链末端触发"牛鞭效应"。

[20] 这句话出自Paulson，Bernanke，andBair（2008）。

[21] 这句话出自Lewis and Einhorn（2009）。

参考文献

Akerlof, G., & Shiller, R. (2009). *Animal spirits: How human psychology drives the economy, and why it matters for global capitalism.* Princeton: Princeton University Press.

Bacharach, M., & Gambetta, D. (2001). Trust in signs. In: K. Cook (Ed.), *Trust in society* (pp.148–184). New York: Russell Sage Foundation.

Bagehot, W. ([1873] 1922). *Lombard Street: A description of the money market.* London: John Murray.

Bebchuk, L., Cohen, A., & Spamann, H. (2009). *The wages of failure: Executive compensation at Bear Stearns and Lehman 2000–2008.* Working Paper (draft). Available at http:// www.law.harvard.edu/faculty/bebchuk/. Retrieved on November 23, 2009.

Berger, A., Kashyap, A., & Scalise, J. (1995). The transformation of the U.S.

banking industry: What a long strange trip it has been. *Brookings Papers on Economic Activity* (2), 55–218.

Bernanke, B. (2002). Remarks by governor Ben S. Bernanke at the conference to Honor Milton Friedman, University of Chicago, Chicago, Illinois, November 8, 2002. Available at www.federalreserve.gov/BOARDDOCS/SPEECHES/2002/20021108/ default.htm Retrieved on December 20, 2009.

Bernanke, B. (2008). Chairman Ben S. Bernanke remarks at the president's working group market stability initiative announcement, October 14. Available at http:// www. federalreserve.gov/newsevents/speech/bernanke20081014a.htm. Retrieved on September 25, 2009.

Bernanke, B. (2009). Too big to fail is one of the biggest problems we face in this country [Interview]. *Time*, December 28, pp.76–78.

Black, W. (2005). *The best way to own a bank is to rob one: How corporate executives and politicians looted the S&L industry.* Austin: University of Texas Press.

Black, W. (2009). *The best way to own a bank is to rob one.* Lecture given on November 19 at the Cornell Law School.

Blinder, A. (2009). Six errors on the path to the financial crisis. *The New York Times*, January 25. Available at http://www.nytimes.com/2009/01/25/business/economy/ 25view.html. Retrieved on May 7, 2010.

Bloomberg.com. (2008). Japan banks, insurers have $2.4 billon Lehman risk, September 17. Available at http://www.bloomberg.com/apps/news?pid = 20601087&sid = agzEgU4VxL9U &refer = home. Retrieved on October 16, 2009.

Bryan-Low, C. (2009). Lehman Europe claims begin to come in. *Wall Street Journal*, September 25. Available at http://online.wsj.com/article/SB1253803469931377 37.html. Retrieved on May 7, 2010.

Carney, J. (2009). Jamie Dimon: Lehman's collapse was not as important as you think. *The Business Insider*, April 16. Available at http://www.businessinsider.com/ jamie-dimonlehmans-collapse-was-not-as-important-as-you-think-2009-4. Retrieved on September 25, 2009.

Carreyrou, J. (2010). Lehman's ghost haunts California. *Wall Street Journal*,

February 24. Available at http://online.wsj.com/article/SB10001424052748704431404575067403119192716.html?mod=WSJEUROPE_hpp_sections_news. Retrieved on May 7, 2010.

Cassidy, J. (2008). Anatomy of a meltdown: Ben Bernanke and the financial meltdown. *New Yorker*, December 1, pp.49–63.

Cochrane, J., & Zingales, L. (2009). Lehman and the financial crisis. *Wall Street Journal*, September 15. Available at http://online.wsj.com/article/SB10001424052970203440104574403144004792338.html. Retrieved on May 7, 2010.

Cohan, W. (2009). *House of cards: A tale of hubris and wretched excess on Wall Street*. New York: Doubleday.

Cohan, W. (2010). The great Goldman Sachs fire sale of 2008. *New York Times*, February 18. Available at http://opinionator.blogs.nytimes.com/2010/02/18/the-great-goldman-sachsfire-sale-of-2008/. Retrieved on May 7, 2010.

Cornwell, R. (2008). Obama blames financial crisis on republican economic policy. *The Independent*, September 16. Available at http://www.independent.co.uk/news/race-forwhitehouse/obama-blames-financial-crisis-on-republican-economic-policy-932002.html. Retrieved on May 7, 2010.

Cox, C. (2008). Letter to Dr. Nout Wellink, Re: Sound practices for managing liquidity in banking organizations, March 20. Available at http://www.sec.gov/news/press/2008/2008-48_letter.pdf. Retrieved on September 16, 2009.

Crittenden, M. (2009). Burned in Lehman blow-up, governments seek aid. *Wall Street Journal*, May 5. Available at http://online.wsj.com/article/SB124154301949788061.html. Retrieved on May 7, 2010.

Crittenden, M., & Hilsenrath, J. (2009). Bernanke blasted in house. *Wall Street Journal*, June 26. Available at http://online.wsj.com/article/SB124593404121053455.html. Retrieved on May 7, 2010.

Dash, E. (2010a). Taking their cut: Once banks hand out pay, a pittance for the shareholders. *New York Times*, January 27. Available at http://www.nytimes.com/2010/01/27/business/27pay.html. Retrieved on May 7, 2010.

Dash, E. (2010b). Fed helped bank raise cash quickly. *New York Times*, March 13.

Available at http://dealbook.blogs.nytimes.com/2010/03/15/fed-helped-bank-raise-cash-quickly/. Retrieved on May 7, 2010.

Eatwell, J., & Taylor, L. (2000). *Global finance at risk: The case for international regulation*. Cambridge: Polity.

Einhorn, D. (2008a). Private profits and socialized risks. Grant's Spring Investment Conference, April 8. Available at The David Einhorn Page at http://manualofideas.com/blog/2009/ 02/the_david_einhorn_page_greenli.html. Retrieved on September 23, 2009.

Einhorn, D. (2008b). Accounting ingenuity. Ira W. Sohn investment research conference, May 21. Available at The David Einhorn Page at http://manualofideas.com/blog/2009/02/ the_david_einhorn_page_greenli.html. Retrieved on September 23, 2009.

Evans, D., & Salas, C. (2009). The ratings trap. *Bloomberg Markets*, June, pp.62–70.

Federal Reserve Board. (2009). The April 2009 senior loan officer opinion survey on bank lending practises. Available at the Federal Reserve Board's web site – http://www. federalreserve.gov/boarddocs/surveys. Retrieved on September 28, 2009.

Fehr, E. (2008). *On the economics and biology of trust*. Discussion Paper no. 3895. The Institute for the Study of Labor (IZA), Bonn.

Ferguson, T., & Johnson, R. (2010). The god that failed: Free market fundamentalism and the Lehman bankruptcy. *Economists' Voice*, 7(1), 7January.

Fishman, S. (2008). Burning down his house [on Dick Fuld]. *New York Magazine*, November 30. Available at http://intra.som.umass.edu/kazemi/640/Lehman.pdf. Retrieved on May 7, 2010.

Frangos, A. (2008). Swedbank feels fallout from Lehman. *Wall Street Journal*, September 26. Available at http://online.wsj.com/article/SB122239655261077965. html?mod = rss_ whats_news_europe&utm_source = feedburner&utm_medium = feed&utm_campaign = Feed%3A+wsj%2Fxml%2Frss%2F3_7012+(WSJ. com%3A+What%27s+News+ Europe). Retrieved on May 7, 2010.

Franzén, T. (2009). Bolagens vinstmål är en orsak till finanskriser [One reason for the financial crises are the high profit goals of the firms]. *Ekonomisk Debatt (Sweden)* (4), 86–96.

Fuld, R. (2008a). E-mail to Thomas A. Fuld dated April 12, 2008. Document presented at the October 6, 2008 hearings on "Causes and Effects of the Lehman Brothers Bankruptcy" by the Committee on Oversight and Government Reform of the House of Representatives, Congress of the United States. Available at http://oversight. house.gov/documents/ 20081006141656.pdf. Retrieved on September 26, 2009 from [web address].

Fuld, R. (2008b). Statement of Richard S. Fuld, Jr. at the October 6, 2008 hearings on "Causes and effects of the Lehman Brothers Bankruptcy" by the Committee on Oversight and Government Reform of the House of Representatives, Congress of the United States. Available at http://oversight.house.gov/documents/20081006125839.pdf. Retrieved on September 26, 2009 from [web address].

Gambetta, D. (2009). Signaling. In: P. Hedström & P. Beramn (Eds), *The Oxford handbook in analytical sociology* (pp.168–194). New York: Oxford University Press.

Geithner, T. (2008). *Reducing systemic risk in a dynamic financial system*. Remarks on June 9, 2008 at the Economic Club of New York, New York City. Federal Reserve Bank of New York Web Page.

Gladwell, M. (2009). Dept. of Finance: Cocksure-banks, battles, and the psychology of overconfidence. *New Yorker*, July 27. Available at http://www.newyorker. com/reporting/ 2009/07/27/090727fa_fact_gladwell. Retrieved on May 7, 2010.

Gorton, G. (2008). *The panic of 2007*. Yale IFC Working Paper no. 08-24. Yale University, New Haven.

Gorton, G. (2009). Information, liquidity, and the (ongoing) panic of 2007. *American Economic Review: Papers and Proceedings*, 99(2), 567–572.

Gorton, G., & Metrick, A. (2009). *Securitized banking and the run on Repo*. Yale IFC Working Paper no. 09-14. Yale University, New Haven.

Gowers, A. (2008). Lehman: Consumed by the death spiral. *Timesonline*, December 21. Available at http://business.timesonline.co.uk/tol/business/industry_ sectors/banking_ and_finance/article5375450.ece. Retrieved on May 7, 2010.

Guha, K., Mackenzie, M., & Tett, G. (2008). Panic grips credit markets. *Financial Times*, September 18. Available at http://us.ft.com/ftgateway/superpage.ft?news_id=

fto091720081650541013. Retrieved on May 7, 2010.

Hudson, M. (2007). How Wall Street stoked the mortgage meltdown. *Wall Street Journal*, June 28.

Hughes, J. (2009). Collapsed Lehman pays out big bonuses to prevent defections. *Financial Times*, December 22. Available at http://www.ft.com/cms/s/0/9f13add2-ee99-11de-944c00144feab49a.html?SID=google. Retrieved on May 7, 2010.

Jonsson, A. (2009). *Why Iceland? How one of the world's smallest countries became the Meltdown's biggest casualty*. New York: McGraw-Hill.

Keynes, J. M. ([1930] 1963). The great slump of 1930. In: *Essays in persuasion* (pp.135–147). New York: W.W. Norton & Company.

Kirchfeld, A., & Simmons, J. (2008). The Dublin connection. *Bloomberg Markets*, December, pp.101–109.

Krugman, P. (2008). [Op-ed:] Financial Russian roulette. *New York Times*, September 15. Available at http://www.nytimes.com/2008/09/15/opinion/15krugman.html. Retrieved on May 7, 2010.

Krugman, P. (2009). How did economists get it so wrong? *New York Times*, September 2. Available at http://www.nytimes.com/2009/09/06/magazine/06Economic-t.html. Retrieved on September 26, 2009.

Krugman, P. (2010). Bubbles and the banks. *New York Times*, January 8. Available at http:// www.nytimes.com/2010/01/08/opinion/08krugman.html. Retrieved on May 7, 2010.

Lewis, M. (2009). The man who crashed the world [Joseph Cassano, former head of A.I.G.'s Financial Products Unit in London]. *Vanity Fair*, August, pp.66–71, 104–107.

Lewis, M., & Einhorn, D. (2009). [Op-ed]: How to repair a broken financial world. *New York Times*, January 2. Available at http://www.nytimes.com/2009/01/04/opinion/04lewiseinhornb.html. Retrieved on May 7, 2010.

Lucas, R. (2009). In defense of the dismal science. *The Economist*, August 8, p.67.

MacKenzie, D. (2009a). *The credit crisis as a problem in the sociology of knowledge*. Unpublished paper.

MacKenzie, D. (2009b). What's in a number [Libor]. *London Review of Books*,

September 25. Available at http://www.lrb.co.uk/v30/n18/donald-mackenzie/whats-in-a-number. Retrieved on May 7, 2010.

MacKenzie, M. (2009). Run on banks left repo sector highly exposed. *Financial Times*, September 11, p.21.

Markose, S., Giansante, S., Gatkowski, M., & Shaghaghi, A. R. (2010). Too interconnected to fail: Financial contagion and systemic risk in network model of CDS and other credit enhancement obligations of US banks. Economic Discussion Paper no. 683. Department of Economics, University of Essex. Available at http://www.essex. ac.uk/economics/ discussion-papers/papers-text/dp683.pdf. Retrieved on May 8, 2009.

Mason, P. (2009). *Meltdown: The end of the age of greed*. London: Verso.

Mayer, M. (1998). *The bankers: The next generation*. New York: Truman Talley Books.

McCracken, J., & Spector, M. (2009). Fed draws court's eyes in Lehman bankruptcy. *Wall Street Journal*, October 2. Available at http://online.wsj.com/article/ SB1254438 91097957691.html. Retrieved on May 7, 2010.

McDonald, D. (2009). *Last man standing: The ascent of Jamie Dimon and JPMorgan chase*. New York: Simon and Schuster.

McDonald, L., & Robinson, P. (2009). *A colossal failure of common sense: The inside story of the collapse of Lehman Brothers*. New York: Crown Business.

Merton, R. K. ([1948] 1968). The self-fulfilling prophecy. In: *Social theory and social structure* (enlarged ed., pp.475–490). New York: The Free Press.

Mollenkamp, C., et al. (2008). Lehman's demise triggered cash crunch around globe. *Wall Street Journal*, September 29.

New York Times. (2008). Text of proposal for bailout plan. *New York Times*, September 21. Available at http://www.nytimes.com/2008/09/21/business/21draftcnd. html. Retrieved on May 7, 2010.

Nocera, J., & Andrews, E. (2008). Struggling to keep up as the crisis raced on. *New York Times*, October 23. Available at http://www.nytimes.com/2008/10/23/business/ economy/23 paulson.html. Retrieved on May 7, 2010.

Olson, M. (1990). Interview. In: R. Swedberg (Ed.), *Economics and sociology* (pp.167–185). Princeton: Princeton University Press.

Onaran, Y. (2008). Lehman on the brink. *Bloomberg Markets*, September, pp.56–64.

Onaran, Y., & Helyar, J. (2009). Lehman's last days. *Bloomberg Markets*, January, pp.50–62.

Paulson, H. (2008a). Remarks by Secretary Henry M. Paulson, Jr. at the Ronald Reagan presidential library. HP-1285. Press Room of U.S. Department of the Treasury. Available at http://www.treas.gov/press/releases/hp1285.htm. Retrieved on September 23, 2009.

Paulson, H. (2008b). Statement by Secretary Henry M. Paulson, Jr. on actions to protect the U.S. economy. HP-1205. October 14. Pressroom of U.S. Department of Treasury. Available at http://www.treas.gov/press/releases/hp1205.htm. Retrieved on September 23, 2009.

Paulson, H. (2009). Testimony by Henry M. Paulson before the house committee on oversight and government reform July 16, 2009. Available at http://oversight.house.gov/ documents/20090715180923.pdf. Retrieved on September 23, 2009.

Paulson, H. (2010). *On the brink: Inside the race to stop the collapse of the global financial system.* New York: Business Plus.

Paulson, H., Bernanke, B., & Bair, S. (2008). Statements by Paulson, Bernanke, Bair. *Wall Street Journal*, October 14. Available at http://online.wsj.com/article/ SB12239880 7077532387.html. Retrieved on May 7, 2010.

Peirce, C. ([1868] 1950). Some consequences of four incapacities. In: J. Buchler (Ed.), *Philosophical writings of Peirce* (pp.228–250). New York: Dover.

Peirce, C. (1953). *Charles S. Peirce's letters to lady Welby.* New Haven: Whitlock's Inc.

Pittman, M. (2009). Lehman's toxic reach. *Bloomberg Markets*, (November), 69–76.

Reuters. (2008). Update 1-payment on Lehman CDS only around $5.2 bln – DTCC. October 22. Available at http://www.reuters.com/article/rbssFinancialServicesAn dRealEstateNews/id USN2238696420081022. Retrieved on October 17, 2009.

Reuters. (2009). Lehman's Fuld sold Florida mansion to wife for $100. Reuters, January 25. Availabe at http://www.reuters.com/article/idUSTRE50P04A20090126. Retrieved on May 7.

Robb, G. (2009). Bernanke declares 'recession is very likely over.' Market Watch, September 15. Available at http://www.marketwatch.com/story/bernanke-declares-the-recessionover-2009-09-15. Retrieved on September 26.

Rose, C., & Ahuja, A. (2009). *Before the fall: Lehman Brothers 2008*. Harvard Business School no. 9-309-093. Boston: Harvard Business School.

Ross, A. (2009). Lehman collapse hits retail product providers. *Financial Times*, October 15, p.24.

Ross, I. S. (1993). *The life of Adam Smith*. Oxford: Clarendon Press.

Roubini, N. (2007). Worse than LTCM [long-term capital management]: Not just a liquidity crisis; rather a credit crisis and crunch. RGE Monitor, August 9. Available at http:// www.rgemonitor.com/blog/roubini/209779. Retrieved on October 16, 2009.

Shapiro, S. (1987). The social control of impersonal trust. *American Journal of Sociology*, 93, 623–658.

Sorkin, A. R. (2009a). *Too big to fail*. New York: Viking.

Sorkin, A. R. (2009b). Wall Street's near-death experience. *Vanity Fair*, November, pp.173–181, 206–210.

Sorkin, A. R. (2010). A hand in a house of cards. *New York Times*, February 16. Available at http://www.nytimes.com/2010/02/16/business/16sorkin.html. Retrieved on May 7, 2010.

Spector, M. (2009). Lehman to thaw U.K. assets. *Wall Street Journal*, November 24. Available at http://www.morningstar.co.uk/uk/markets/NewsFeedItem. aspx?id=85935853162729. Retrieved on May 7, 2010.

Spence, M. (1974). *Market signaling: Informational transfer in hiring and related screening processes*. Cambridge: Harvard University Press.

Spitzer, E., Partnoy, F., & Black, W. (2009). [Op-Ed:] Show us the e-mail. *New York Times*, December 20. Available at http://www.nytimes.com/2009/12/20/ opinion/20partnoy.html. Retrieved on May 7, 2010.

Starkman, D. (2009). Power problem: The business press did everything but take on the institutions that brought down the financial system. *Columbia Journalism Review*, 48(1), 24–30.

Steen, M. (2009). 'Lehman wave' set to help track recovery. *Financial Times*, December 22. Available at http://www.ft.com/cms/s/0/8a93185c-ee99-11de-944c-00144feab49a.html? nclick_check=1. Retrieved on May 7, 2010.

Stewart, J. (2009). Eight days: The battle to save the American financial system [September 12–19, 2008]. *New Yorker*, September 2, pp.58–81.

Stiglitz, J. (2009). Capitalist fools. *Vanity Fair*, January. Available at http://www. vanityfair. com/magazine/2009/01/stiglitz200901. Retrieved on May 7, 2010.

Stiglitz, J. (2010). *Free fall: America, free markets, and the sinking of the world economy*. New York: Norton.

Story, L., & White, B. (2008). The road to Lehman's failure was littered with lost chances. *New York Times*, October 6. Available at http://www.nytimes.com/2008/10/06/business/ 06lehman.html. Retrieved on May 7, 2010.

Strang, S. (1997). *Casino capitalism*. Manchester: Manchester University Press.

Swedberg, R. (forthcoming). The role of confidence in finance. In: K. K. Cetina & A. Preda (Eds), *Handbook of the sociology of finance*. New York: Oxford University Press.

Taylor, J. B. (2008). The financial crisis and the policy responses: An empirical analysis of what went wrong. Available at http://www.stanford.edu/Bjohntayl/FCPR.pdf. Retrieved on September 24, 2009.

Tett, G. (2008a). Fault lines expose financial system built on flimsy foundations. *Financial Times*, September 16. Available at http://www.ft.com/cms/s/c021d88c-8388-11dd-907e000077b0765. Retrieved on May 7, 2010.

Tett, G. (2008b). New realism means light at the end of the tunnel is no illusion. *Financial Times*, October 14. Available at http://www.ft.com/cms/s//dfa3dd92-9989-11dd-9d48000077b07658. Retrieved on May 7, 2010.

Thain, J. (2009). Thain: The inside story [interview on the race to save Lehman]. *Financial Times*, September 14. Available at http://video.ft.com/v/63078277001/

Interview-withJohn-Thain. Retrieved on May 7, 2010.

Thomas, E., & Hirsh, M. (2009). Paulson's complaint. *Newsweek*, May 25. Available at http:// www.highbeam.com/doc/1G1-200187807.html. Retrieved on May 7, 2010.

Tibman, J. (2009). *The murder of Lehman Brothers: An insider's look at the global meltdown*. New York: Brick Tower Press.

Turner, A. (2009). *The turner review: A regulatory response to the global banking crisis* (March). London: Financial Service Authority.

Valukas, A. (2010). In re: Lehman Brothers Holdings Inc., et al. United States Bankruptcy Court Southern District of New York, New York. 9 vols and 34 appendices. Available at http://lehmanreport.jenner.com. Retrieved on March 12.

Van Duyn, A., Brewster, D., & Tett, G. (2008). The Lehman legacy. *Financial Times*, October 13. Available at http://us.ft.com/ftgateway/superpage.ft?news_id=fto1012200 81442345754. Retrieved on May 7, 2010.

Wall Street Journal. (2008a). Barney Frank celebrates free market day. *Wall Street Journal*, September 17. Available at http://blogs.wsj.com/economics/2008/09/17/text-of-statements-on-treasury-financing-program-for-fed/. Downloaded on May 25, 2010.

Wall Street Journal. (2008b). [Editorial:] Pushovers at the Fed. *Wall Street Journal*, March 25. Available at http://online.wsj.com/public/article_print/SB120640465860361041.html. Retrieved on May 7, 2010.

Walters, A. (1992). Confidence. In: *The new Palgrave dictionary of money and finance* (Vol. 1, pp.423–425). London: Macmillan.

Ward, V. (2010). Lehman's desperate housewives. *Vanity Fair*, April (596), 146–151, 184–186.

Weber, M. (1976). *The protestant ethic and the spirit of capitalism*. Gloucester, MA: Peter Smith.

Wessel, D. (2009a). *In fed we trust: Ben Bernanke's war on the great panic*. New York: Crown Business.

Wessel, D. (2009b). Government's trial and error helped stem financial panic. *Wall Street Journal*, September 14. Available at http://online.wsj.com/article/

SB125288495316307191. html. Retrieved on May 7, 2010.

Whaley, R. (2009). Understanding the VIX. *Journal of Portfolio Management* (Spring), 98–105.

Zandi, M. (2009a). The once and future financial system [June 3]. *Regional Financial Review*, May, pp.15–24.

Zandi, M. (2009b). *Financial shock*. New Jersey: FT Press.

Zucker, L. (1986). Production of trust: Institutional sources of economic structure, 1840–1920. *Research in Organizational Behavior*, 8, 53–111.

第三章 评级在次级抵押贷款危机中的作用：
企业的艺术与消费者信用评级的科学 *

阿科斯·罗纳—塔斯（Akos Rona-Tas）和斯蒂芬妮·希斯（Stefanie Hiss）

摘要

　　消费者和企业信用评级机构都在美国次贷危机中发挥了重要作用。艾可飞（Equifax），益百利（Experian）和环联（TransUnion）部署了一个正式的评分系统来评估发起抵押贷款的个人，然后穆迪、标准普尔和惠誉在为抵押贷款池作证券化评估时，依靠了有正式模型辅助的专家判断。我们可以从危机中了解正规化的局限性吗？我们讨论了导致评级失败的五个因素：反应性、内生性、学习、相关结果和利益冲突，并比较了消费者和企业评级机构解决这些困难的方式。我们还总结了一些政策建议。

引言

　　美国的次贷危机在2007年成为一场全面的灾难。从那时起，它一直

---

* 本章的研究部分由大众汽车基金会（Volkswagen Foundation）资助。

在广泛影响整个世界经济。美国抵押贷款市场的危机首先是信用机构和评级机构的巨大失败，其职责是评估中个人借款人和个人贷款通过证券化过程产生的金融产品。消费者和企业评级机构遵循不同的理念。消费者已经以高度正规化、自动化的方式进行评估，而由个人抵押贷款汇总产生的金融产品受制于包含分析技术的过程，因而更强调了人类判断的必要性。

经济理论（Debreu，1959；Arrow，1951，1968；评论见Yonay，1998；Weintraub，2002）和认知心理学（Dawes，1979；Dawes，Faust，& Meehl，1989；Grove&Meehl，1996；Grove & Meehl，1996；Grove，Zald，Lebow，Snitz & Nelson，2000）都认为，通过仔细、客观的量化和计算，进行正规化的理性决策可以提高选择的质量。这两种理论和常识都表明，赌注越高，参与者就越不会采用劣等的决策方法。因此，人们可以预期，对企业贷款的正规化决策的动机应该大于对待消费者贷款。然而，有些出乎意料的是，企业贷款人倾向于更多地依赖信用评级机构的主观（如果得知）判断的艺术，而消费者贷方则利用消费者评级机构提供的高度正规化的方式来评估其贷款申请人。在本章中，我们提出以下问题：我们对消费者信用评分中的正规化限制以及公司信用评级中的专家判断知道些什么？正规化在次贷危机中的作用是什么？

我们从正规化在消费者评级中占主导地位，而专家判断仍然是企业中比消费者评级更重要的因素这个观点出发，但我们也注意到在结构性融资领域，正规化已经变得更加根深蒂固了。我们认为正规化的优势并不是绝对的，而是取决于决策所嵌入的社会过程。

我们首先介绍两个关键概念：专家判断和正规化计算。使用这个概念框架，我们通过对比评级机构的自我呈现和评级过程来区分消费者和企业信用评级理念之间的差异。然后，我们将在这种背景下，对正规化的整体优越的有预测能力的证据进行评价。我们对危机前的文献进行了调查，发现很少有人支持消除专家判断和评级过程的完全正规化会获得更好的预测。为了找出专家判断和正规化的优缺点，我们转向了次贷危机。我们简要介绍了抵押贷款证券化的过程，以及住房抵押贷款支持证券的创建。然后我们一般性地讨论了消费者和企业评级机构的失败，并确定它们的罪责。本章的其余部分则解释了出现了什么问题，以及对信用评级的专家判断和正规化方法如何引发了次贷危机。我们将讨论为评级失败负责的五个因素：反应性、内生性、学习、相关结果和利益冲突，并比较消费者和企业评级机构解决这些困难的方式。我们也总结了一些政策课程。

决策形式

我们在本章中讨论的特定决策形式是一个贷方或其中介机构对信用申请人的信誉进行评估或评级。信用评级是对借款人未来履行财务义务的预测，因此，它是基于不完整证据并涉及不确定性的决策（Guseva& Rona-Tas，2001）的。这种预测可以通过以下两种理想的方式之一进行：它可以基于"临床"专家判断或基于正规化的、理性的、"精算的"计算，其中一组规则处理某些给定信息，并自动提供预测和决策信息（Meehl，1954）。[1]专家判断提供了更大的灵活性，但它取决于个人及其个人专长和隐性知识（Polanyi，1962）。正规化、理性化的计算实现了机械化，并完全绕过了特定的决策者。正规化也创造了透明度。为了使过程具有无限可重复性和一致性，它必须明确说明决策过程中涉及的确切步骤和思维运作。[2]

信用评级机构

消费者信用评级科学

消费者被消费者信用登记机构评级。在美国，大约有一千家消费者信用报告机构，但市场由三家私人信用机构主导。三巨头——艾可飞，益百利和环联——拥有超过90%的成年人的档案。[3]它们的规模相同，而且它们的数据在很大程度上重叠。在大多数情况下，它们提供相同的信息，甚至他们对个人消费者进行评级的方法也几乎相同。直到最近，为每个人创建信用评分的分析软件由同一供应商FICO（Fair，Isaac Co.）提供给所有三个注册管理机构；[4]因此，信用评分被称为FICO评分。尽管到20世纪90年代初期，FICO评分就已成为低抵押品消费信贷的行业标准，例如信用卡和购买贷款，但FICO和自动评分要花更长时间才能在抵押贷款中扎根。抵押贷款人认为，对当地住房市场的了解比对申请人信用记录的数字衡量更为重要。普遍的看法是，贷款审查在考虑破产申请、取消抵押品赎回权和其他重大违规行为时，无须诉诸单一的数字分数。然而，随着抵押贷款的集中，贷款人不仅越来越多地远离申请人，而且也远离了当地房地产市场，并开始依靠更具可比较性的FICO评分。在1995年，二级抵押贷款市场的两个主要参与者，房地美和房利美这两家联邦特许抵押贷款公司以评分制来开展他们自己的证券（再）包销业务。[5]这使FICO评分的位置得到了巩固。

FICO公司认为，FICO的分数可以快速客观地衡量信用风险，并以这种方式解释其产品：

> 该分数运用了数学方程式计算，该方程式可评估该机构的信用报告中的多种信息类型。通过将此信息与数十万个过去信用报告中的模式进行比较，该分数可确定您未来信用风险的水平。（FICO，了解你的信用评分）[6]

是分数，而非评级机构或贷方，"确定了您的未来风险"，并且计算得分的不是人，而是方程式。该方程式为每个人分配一个数字，介于300和850之间。尽管FICO声称它只是一个有序度量，但FICO评分却显示为一个数量，如高度，以一种间隔或比例尺度来进行测量，就好像每个人都被一把精确的、高度校准的卷尺衡量了，从而为每个人都提供准确科学的信誉读数。由于贷方看的是临界值，所以单点的差异可能会对这个有550点宽的范围产生严重影响。FICO将临界值的确定交给贷方，也就是将做出决定的部分责任交给他们。是否获得贷款绝不仅仅取决于FICO评分：重要的是得分和临界规则。然而，临界值现在主要由房地美和房利美的承销标准推动，该标准规定了FICO评分的下限。

这就是艾可飞描述其消费者评级的方式，它从FICO对FICO评分的描述中提取一些语言：

> 信用评分是贷方用来帮助确定您是否有资格获得特定信用卡、贷款或服务的评级。根据信用档案中的信息，信用报告公司使用复杂的数学模型分析您的信息，以获得您的信用评分。大多数分值是评估向您借钱或向您提供服务的公司所承担的风险——具体而言，您可能在未来两到三年内未能付款。[7]分数越高，代表风险越小。您的分数是通过一个数学方程计算的，该方程式可以评估信用档案中的许多类型的信息。

益百利在解释消费者评级时将其与过去的做法进行了对比，这些做法强调了正规化带来的收益：

> 在信用评分之前，贷方实际查看每个申请人的信用报告以确定是否授予信用卡。贷款人可能会根据主观判断——消费者已承担过多债务，或者最近有过多的延迟付款——而拒绝信贷。这不仅耗费时间，而且人类的判断也容易出错和产生偏见。贷款人运用个人观点对申请人做出决定，而这可能对申请人偿还债务的能力没多大影响。
>
> 信用评分可以帮助贷方更公平地评估风险，因为它们是一致和客观的。消费者也从这种方法中受益。无论您是谁，您的信用评分仅反映根据您过去的信用记录和当前信用状况，您可信赖地偿还债务的可能性。（益百利的信用评分实例http://www.experian.com/

credit_score_basics/facts.html）

通过消除决策过程中的任何专家参与来实现一致性和客观性。虽然申请人可能觉得他们正在接受评判，但第三大行业巨头环联向他们保证，其评分不是任何由它做出的判断：

> 你可以信赖客观性，公平性和完整性。作为公正的第三方，我们不会编造信用报告中包含的任何数据；我们只是收集、编辑和显示债权人提供的信息。（TransUnion的信用报告和评分，http://www.transunion.com/corporate/business/clientSupport/resources/creditReportsScoring.page）

FICO声称预测未来是一门科学：

> 预测分析是使决策更加智能化的科学。它将今天的数据转化为对未来事件的预测，并通过直接指导个人决策来使用这些洞察力。

评估个人贷款申请人的过程

无论是申请信用卡还是住房抵押贷款，贷款申请人都会收到相同的自动评估。[8]贷款人向信用机构提交分数请求。信用机构在其登记处查找申请人的记录并计算信用评分。信用机构拥有庞大的数据库，他们使用数百万条过去的记录来预测申请人的行为。FICO评分的计算是专利机密，但它使用以下近似统计算法：

$$Pr(Y_i) = f(X_{ji}) = \alpha + \sum_{j=1}^{n} \beta_j X_{ji}$$

Y_i是第i个人的支付行为（例如，未支付的可能性），X_{ij}则是第i个人的第j个预测因子（例如，账户类型或账户时间长度或每个账户中的信用额度等），α是常数，β_j是第j个预测因子的权重。$Pr(Y_i)$是潜在的连续概率分布。由于此分布假定为是一种逻辑分布，因此可以将模型重写为：

$$P(Y_i) = \frac{e^{\alpha+\Sigma\beta_j X_{ji}}}{1 + e^{(\alpha+\Sigma\beta_j X_{ji})}} = \left(1 + e^{-(\alpha+\Sigma\beta_j X_{ji})}\right)^{-1}$$

知道申请人的预测因素的价值和每个人的权重，可以计算预测结果。然后FICO评分是对此预测概率值的简单重新缩放：

$$\text{FICO}_i = f(P(Y_i)) = a + bP(Y_i)$$

实际算法比这更复杂，因为它具有处理缺失值和许多其他东西的复杂过程。[9]所有这些都是FICO向客户销售并加以维护的计算机程序的一部分。

公司信用评级的艺术

有无数家机构在评估公司借款人的信誉，但在公司债务领域，有三家国际大型机构主导评级服务市场。穆迪、标准普尔及其较小的竞争对手惠誉构成了三方寡头垄断。直到2006年，这种寡头垄断几乎由美国证券交易委员会（SEC）制定的一系列法规所保障，这些法规，自1973年以来，就将一系列金融交易的许可与一家国家认可的统计评级机构（NRSRO）的评级联系起来，而NRSRO[10]是由美国证券交易委员会指定的（Partnoy，2002，p.74；White，2002，p.52）。到了20世纪90年代，只有这三家机构获得了这种认可。2006年的信用评级机构改革法案试图增加竞争，放宽了NRSRO标准，现在又有了7个其他的评级机构。[11]标签中包含"统计"一词是奇怪的，因为相关法律明确规定NRSRO应该"采用定性或定量模型，或两者兼而有之，以确定信用评级"。[12]后来的法律法规不再把用统计方法来创建评级当作成为NRSRO的先决条件。美国证券交易委员会仅要求使用统计方法评估评级的准确性。

这三家机构提供各种投资服务，其中最重要的是财务义务评级。尽管FICO坚持评级的科学性，但公司的评级者强调专家判断的重要性。穆迪也为此解释其评级方法：

> 因为它涉及对未来的展望，所以信用评级本质上是主观的。此

外，由于长期信用判断涉及特定行业、发行人和国家等众多独特因素，我们认为，任何将信用评级降低为公式化方法的企图都会产生误导，并会导致严重错误。[13]

穆迪似乎同意物理学家尼尔斯·玻尔（Niels Bohr）的著名格言："预测是困难的，尤其是对未来的预测。"然而，人们可以相信预测未来是艰难的，但同时又认为如果必须要这样做，那正规化的预测仍将产生更好的结果。这显然不是穆迪所采取的立场。

穆迪展示了其首要"基本原则"：

> **强调定性**：量化是穆迪评级分析不可或缺的一部分，特别是因为它为每个评级委员会的分析讨论提供了客观的和事实的出发点。希望获得更多有关我们使用的数字工具信息的人可以参考我们关于行业和特定发行人的研究文献。然而，穆迪的评级不是基于一组确定的财务比率或严格的计算机模型。相反，它们是由经验丰富、信息灵通、公正无偏的信用分析师对每个问题和发行人进行全面分析的产物。（黑体为原文所加）

穆迪的决策过程混合了正规化和专家判断的因素。前者在一开始就起着更大的作用，后者是后来接管的，并且是做出最终决定的。穆迪和标准普尔的主要竞争对手也不例外。标准普尔在其2006年关于自身符合行业标准的报告中开门见山道：

> 评级服务的评级是关于信誉的基于定性和定量因素的观点。因此，它们本质上是主观的。分析思想涉及将标准和方法复杂地应用于事实。（Standard & Poors, 2006, p.2）

标准普尔也强调信用评级的最终的专家判断性质。我们需要专家判断，因为标准和方法不能被机械地应用。这三个机构中最小的一个——惠誉走得更远，并提出了一个更激进的主张：

> 评级反映了一个实体或一个证券发行商根据其条款履行支付利息和优先股息，以及偿还本金等财务承诺的能力。评级本身并不是事实，因此不能被描述为"准确"或"不准确"。[14]

FICO对此则完全不同意。

公司债务评级过程

在所有三个机构中产生最终评级的过程不是计算性的，而是社会性的。有一个委员会分析案件并发布评级。委员会的作用是"通过对每项分析中的相关风险因素和观点的理解，尽可能多地引入过程的客观性"。尽管FICO的客观性是通过消除专家判断来实现的，公司的评估者则通过让更多专家参与来实现客观性。穆迪的流程描述如下：

> 穆迪的评级是通过评级委员会流程确定的。尽管穆迪的评级实践不是公式化的或严格的，但它的目的是通过提高穆迪的评级一致性和效率，确保评级过程的完整性，并通过在全球范围内整合决策过程，最大限度地提高整个市场的评级价值。
>
> 评级过程的目标是以有效和一致的方式达成适当的评级意见。这一目标是通过以下方式来实现的：召集一个多元化的评级委员会，该委员会具有适合于其所考虑的信贷的深度和广度的专业知识；有意识地努力确保客观性；考虑不同的观点；测试各种假设。
>
> （Hilderman，1999，p.1）

对于FICO而言，专家意见的多样性证明了他们的不可靠性，以及存在偏见，而对公司评估者来说，差异是实现可靠和公正决策的前提条件。委员会的规模取决于问题的复杂程度。惠誉规定至少有四名成员，穆迪和标准普尔指定两名成员。总是有一位主席或首席分析师负责委员会的正常运作。委员会通过汇编适当的信息开始工作。一些信息来自第三方，但其中大部分是由被评级公司提供的。收集第二类信息是一个互动过程，或者像穆迪所说的那样，是一个"对话"。

> 穆迪在审议前通常先与发行人进行对话，以便充分了解和讨论正在考虑的信贷问题。（Hilderman，1999，p.3）

委员会要求公司提供信息，一旦收到了数据，委员会通常会提出补充要求，要求公司澄清问题，并采访高层管理人员。最终的决定是通过投票做出的。该委员会力求达成共识，但可以通过多数票来做出决定。在评级公布之前，公司可以向该机构的政策委员会提出申诉。政策委员会负责制定委员会流程的指导方针，监督其实施情况，并评估委员会评级的质量。

这三家机构使用类似的等级体系来区分投资和投机两组债务等级，以及两组中的风险等级。每家都有不同的长期和短期债务的等级体系，其他类型的债务也有次级体系。具有最多步骤、最精细的体系是穆迪的长期评级系统，其中有21个等级，但是像Aa1和Aa2等级之间的微妙差异从未得到揭示。评级显然意味着低准确性的序列排名。

在过去十年中，这些机构一直面临着将公司评级标准化的压力。造成这种压力的一个原因是全球化，因为国际投资者希望评级在全球范围内易于比较。到目前为止，公司信用评级机构都在努力创建一个共同的系统。例如，当亚太经济合作组织（APEC）呼吁在20世纪90年代亚洲危机之后统一和标准化企业信用报告时，一项对各机构的调查发现，大多数受访者认为：

> 要求协调化或标准化的建议产生于对"什么是评级，以及它们衡量什么"的误解。它们不是，也不寻求客观的同质产品。即使标准化可以实现，它也会侵蚀评级的大部分价值，并且其本身就会产生误导。（ADB，2000，p.152）

在起草"信用评级机构改革法案"时，标准化问题再次被提出来，但国会认定：

> 这是不切实际的，因为信用评级机构使用不同的方法来确定信用评级和违约的不同定义，并且，这些措施的使用可能会干扰确定信用评级的方法。（SEC，2007，p.46）

事实上，对于公司债券来说，这三家机构甚至无法在应该评级的内容上达成一致。标准普尔和惠誉估算违约概率，而穆迪预测的是预期违约损失，其包括了对催收回收的估计。

对复杂金融工具的评级，如住房抵押贷款支持证券（RMBS）和更复杂的债务抵押债券（CDO），与三家机构的评级理念有所不同，它更好地描述了他们的传统业务支柱：对公司或其他组织发行的债券进行评估。我们看到正规化在结构性金融产品的评级中发挥了更大的作用，然而即使在这个领域，评级机构也没有放弃强调专家判断不可或缺的原则。

关于信用评级中形式化优势的证据

公司和消费者信用评级机构评估申请人的方法的对比能告诉我们什么？如果正规化方法始终能够通提供更好的预测来彰显其优越性，那么我们预计公司信用评级将与消费者相同，或更加正规化。毕竟公司贷款的风险较高，而对次优决策的处罚也更大。

在消费贷款中使正规化方法成为可取但在公司贷款领域中使其不适用的一个明显因素是，贷方向消费者提供许多小额贷款以产生利润，而当每天都要面对数千人做出决定时，就难以应用烦琐的人类判断来做出诊断。通常，时间至关重要。例如，购买贷款决策通常必须在客户对购买更加深思熟虑之前迅速做出。正规化的决策可以自动化，因此更快。在大多数情况下，给公司贷款的工作量要小得多，尽管价值要大得多，而且所承受的压力通常都不尽相同。

然而，对公司评估者的压力还是越来越大。近几十年来，这三家评级机构已经发生了翻天覆地的变化。20世纪80年代中期之前，这些机构都是小型本地公司，但在过去的二十年里，他们成长为国际巨头。1986年，标准普尔有40位分析师，到2000年这个数字增加了50倍。穆迪经历了类似的扩张，并在千禧年之前拥有1500名分析师（Partnoy，1999；Smith&Walter，2002）。直到1997年与国际银行信贷分析师（IBCA）合并前，惠誉都是一家小型企业。[15]今天，评级机构的行业标准的薪资水平不高，但营业额高，他们的分析师都处于过劳状态。

对于从事RMBS和CDO等结构性产品评级的部门而言，压力巨大。这两种产品的数量以惊人的速度增长。穆迪在1997年仅对113种此类产品进行了评分，但在2006年的高峰年一年就评了3257种。其他两家代理商也经历了类似的增长（Newman，Fabozzi，Lucas，&Goodman，2008）。美国证券交易委员会（SEC）报告（2008a，pp.10-12）调查了这些机构在次贷危机中的作用，发现大量证据表明这些机构拼命调整自身以适应交易量的增加。

使贷款人能够处理更多的交易量显然是正规化的主要优势之一，这一点是FICO很少会忘记强调的，也是公司评估者永远做不到的，但它不是正规化的唯一优势。正规化使得控制贷款流程变得更加容易，因为流程对管理者来说变得完全透明了。[16]它还降低承保任务的技术要求。这反过来可以让贷款人雇用受教育程度较低的劳动力，从而降低了劳动力成本，并更容易处理贷款人员与有周期性波动的信贷需求之间的关系。

然而，关于交易量和对快速且易于监督的决策的需求的讨论并不是对正规化的常规讨论，其主要关注正规化预测的更高准确性和正规化决策提供的出色结果。事实上，在认知心理学和经济学文献中，时间和交易量的压力被用来解释为什么个人（通常有充分的理由）选择直觉的和"快速且廉价的探索法"等主观判断方法（Myers，2002；Gigerenzer，2007）。

有什么证据可以证明FICO评分比专家信贷员的判断更准确呢？评估信用评分模型准确性的一种简单方法是观察，借款人在获得贷款后，其行为在多大程度上符合其信用评分。分析表明，评分模型通常只在60%到80%的案例中排序明显正确，但它的排序正确性取决于不良贷款与良性贷款的比率。其准确性远非一流，但分析贷款接受者的行为并不是对这项技术预测能力的适当检验，因为它回答了的是错误的问题。这些模型解决了这个问题：鉴于他被授予信用，某人是一个优质客户的概率是多少？然而信用评分涉及一个不同的问题：鉴于他申请信贷，那他成为优质客户的可能性是多少？银行无法回答第二个问题的原因是选择偏见：我们无法判断被银行拒绝的人如果得到贷款会表现得如何。在这种情况下，获得贷款的人不是申请人的随机样本——而且筛选的目的恰恰是"偏向于"认为我们的样本是优质客户——那我们从客户到申请人的推论就会有缺陷。

已经有各种用计量经济学模型来纠正选择偏向的尝试（例如，Greene，1998；Thomas，Crook & Edelman，2002，pp.107-120），但是对这个问题还没有真正的解决方案（Hand & Henley，1993；Chen & Astebro，2001）。有人可能会认为，如果银行愿意暂时放弃筛选，并向每个申请人提供贷款或对他们进行随机挑选来提供贷款，那么可以消除选择偏向。除了昂贵之外，该解决方案还搁置了申请人池质量的内生性。在某种程度上，申请人的类型将取决于申请人对贷款发放方式的了解。没有经过筛选的人群与知道他们会被审查的申请人不同；因此，一旦贷方开始过滤贷款请求，从未经筛选的客户身上获得的经验教训将不适用。此外，通过这样的实验获得的任何知识都将在一两年内过期，这样昂贵的实验必须重复进行。

然而，选择偏向的问题也困扰着专家，因此，就我们预测消费者支付行为的能力与随机审批流程相比，虽然我们可能无法说明正规化带来了多少改善，我们仍然可以判断正规化决策是否优于专家判断。然而，关于信用评分的准确性与人类判断相比较的实证研究得出的结论并不像人们从文献评论推测的那样具有决断性（Johnson，2004；Liu，2001；Hand & Henley，1997；Rosenberg & Gleit，1994）。[17]钱德勒（Chandler）和科夫曼（Coffman），其30年前的文章经常被认为是评分精度更高的证据，但他们也承认：

> 还没有研究比较过这两种评估方法预测信誉的能力。这项研究需要在良好控制的实验条件下使用两个平行系统。（Chandler & Coffman，1979，p.22）

或者正如斯特拉卡（Straka）最近在一篇关于抵押贷款信用评估自动化的文章中所说：

> （抵押贷款或其他贷款的）评分模型与手工计算者之间的明确比较往往不常见，部分原因是自动化给评分带来了重大优势。一旦在金融机构内开始用模型评分，并且其有用性变得清晰，那么"将精灵放回瓶子中"再进行自然实验也就很困难了。（Straka，2000，p.219）

这种"主要优势"是否来自其更好的准确性或其他因素，我们很难知道。有人在学术文献中发现，有实证研究找到了一些贷款工作人员无视评分模型给出决定的例子（Somerville & Taffler，1995；Chandler & Coffman，1979；Main，1977；Nelson，1983）来表明，当人们否决了模型并接受被模型拒绝了的申请人时，他们的决定往往会得到比自动的、不会被人类否决系统得到的更糟糕的结果。这是一个不太令人信服的测试。首先，它忽略了"负否决"（negative override），即那些人类比自动化系统更严格的情况（因为那些被专家拒绝的人将从样本中消失）。其次，相关的比较并不是针对那些在"下限"下获得贷款的人和一般借贷者之间的表现，而是针对那些通过专家的"正否决"获得贷款的人和那些被模型批准的刚好超过"下限"的获得贷款的人。最后，分界点不是由模型本身产生的。如果人们根据申请人的真实风险来想象申请人的分布，那么专家否决的相对表现将取决于分布在分界点处的局部属性。

确定公司评级的准确性也同样困难。不管他们声称自己的评级是准确的还是不准确的，公司评级机构主张他们的评级与公司业绩高度相关，即便有一些广为人知、臭名昭著的失败案例，例如：环球电讯，世界通讯，安然，奥兰治县，或者——在更大的范围内的20世纪90年代的亚洲金融危机。他们的主张是否真实，取决于我们选择的时间范围。最后，公司评级机构总是在公司申请破产之前，或者在金融产品失去所有价值之前降低其评级。问题是降级何时发生。在这里，评级机构认为，在降低公司评级之前，他们必须确定他们的公告只是报告，并不会造成发行人的倒台。毫不奇怪，大多数机构投资者并不完全依赖评级，而且经常自己进行分析。[18]

像FICO这样的正规化模型也可以在公司贷款中广泛使用。穆迪和其他几家评级供应商也正在销售这样的模型工具[19]。对公司评级和这些模型的准确性的比较显示出结果的不确定性（Loeffler，2004）。因此，我们可以得出结论，在信用评级领域，无论是对消费者还是对公司的评级，目前没有证据表明完全正规化的决策是优越的。

评估住宅抵押证券的过程

证券化

抵押贷款证券化，即RMBS的创建，始于贷款人在信托中收集住房贷款池，并创建一个被称为"特殊目的载体"（SPV）的法人实体，即一家将要发行证券的公司。然后统筹人会将这个贷款池划分层级，这个统筹人既可以是贷款银行也可以是一家独立的金融机构。这被称为主次关系，旨在创造不同级别的风险，其中较低级别承担大部分风险，从而保护了较高级别。如果有10个层级，则第一笔违约或付款延迟造成的损失将由最低的或"权益"层级吸收掉。一旦最低的层级损失了所有本金，损失将分配给下一个最低的层级，依此类推。在我们的例子中，顶级或"超优先"层级受九个下属级别的保护，而它下面的一级则受低于它的八个层级的保护，以此类推。

结果是，一系列贷款从整体看风险太大而无法被评为"投资级别"，现在它却有部分（层级）符合此评级。机构投资者，例如养老基金，由于法律规定他们无法投资任何低于投资级别的任何东西，因此无法触及这些证券，现在可以买入其中的优先层级。[20]

更复杂的投资工具形式称为债务抵押债券（CDO）。CDO的结构类似于RMBS，但他们可以主动地管理他们的债务，即可以买卖它们。[21]虽然RMBS有固定的住房抵押债务，但CDO可以有不同的债务（住宅和商业抵押，他们动态的投资组合中的汽车贷款、信用卡债务等）。但是，他们的交易受到一系列复杂规则的限制，这些规则旨在保持每个层级的评级不变。这些债务管理规则，正如这些层级一样，是由评级机构制定的。

投资者不仅可以通过较低的层级获得保障，还可通过一些叫作超额担保、超额利差等所谓的"增强功能"来获得保障。超额担保是指发行人持有部分标的资产，并将其收入支付给那些索赔陷入困境的所有权人。相反，超额利差则利用了来自债务人的付款与向CDO所有者支付的款项之间的差异或差价，作为保护所有者的缓冲（通常是通过回购证券，然后通过超额担保来提供保障）。如果资产表现不佳达到一定水平，还有各种触发规则可自动将收入从初级重新调配到优先级或部分储备。

事实上，有些CDO根本没有资产可言。这些被称为"合成"CDO，它们基于的是信用违约掉期。从本质上讲，合成CDO在其他金融工具（如有资产的CDO，也称为"现金"CDO）中持有违约的保险。例如，一个人可以在夹层级别中的RMBS中获得一个位置，然后为它获得保险。也就是说，可以通过合成CDO将违约索赔换成当前的索赔。为保险支付的保险费就像RMBS的抵押贷款一样；它创造了一个可以支付投资者的收入来源。合成CDO具有与现金CDO相同的分级结构。此外，要购买合成CDO，并为证券购买保险，人们不必实际拥有任何保险。例如，可以购买RMBS中的夹层级别的保险，人们不必持有它，而是等到保险索赔失效和赔偿到期，此时，索赔可以用便宜的价格购买到，并且可以被换成赔偿。

RMBS的评级

为评定RMBS，评级机构必须确定其每一层级的风险。这反过来推动了被称为"票面利率"的固定利率，即每个层级的所有权支付，以及发行人必须提供的各种增强功能。一开始，该机构需要贷方提供数据，不仅包括借款人的FICO评分，还包括有关抵押贷款的其他信息，如贷款金额、房产的地理位置、贷款与房屋价值的比率、房屋是否用作主要住宅、第一和第二留置权金额、贷款年龄、摊销期限等。作为第一步，分析通过运用类似计算FICO评分的统计模型来预测每个抵押贷款的预期损失，但这里的预测是关于抵押贷款的而不是关于个人的。由于这些抵押贷的命运仍然未知，因此计算的依据是其他抵押贷款的大量样本，这些抵押贷款的持有时间长到足以有还款记录。[22]对于惠誉而言，这至少是5年，最多17年。其中包括更早的抵押贷款，具有因其所在的经济和历史时期太过遥远而无法比较的风险。[23]然后，该模型生成应用于抵押贷款信息的权重，使得预测的概率将是一个描述抵押贷款的预测因素的加权总和价值。这就得到了所谓的失败频率（FOF）模型，因为它预测了贷款池中预期的违约数量。然后将预测概率乘以反映房屋所在地理区域条件的经济风险因素。这一步需要在评估每个州的经济状况时作出一些判断。下一步是通过估算贷款违约的损失严重程度（贷款余额损失的比例）来估算每个抵押贷款的预期损失，然后通过将损失严重程度乘以贷款价值来估算损失。[24]

以下步骤被称为"组合风险聚合"。这是通过使用蒙特卡罗模拟的模型来实现的，并且不仅考虑了个体预期损失，还考虑了违约和损失严重程度对经济环境变化的敏感性。这就是所谓的压力测试，其中一个重要的元素是违约关联的建模，这是我们稍后讨论的问题。最后一步是现金流量分析，该分析根据现金流量模型检查分析结果，以了解各种信用增强在各种违约情况下如何工作。

对RMBS和CDO的评级要比对公司发行的证券评级更为正规化。评级公司债券要求将公司的持久品质与商业周期的短期影响分开，这涉及产品的未来、管理质量、公司结构、竞争对手的实力等等。当RMBS或CDO被评级时，它不是一个被评估的组织，而是一系列债务，其最重要的问题是贷款池中的违约可能性。如果公司遇到困难，良好的管理层可以通过引入更多资金或指引公司转向不同方向而进行救助。如果一大批债务人停止支付，发行人就束手无策了，因为现在债务和风险属于投资者。RMBS允许更正规化的评估，因为没有"人为因素"需要考虑：成千上万的借款人只有从总体而言才有意义。然而，对于积极运作的CDO而言，CDO经理的素质成为一个考虑因素。

虽然为债务评级更加正规化了，但专家判断在几个方面发挥着作用。首先，分析师必须评估发行人提供的信息的质量。为此，他必须了解发起人（贷方）的发起过程、生产渠道、质量控制，以及定价和业务战略。然后，他必须根据给定债务池的特点调整模型，并找出对它们进行压力测试的正确方法。这涉及可能影响RMBS或CDO表现的相关经济因素的各种观点，涉及最糟糕的情况是什么，以及对抵押贷款行业趋势的一种总体理解。其中一个机构以这种方式解释了他们的流程：

> 理解违约情景可能是损失给定分析中最具挑战性的。在有限数量的情况下，损失可能即将发生，因此背景已经确定了。但在大多数情况下，有必要做出某些假设。分析师必须具有创造性，但要避免过度推测或猜测。（Standard and Poor's，2006，p.64）

评级委员会还审查交易的法律文件。对于更复杂的CDO而言，法律审查就变得更加复杂，并且可能与其他特殊目的载体有复杂的联系，例如，通过信用违约掉期或拥有其他CDO的一些层级。在发布最终评级时，委员会不仅要考虑特定RMBS的每一层级的适当评级，还要考虑模型是否合适，或者是否需要修正或改进以备将来使用。自2000年以来，所有机构都对其统计方法进行了多次更新。

此外，CDO必须受到监督，分析师必须不断调整和重新调整积极资产管理的规则，因为，围绕评级机构施加的日益复杂的限制，CDO发现了更为创新的方式来作为获得有利评级的条件。到2005年，被评级的CDO数量如此之高，时间压力是如此之大，以至于许多这些判断因素逐渐淡化了，尽管它们从未消失过。最后，评级仍然由委员会投票决定，在一些情况下，定量分析的结果被推翻了（SEC，2008a，p.14）。然而，与针对消费者的完全自动化的评级（评级是在几秒钟内完成的且没有任何人为干预）相比，对结构化金融工具的评级仍然保留了人工判断因素，正如我们将在后面看到的那样，这会使评级机构开始收取腐败费用。

次贷危机

次贷危机使我们更深入地了解针对公司和消费者的评级方法的优势和劣势，因为两者都在其中发挥了核心作用。崩盘的前兆是房价长期大幅上涨，再加上低利率，导致了基于未来价格上涨的预期所进行的大幅放贷：即使所有权人违约，贷款人的损失也将由房地产升值所补偿。为信用指标低于安全（或优良）水平的人们开发了一个宽广的次级抵押贷款市场。[25]向次级抵押贷款借款人提供贷款的风险不仅仅是因为借款人曲折复杂的历史，其不稳定的财务状况，而且还因为自我实现的预言：低分借款人收到的条款更差——更高的利率，没有宽限期，错过付款将遭到更高额罚款等——这使他们更有可能失败。

然而，银行没有将抵押贷款保留太长时间。为了避免留出法定的债务准备金，并且希望尽可能多地收取贷款费用，银行急于从账面上拿走债务，银行通过证券化手段将抵押贷款出售给了其他人。[26]

FICO在危机中的作用

自危机爆发以来，FICO及其评分受到强烈批评。惠誉的一项研究表明，2006年违约和非违约贷款的平均FICO评分差异仅为10分，考虑到得分的规模，这种差异非常小（表3-1和表3-2）。[27]

表3-1　按年份划分的FICO评分和其他与次级抵押贷款的早期违约相关的抵押品属性

年份	平均余额	FICO	LTV (%)	CLTV (%)	% OF Low Docs	% with Piggybacks	% of Purchase Loans	% in Calif.	WAC (%)
到第12月为止违约的贷款（逾期超过90天）									
2003	146,219	589	82	83	41	19	33	20	8.44
2004	157,827	593	82	85	43	22	40	19	7.82
2005	180,730	604	82	88	48	36	50	22	7.78
2006	221,148	615	82	89	54	46	56	31	8.40
在第12月时履约的贷款（逾期未超过90天）									
2003	155,236	620	80	81	34	14	27	32	7.59
2004	174,634	624	81	83	38	20	34	34	7.07
2005	194,163	627	81	85	40	28	39	31	7.13
2006	205,773	625	80	85	43	33	42	17	7.94

资料来源：惠誉，次级抵押品趋势和提前付款违约，2007年4月。

注：LTV：贷款增值。CLTV：合并贷款价值比（包括第二项抵押等）。WAC加权平均息票。FICO：Fair Isaac Co. 评分。Low Docs：低凭证抵押贷款。% with Piggybacks：有背负抵押贷款（Piggybacks，房子两项抵押贷款）的人的百分比。% Purchase：购买新房屋而不是为现有房屋再融资的贷款百分比。% in Calif.：在加州的占比。WAC（%）：加权平均息票。发行证券时，抵押贷款池的加权平均总利率是抵押支持证券（MBS）的基础。

更令人费解的是，跟关于次贷危机的通常叙事相反的情况，那种叙事指责越来越激进的贷款人在申请人群体中向更高风险的借款人发放贷款，近年来借款人的FICO评分不仅没有下降，而且显示稳步增长。[28]很快就会发现，当还款人和未还款人的评分几乎相同时，FICO评分就成了一个非常不准确的预测因子。它有着惊人的失败。雷曼兄弟在2006年出售了12亿美元的次级贷款组合，预计其FICO评分的违约率为5%，但在18个月内，违约率已经达到了15%（Maiello，2007）。

为了回应批评，FICO从其主张严格正规化的强硬立场退缩，开始提出更温和的主张：

> 重点是FICO评分只能为你承担一部分的风险。最佳的实践表明，贷方应评估尽可能多的因素，并在确定贷款策略和评估贷款组合的表现时了解与所有因素相关的风险。（Foster，2007）

表3-2 按产品类型划分的证券化产品的信用趋势

	2003	2004	2005	2006
FRM				
贷款规模	$145,000	$162,155	$173,401	$164,369
票面利率	7.38%	7.03%	7.09%	8.01%
FICO	637	642	636	636
LTV	78%	77%	77%	78%
CLTV			79%	80%
% simultaneous seconds			12%	12%
购买	15%	17%	19%	16%
信息透明贷款	71%	69%	68%	70%
ARM				
贷款规模	$166,235	$181,424	$206,631	$224,805
票面利率	7.61%	7.17%	7.22%	8.06%
Margin		5.92%	5.89%	5.99%
6个月平均LIBOR		1.70%	3.76%	5.28%
折现率[b]		0.55%	2.43%	3.21%
FICO	607	615	622	624
LTV	81%	82%	81%	79%
CLTV			87%	87%
% simultaneous seconds		25%	31%	39%
购买	30%	35%	41%	47%
信息透明贷款	66%	60%	53%	51%

资料来源：穆迪 2005 年回顾及 2007 年展望：房屋净值 ABS（Asset Backed Securities，资产支持证券），2007 年 1 月。

注：FRM：固定利率抵押贷款。ARM：浮动利率抵押贷款。LTV：贷款价值比率。CLTV：合并贷款价值比（包括第二项抵押等）。% Simultaneous seconds 表示作为低权益或无权益贷款计划一部分而与第一留置权贷款一起产生的第二留置权贷款，例如，80/20 组合的 80% 第一和 20% 第二留置权贷款 =100%LTV；LIBOR：伦敦银行同业拆借利率，即一家银行向另一家银行提供的无抵押贷款利率。

a：年度统计数据是该年度季度加权平均统计数据的平均值。

b：折现率的计算方法是完全指数利率减去息票。大部分次贷可调整利率抵押贷款都以 6 个月的伦敦银行同业拆借利率为指数。

FICO评分产品经理所倡导的听起来非常像一种评判方法，FICO评分只是一个输入方。FICO还采取了积极主动的措施，在2008年3月，它推出了一项新的、经过改进的FICO评分。

公司评估者的角色

公司评级机构受到了更大的批评。美国国会目前正在调查他们对次贷危机的责任。美国证券交易委员会发布了一份详细的报告，对评级机构的表现提出了异议，并提出了新的法规以强化评级过程，而各机构也承诺要采取"补救措施来解决问题"（SEC，2008a，p.37）。在下一节中，我们将讨论评估消费者评分和公司评级的五个因素：反应性，内生性，学习，相关结果，以及利益冲突，并特别关注正规化的作用。

评级出错的地方

操演性

信用评级不仅仅是一种预测性和描述性的练习，它也是操演性的；在这个意义上，评级过程干扰并改变了它所描述的内容（Callon，1998；MacKenzie，Muniesa & Siu，2007）。我们讨论了两种形式的操演性：反应性和内生性。反应性影响测量，内生性干扰因果过程。

反应性: 博弈系统

评级所依据的数据由社会过程中的社会参与者产生。没有任何测量是完美的。指标与其所指向的概念之间始终存在差异。FICO评分是信誉度的指标，但它绝不是一个完美的分数，即使评分的拥护者也很快承认这一点。FICO所使用的数据很奇怪。FICO的早期版本基于借款人提供的信息，得出的分数被称为原始分数或普通分数。然而，在今天，FICO完全根据人们的信用记录进行，即由其贷方提供的信息来进行计算。这种评分被称为行为评分，不会因借款人提供错误信息而被直接操纵。数据在一个封闭的标准化系统中流通，从贷方到信用机构再到贷方，借款人甚至不知道它发生了。由于无法访问评级系统，消费者必须更改贷方的报告才能提高其评分。

正规化促进了透明度。透明度与贷方联系在一起，这正是正规化成为解决美国的贷款歧视问题之方案的原因。透明度也使借款人更容易操纵系统，因为贷方（或评估机构）有义务披露其操作方法，使得借款人有机会学习到在不提高信誉的情况下提高分数的方法，从而利用指标和概念之间的差距。FICO注意到这个问题，为了保护其专有权益[29]它已尽其所能保持其算法的秘密。多年来，它非常成功，人们甚至没有权利知道他们自己的FICO评分，除非根据这些评分他们被拒绝贷款。自2000年以来，当加利福尼亚州迫使贷方披露评分而不管贷款是否决定时，FICO改变了策略，现在任何愿意付费的人都可以购买他的评分。FICO现在提供了对评分的各个组成部分的非常一般的描述，但不提供其技术细节。平均信用评分上升的开端恰好与部分解除秘密面纱的时间相吻合（图3-1和图3-2）。

改善评分本身并不意味着有效性下降。FICO和信用机构通过帮助他们着手解决个人财务问题，来让人们理解他们的评分并改善他们的评分，并学习如何提高信誉度，从而使信用评分成为透明度的结果。[30]

我们如何判断FICO评分的整体改善是由于人们真正改善了财务状况而不是因为他们与这个系统的博弈的水平提高了？我们应该会看到整体平

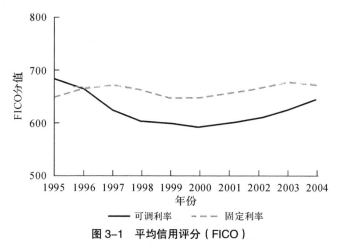

图 3-1　平均信用评分（FICO）

资料来源：Chomsisengphet and Pennington-Cross (2006, p.44)。经《圣路易斯联邦储备银行评论》（Federal Reserve Bank of St. Louis Review）的许可使用。

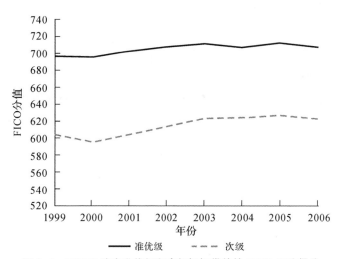

图 3-2　RMBS 池中准优级和次级抵押贷款的 FICO 平均得分

（1999—2006 年）

资料来源：Ashcraft and Schuermann (2008, p.16). 注意：准优级抵押介于初级和次级住房贷款之间。

均信用评分增加了，但是履约和不良贷款的平均评分没有变化，只是总体违约率下降了。正如我们在表3-1中看到的那样，情况并非如此。在2003年至2006年期间，不良借款人的平均评分增长，而优良借款人的平均评分保持不变，而总体违约率则上升了。

情况是否有可能是这样：FICO没有改变，但违约在总体上更难以避免了？毕竟，一旦房地产市场开始下跌，前几年能够跟上抵押贷款的人就会被价格急剧下跌的力量推向违约。首先，我们必须注意到，直到2006年底才出现危机。事实上，自2000年以来利率下降，2002年至2005年间的违约率也出现了下降（Mian & Sufi，2008）。其次，如果不知怎么的，违约变得更容易发生了，那我们不仅会看到违约人平均评分的增长，而且还会看到继续还款的人的平均评分的增长，但我们没有看到这种情况。违约率的整体上升只会使剩下的非违约组中的借款人更加强大，而且该组的评分也会更高，但没有证据证明这一点。

那情况是否可能如此：不是借款人在与系统博弈，而是因为不知何故，掠夺性贷款导致了FICO评分预测能力的下降？掠夺性贷款确实增加了违约的可能性（尽管只是在一段时间之后）。也许在这种分布的低端，评分确实增加了，但人们陷入了不良贷款中。违约的人有更高的评分是因为他们更有信誉，但由于他们现在背负了更难承担的抵押贷款，他们仍然会失败。这种机制可能发挥了作用，但德米扬克和范赫默特的研究（Demyanyk & Van Hemert，2008，p.15）表明，即使在控制贷款条件之后，FICO评分预测拖欠和取消抵押品赎回权的解释力也大幅下降了。

实际上，整个行业都会为人们提供提高他们的评分的建议，无论是否能提高他们的信誉（Foust & Pressman，2008）。今天，人们可以找到无数的网站提供信用评分模拟，人们可以运行假设情景，通过更改一个或多个关于他们的信用记录的事情来了解他们的FICO评分将如何受到影响。[31]关于人们如何在短短几天内提高他们的信用评分，互联网上到处都有建议，有一些是精明的，但有一些是错误的。

这些技巧现在已广为人知。由于FICO根据可用信用额度来计算信用，因此人们不应关闭未使用的信用账户。人们还可以通过向朋友借钱来偿还债务，因为债务突然短期下降会提高评分。摆脱几千美元的贷款可以使　个人获得数万美元（以较低的利率），然后他可以从新的更大数额的贷款中拿出钱偿还这位朋友。使用信用卡购物是明智的，但只有在立即还清款项的情况下是如此。任何人都可以通过互联网购买到的一种修复信用的方法是作为"授权用户"被添加到具有优秀付款历史的陌生人的信用卡中。这最初是为那些可以通过被添加到父母的信用卡账户中从而获得一张卡片的青少年，或者是为想要共同使用一张卡片的配偶而设计的。授权使用其他人的卡片可以使FICO评分暴涨约35分，如果这张卡有良好的还款记录的话。据说新的FICO评分忽略了"授权用户"账户（短期更改合法授权用户）。现在，一种新的与系统博弈的方式是购买"经验丰富的账户"，一个人可以将自己的名字添加到一个账户中，该账户在关闭之前由其他人提供了完美的信用记录。这个还过款的账户将被计入一个人信用记录历史中，从而将评分提高35～40分（Morrissey，2008）。这些策略都没有真正改善一个人的财务状况[32]，或降低一个人违约的可能性，但他们提高了FICO评分。大多数这些技巧可能不会让一个人从分布的底部弹到顶部，但可以提供足够的额外点数来推动他的信用到在临界线之上，从而使原本被否决的贷款得到通过，或者在贷款上获得了更好的条款。

大多数系统博弈涉及利用系统中的漏洞而不会引起任何非法行为。然而，有些伎俩明显违反了法律，而且这些伎俩主要不是由客户实施的（因为他们无法直接访问信用档案），而是由抵押贷款经纪人和贷款人实施的。例如，一些经纪人据称通过使用PDF密码删除程序2.5（一种可从网上获得的免费软件来越过密码保护）攻击了各信用评级机构向贷方发送的信用报告。一些贷款人还会向客户发放"专有信用账户"，他们要为此付费，但不能使用这笔钱，然而却可以改善他们的信用记录（Foust＆Pressman，2008）。

专家判断决策也不能免于被博弈的危险，但正规化和透明度使博弈可用于更广泛的圈子。公司评级机构使用客户提供的数据。尽管财务数据是高度标准化的，但其他信息必须从有意歪曲评价措施以为己用的借款人那里提取出来。在对公司债券进行评级时，信息通常关乎解释。如何评估产品和竞争对手的未来或评判管理层及其战略的质量，是高度"定性的"、复杂的和评判性的。相比之下，用于评估消费者的数据相当简单。关于准确性的争论很少是解释性和评判性的，而是关于发生了什么和谁负责的争论。相反，公司数据为解释留下了更大的空间。这就是为什么当公司被评级时，"对话"甚至上门访问都是必要的。

在对RMBS和CDO进行评级时，机构在流程的前端保证透明度，以至于他们将分析师用于评估的软件提供给CDO或RMBS的统筹者，后者可以通过软件获得有关如何重组这些证券以达到最佳评级的信息（Benmelech & Dlugosz，2009）。[33]发行人能够朝对自己有利的方向调整其抵押贷款池的结构。原则上，评级委员会仍会审查发行人提供的数据的可靠性，并检测任何意外的失真情况。

公司评估者比消费者评估者更多地接受透明度，因为他们的付费客户是要求获取透明度的发行人。消费者评级机构的客户是"投资者"（贷方），而非债务发起人（借款人）。公司债务发起人要求有透明度，不然的话，他们可以将业务带到其他地方。然而，公司评估者依然有机会利用专家判断来发现滥用行为；阻止一些与系统博弈并加以适应的尝试。专家判断没有成功地发挥作用，这与我们接下来还要讨论的突然增加的工作量和利益冲突有关。

与系统进行博弈是一种反应形式（Espeland & Sauder，2007），属于自我挫败机制的范畴。当做出预测的结果使预测变得不太可能实现时，就会发生自我挫败机制（Buck，1964）。这也被称为"反抗性"（MacKenzie，2006）。从长远来看，与系统博弈是预测方式的结果，这使得这些预测变得更糟，从次贷危机的例子就可以看出这一点。

内生性

评级过程假设，是债务人的风险决定了其评级，而不是相反。用统计学的说法，这意味着信誉在评级方面基本上是外生的。某种程度上，这在消费者和公司领域显然都是不真实的。对于消费者而言，低分导致较差的贷款条件，这反过来又会增加了违约风险。在这里，分数至少是信誉的部分原因，而不仅仅是其后果。这是不可避免的，即使在某些情况下信誉可能发挥的作用小到可以忽略不计。然而，有三个原因导致内生性问题具有重要意义。

第一，某项贷款的表现不佳，以及随后的信用评分下降，会对其他现有贷款的条款产生影响。最重要的是，如果一个人的信用评分因为抵押贷款没有偿付而导致信用评分下降，那么他的信用卡债务条款就会面临加息的危险。由于信用卡公司可以通过15天通知更改其卡片的条款，因此没有任何东西可以阻止他们提高一项已有的无关债务的利息，从而要求持卡人支付更高的费用，这使他更难以偿还其抵押贷款，并使他的评分进一步降低。

第二，在美国，信用评分不仅用于贷方评估信誉，还用于评估其他许多方面。房东经常咨询评分机构以决定是否租房子。信用评分较低的人更有可能被拒绝或被要求进行大额存款。雇主在制定招聘决策时也使用信用评分。信用评分低的人不太可能获得某些工作。很容易看出一段时间的失业将如何导致该人无法偿还贷款，然后被降低分数，最后失去工作机会，这反过来又会导致更多的违约。百分之九十五的美国汽车保险费基于信用评分，而经济困难的人将不得不支付更多费用来驾驶他们的汽车，这使他们更难摆脱经济困难。

第三，次级贷款以弱势社会群体为目标。这些人往往是低层的中产阶级和工人阶级，通常是少数民族，他们几乎没有储蓄，资产很少，技能有限，地理流动性有限，无法追求最佳就业机会。他们过着岌岌可危、朝不保夕的生活。这就是他们是有风险的借款人并且信用评分低的原因。对他们来说，信用评分的微小变化会产生重大影响。没有经济上的缓冲，他们很快就会发现自己处于财务困难的恶性循环中，因为低分导致的财务困难更加严重，在这个循环中评分既是经济破产的原因，也是其结果。

信用评分在美国的广泛影响力可能意味着FICO的业务活跃，而信用机构也开辟了可以售卖评分的新市场。银行也可能会发现，非金融机构也会通过增加违约的成本来惩罚不良借款人，并使信用评分成为社会纪律的工具。在正常情况下，内生性提高了信用评分的预测能力，因为遵循马太原则（给那些已经拥有的更多，并从那些已经拥有很少的人那里拿走）[34]这会促使获得低分者违约而获得高分者保持立于不败之地。[35]

同样的内生性问题困扰着公司评级。正如人一样，公司也发现一旦被降级就更难履行偿还贷款的义务，因为这会使他们借入的新资金变得更加昂贵。内生性较少影响RMBS的评级，因为与人与公司不同，RMBS只借入一次：当它们被出售给投资者时。较高的评级不会使RMBS的违约率更低或更高，因为其"行为"仅取决于个人抵押贷款的行为。[36]

与反应性不同，内生性使预测更好。它不是一种自我挫败，而是一种自我实现的预言。它说明了巴恩尼亚（Barnesian）操演性的概念（MacKenzie，2006）；通过描述现实，评级使得现实更接近于描述。

学习：被省略的变量问题

正规化决策的核心算法取决于一组预先指定的变量，因此，它不具备太多的学习能力。评分模型为每个因素赋予不同的权重，并且他们在新数据的帮助下不时更新权重，以反映因素的相对重要性的变化。失去其相关性的因素可能权重最终会接近于零。然而，那些模型中被省略的因素（因此假设为零权重）将永远不会出现。该模型假设我们预先知道相关变量是什么，并且它们的列表只能通过减法来改变。事实上，FICO评分必须凑合着使用信用登记处收集来的数据。在专家判断的决策方面没有这样的必要限制。原则上，如果专家认为有必要，他们总是可以决定在考虑特定案例时添加新因素。

被省略的变量是FICO评分的一个严重问题。艾弗里、波什提克、卡勒姆和坎内（Avery，Bostic，Calem & Canner，2000）表明，忽略与当地经济条件相关的变量会严重歪曲和削弱评分模型。在次贷危机中，一个缺失的变量就是收入。由于FICO评分不包括它，收入通常由抵押贷款人单独检查。在决策过程中增加收入主要是通过使用一个简单的公式来完成的，其中最大贷款偿付额被设定为申请人收入的一个百分比。在表3-1中，人们可以看到"低凭证贷款"，在大多数情况下，申请人的收入未经核实的贷款，其违约更为常见，其份额随着时间的推移而增长。

FICO评分中也没有任何关于抵押品的信息，因为贷款价值比不包含在一个人的信用记录中。修正的贷款价值比（CLTV）包括二次抵押贷款和房屋净值贷款，在2003年至2006年间增加了6%。在一个人的家中，股权和抵押品的数量已经下降，并成为违约的一个非常强的预测因子，与信用评分不同，其预测力度随着时间的推移而增长（Demyanyk & Van Hemert，2008）。事实上，CLTV不仅成为预测谁不还款的关键所在，也影响了信用评分的作用；如果CLTV很高，那么FICO评分较低问题也不大，而如果所有者在其家中拥有很少或没有资产，或只有负资产，那FICO评分就更重要了。

同样重要的是要记住，FICO评分是一种普遍的衡量标准。它不区分各种类型的贷款，同样的分数用于信用卡和住房抵押贷款。[37]此外，各种贷款的条件（利率，购买物品的实际价值等）也没有出现在信用记录中，因此也来自FICO评分。

讨论其评级标准的评级机构使用的是一般性描述并通过示例来进行解释，而不是通过呈现一张罗列各种因素和计算方法的表。这使得他们在其总体框架中可以包括新因素，并为已有的因素安排不同的计算方法。在更标准化的RMBS和CDO评级体系中，新增变量有两种产生方式。首先，定期更新分析软件（例如，Fitch，2007a，2007b，2009）。这些更新通常包括压力测试中使用的新变量。其次，在对贷方及其抵押贷款发放计划进行评估，以及调查可能影响抵押贷款市场的较大经济趋势时，可能会出现新的变量。

结果之间的相关性

像FICO这样的评分算法假设每个借款人在统计上独立于所有其他借款人。这相当于假设一个人的违约仅取决于一个人自己的特征（或以前的信用行为），并且不受其他人的违约的影响。但是，违约通常具有很强的相关性（Cowan&Cowan，2004）。在房地产市场，这种相关性非常明显。丧失抵押品赎回权会影响整个社区的住房价值，压低房地产价格。由于一些房产的价格跌至权益线以下，人们认为没有理由继续按揭支付，就会出现新的丧失抵押品赎回权，从而产生更低的房价，进而出现更多的丧失抵押品赎回权的恶性循环。违约的抵押贷款也抑制了建筑需求，这可能导致进一步的违约，因为那些在建筑行业工作的人失去了工作。在当地劳动力市场，借款人失业会增加另一个人失业的可能性，如果他们的工作以某种方式联系起来的话。

相关性也可以通过模仿出现。看到其他人放弃他们的贷款，就使这样的做法更容易被人所接受，这就导致了一连串的违约。事实上，一旦违约到达临界值，问题就会被重新定义为需要政府干预的集体性的、政治性的问题。[38]这进一步增加了政府救济的诱惑。

在消费者市场中，两项贷款之间的联系不那么直接，违约相关性可以被认为是被省略的变量问题的特例。房地产价格或当地失业率可以作为附加变量，但它们不能完全解释多米诺骨牌效应产生的波动性。

在公司贷款中，相关性更为直接。如果一家银行向面粉厂和购买面粉的面包店提供贷款，那么面包店的违约直接影响到面粉厂偿还债务的能力。不需要任何更一般的因素作为这两项违约的基础。对相关违约进行建模会使得模型极其复杂，并且变得不可能，除非可以对相关性做出简单的、一般的假设。

资产相关性是金融理论中的一个大话题。RMBS和CDO的评级严重依赖于相关违约的正规模型。相关违约对结构性金融工具提出了特殊的挑战，因为分层的主要目的是构建一种定价方案，将不同风险水平分开，以便较低风险层级能保障较高风险层级。资产高相关性使这种分层变得困难。在受限的情况下，当资产相关性为1时，整个池都变为单个项目，因为如果一项资产失败则所有其他资产都将失败，相反，如果资产表现良好，则所有其他资产也必须执行相同操作。分层取决于资产在某种程度上独立于其他资产的事实，并且分层线也取决于这种相关性的程度。其他一切都是等价的，如果资产相关性增加，则较低的层级受益，因为如果事情进展顺利，他们与顶层的联系将使他们有偿债能力，如果事情变得糟糕，他们是第一个离场的，也不会去管是否拖累上面的层级。对于更高的层级，低相关性是优选的，因为不这么做的话，他们就无法获得他们在接受较低的点差时付出代价而应得的保护。[39]

自2004年8月以来，穆迪和标准普尔使用一种被称为高斯耦合（Gaussian copula）的方法估计相关违约，并提供了一个相对简单的公式。这些计算不是基于贷款如何一起运动的历史观察，而是基于每个贷款的保险价值之间的关系（Li，2000）。这个模型从一开始就受到批评（Malevergne & Sornette，2003；Gregory & Laurent，2004），并且自崩盘以来一直受到中伤（Taleb，2007；Salmon，2009），但依然被评级机构广泛使用——尽管不是唯一被使用的模型——因为它为一个棘手的复杂问题提供了一个简单的解决方案。[40]一个麻烦的迹象是"相关系数微笑"（"correlation smile"），也就是市场所暗示的资产相关性在各个层级中并不统一，在最高级和最初级中更高，而在夹层中较低（Feld，2007；Hager & Schoebel，2006）。这表明基于高斯分布、钟形分布和正态分布的高斯耦合低估了"胖尾"（fat tails），即观察到非常高或非常低的相关性的可能，因此低估了发生那种金融灾难的可能性，从而为这些层级做出错误的评价进而做出错误的定价。

在RMBS的情况下，违约的相关性不仅归因于经济、政治和社会力量，而且还归因于抵押贷款来自同一贷款人，并由同一服务商提供服务。如果抵押贷款是以系统性错误的方式授予的（例如，如果发起人过于宽松或总是忽略某些类型的警告信号），或者负责收取和催收还款的服务人员没有很好地履行其职责，违约相关性也会上升。此外，还有一种模型风险，即估计模型中的失真，贷款人使用这种模型来放款，这也可能导致违约的相关性。事实上，贷方都使用的FICO评分的恶化就是模型风险出错的一个例子。

某些形式的资产相关性，例如贷方产生的资产相关性，可以通过简单的机制，而评估者可以不用复杂的（通常是难以处理的）统计模型来理解它们，而是使用定性知识，这种知识或许无法提供高精度数字，但会产生比由无知或错误模型得出的更好的结果。

利益的冲突

因为公司评级是"意见"，评估者有自由裁量权。美国立法者正在研究的一个问题是，这种自由裁量权是否以自私自利的方式被行使了。发行人支付给评级机构费用，发行人需要良好的评级。现在正在调查的指控是，评级机构是否会因为他们想要这项业务，而放弃投资者，并为抵押贷款支持证券提供比他们应得的更好的评级。

在经济学方面，大量文献认为评级机构永远不会屈服于机会主义，因为他们必须支付巨大的声誉成本（例如：Covitz & Harrison，2003；Walter，2004；Crockett, Harris, Mishkin & White，2004，p.75；Dittrich，2007，pp.112-113）。在没有直接数据的情况下，经济学家不得不拿结果来争辩。他们表明，未经请求的评级（不是由发行人支付费用的评级）显著较低的事实主要是由较差的发行人试图避免被评级导致，而他们的评级低只是反映了他们本身的劣质。另一种观点认为，未经请求的评级较低是因为它们反映了因无法获得发行人的内部信息而产生的不确定性（Byoun & Shin，2002）。由于市场似乎还算运作良好，所以很难说利益冲突产生了有害影响。[41]

现在可以通过国会听证会和证券交易委员会进行的调查获得直接证据（SEC，2008a，2008b）。在他的国会证词中，穆迪的前信用政策总经理回忆说：

> 1994年夏天《财政与风险管理》（*Treasury & Risk Management*）上发表了一篇题为"对评级机构进行评级"的文章，对评级公司的理念产生了深远的影响。它提出了关于"我们的客户是谁？"以及"如何最好地与他们打交道？"的问题。管理层团结一致努力使公司对发行人更加友好，因为当时发行人是主要的金主。在我看来，穆迪的重点从保护投资者转变为营销驱动型组织。该公司开始强调客户服务，并对客户态度进行更详细的调查。我认为，这种转变的第一个证据表现在2001年该行业危机期间大型电信公司的错误评级上。（Fons，2008，p.4）

美国证券交易委员会的报告发现，这三家机构正在争夺更大的市场份额，并积极地寻求客户。这是由高度集中的发行人所激起的。只有12名统筹者负责所有RMBS的80%业务，11名负责所有CDO业务的92%。因为评级RMBS是一项非常有利可图的业务，这些机构都不愿意疏远他们的大客户。据透露，他们还违反了不让分析师参与同发行人的费用谈判的内部规则，报告还抱怨说，旨在禁止分析师通过他们的评级，从个人持有的证券中获利的规则并未在所有情况下得到执行（SEC，2008a, pp.23-32）。

批评者呼吁更加正规化、透明化、标准化的方法，以及更多的监管和外部监督。没有人会责怪FICO有任何这样的错误。虽然公司评级机构被指控腐败，但FICO也被指责推销其评分，乃至兜售低质量的产品。

结论

正规化的模型和自动化具有以下优势：它们使决策更便宜、更快，它们能处理大量数据并防止受到腐败或偏见的指控。然而，由于正规化模型是机械的，它们不太适合处理反应性和内生性。除非有特定措施让算法保密，否则正规化会提高透明度。透明度提高了反应性，而这反过来又使模型具有更多操演性，而具有更少描述性。在次贷危机中，反应性导致了FICO评分崩溃，因为它削弱了评分的预测能力。在20世纪90年代，当FICO的模型还保密时，它的成功部分是由内生性推动的。

"巴恩尼亚操演性"有助于提高FICO评分的预测能力。在公司评级方面，透明度产生了类似的反应性问题。专家判断可以作为对操演性的检查，但是利益冲突和压倒性的工作量阻止了公司评估者使用它来对抗和纠正反应性。

由于正规化模型要求评估者事先知道所有相关因素，因此正规化难以包含新变量。这些模型所需的标准化计算方式的不灵活性加剧了这种情况。FICO的实用性越来越受到影响，不仅因为它被博弈了，而且还因为它忽略的一些因素——最重要的是抵押品或房地产权益——随着情况的变化而愈加突出。专家判断不需要这种预先承诺，公司评估者会拼命追赶房地产市场的变化。

观察值之间的相关性造成了一种复杂性，而这种复杂性无法通过全自动模型来解决。基于独立观察的简化假设可以在一定范围的条件下运作，但在该范围之外，如一场危机发展时，正规化模型就会被颠覆。

决策系统中的专家判断总是有引发利益冲突的可能性。最近的证据表明，公司评级机构并未因玷污其声誉的威胁而杜绝自私行为。然而，公司评级机构不太可能承担法律责任，因为他们的评级受第一修正案的意见保护。

政策含义

政策含义借鉴了我们讨论消费者评分和公司评级时所明确的五个问题：

操演性/反应性。正如我们为消费者评级机构所展示的那样，当正规化与透明度结合时，与系统博弈就是非常有害的。尽管正规化和透明度都有着反偏见和公平的规范和价值观，但它们在一起会对金融体系产生不稳定的影响，因为透明度使行动者能够找到绕过规则的方法。然而，降低透明度既不可取，也是徒劳的。之所以不可取，是因为透明度提供了防止随意性的保护；之所以徒劳，是因为无法对算法保密。此外，法律也要求透明度，因为ECOA明确指出人们必须理解为什么他们的评分太低，以及他们该如何改进它。

第一种解决方案是接受博弈过程。然后，评级机构将不得不监控这些新技巧，并在无休止的追赶游戏中快速关闭漏洞。

第二种解决方案是放弃评分是一种预测和一种认可方式的想法。正如保险公司给出明确定义的奖惩分数一样，评级机构可以使用非常简单的规则来做同样的事情，因此比当前的评分过程更加透明。这些规则可以在所有贷款合同中明确列出。然后需要一个专家判断过程来纠正错误。

操演性/内生性。尽管我们无法阻止内生性，但我们可以在消费者贷款中减少这种现象。在信贷市场之外广泛使用信用评分使得信用评分对人们的生活具有巨大的影响力。限制信用评分的使用会削弱自我实现的预言效果。

学习/省略变量问题。可以通过不完全依赖于正规化方法，而是将评分与专家判断相结合的方式来减少省略的变量问题。例如，德国禁止银行仅根据Schufa（德国的FICO）得分来决定消费者信贷。

结果之间的相关性。没有已知的方法不管是正规化的还是专家判断的，可以解决相关性的预测问题。因此，监管的目标应该是削弱相关性和相互依赖性。目前关于减少金融市场波动性的建议，例如限制杠杆或禁止某些复杂的综合金融工具，都体现了这一想法。通过监管来解耦金融流程将牺牲短期效率而获得长期稳定性。应重新考虑将商业银行和投资银行业务分开的1933年银行法案《格拉斯－斯蒂格尔法案》（Grass–Steagall Act）。

对于个人抵押贷款，增加最低首付款将削弱在房产价格下跌时的违约相关性，而在繁荣时期它也会减缓房地产投机。

利益冲突。更多的正规化和透明度可能会消除公司评级中的利益冲突，但会产生新问题，正如我们在本文中所论述的那样。尽管美国证券交易委员会没有正确执行目前针对利益冲突的规则，但问题的根源在于"发行人付费"的模式，这种模式因发行人的集中而加剧了。通过限制发行人的集中度可以减轻这个问题。一个更激进的解决方案将从重新考虑评级机构的作用开始。评级机构是准垄断者。他们提供公共产品，因为他们将信息免费提供给每个人，这就是该行业不得不放弃"投资者付费"模式的原因。此外，他们参与了授权给它们并监督它们的国家的监管工作。由于公司评级是公共产品，因此一个由营业税或许可费提供资金（而不是由个体发行人提供）的公共机构可以更好地提供这些评级。公共评级机构不仅应在财务上独立于发行人，而且还要接受某种程度的公众监督（即使是受严格监管的私营公司也不会受到这样的监督）。

注释

[1] 文献通常一方面使用临床的、专家的、主观的、非正规化的、凭主观印象的措辞，一方面又使用精算的、统计的、机械的、正规化的、算法的措辞（Grove & Meehl，1996）。

[2] 谁可以访问这些透明规则是我们稍后会讨论的另一个问题。

[3] 根据1997年的一项调查，该行业中有1000家公司雇用了22000名员工。小型的本地信用报告公司大多数会许可三巨头使用它们自己的数据或向三巨头出售数据。

[4] 每个机构都对FICO评分有自己的名称：美国和加拿大的艾可飞有BEACON，美国环联有FICO风险评分，益百利有Experian / Fair Isaac风险模型。2006年，三巨头——或者更确切地说是三胞胎——推出了他们自己的统计评分技

术VantageScore，其评分方式与FICO相似。现在两者都可用，尽管FICO仍然占据主导地位（www.VantageScore.com）。

[5] 房地美和房利美主要关心的不是准确性，而是成本和标准化。为了捆绑来自不同贷方的住房贷款，他们需要用一种方法来比较来自多个来源的贷款风险。

[6] http://www.fairisaac.com/NR/rdonlyres/DA689E4A-08E8-42C7-9DD0-1D87FA6ED726/0/UnderstandCreditScoreBklt.pdf.

[7] 两到三年是指预测的期限，而不是未还款项的期限。

[8] 最近，信用登记处开始提供汽车贷款的特殊评分。

[9] 缺少数值是一个严重的问题。很多人有的都是所谓的"薄文件"，因为他们的信用记录简短或非常简单。为了估计他们偿还贷款的可能性，FICO必须首先估计其信用记录中缺失的要素。

[10] 例如，银行储备取决于其资产的NRSRO评级。根据NRSRO的判断，货币市场基金不能将其投资组合的5%以上投资到二级证券，1%以上投资到同一个二级发行人的证券（由NRSRO判断）。保险监管机构还使用NRSRO的评级来评估保险公司储备的财务实力。

[11] 截至2008年9月，有Dominion Bond Rating Service Ltd.，Egan-Jones Rating Company，Japan Credit Rating Agency，Ltd.，Rating and Investment Information Inc.，A.M. Best Co.，LACE Financial，Realpoint LLC。

[12] 见1934年修订的《证券交易法》（Securities and Exchange Act）Section 3（a）（61）（B）。

[13] http://www.moodys.com/moodys/cust/AboutMoodys/AboutMoodys.aspx?topic=rapproach.

[14] http://www.fitchratings.com/corporate/fitchResources.cfm?detail1⁄41&rd_file1⁄4intro.

[15] 惠誉目前被法国人拥有。

[16] 就工作人员的工作而言，它变得完全透明了。但这并不意味着管理者真正理解计算机的工作。

[17] 大多数参考文献都是由FICO本身进行的研究，是作为其宣传介绍的一部分。

[18] 在1999年的一项调查中，63%的机构投资者表示他们更依赖自己的内部信用评级，而不是大型评级机构提供的信用评级（Baker & Mansi，2002）。

[19] 穆迪的KMV预期违约频率（EDFt）RiskCalct。

[20] 没有抵押贷款被分配到这些层级中。投资者不投资于特定的抵押贷款，但他们投资于风险。哪项抵押贷款违约并不重要，第一批抵押贷款进入"权益"层级，然后依次向上一级攀升。

[21] RMBS可以被视为一种CDO，债务抵押品是一整套稳定的住房抵押贷款。

[22] 该模型类似于产生普通FICO评分的模型，其中预测因子是贷款的一般特征，而不是其先前的行为。

[23] 例如，FICO评分在1995年之前没有被广泛用于抵押贷款，因此在该日期之前信用评分大多不可用。

[24] 惠誉使用公共样本选择模型，同时估计违约概率和违约者的损失比例。这种模型提出了与后面将讨论的FICO评分的计算方式完全相同的统计问题。

[25] 房利美和房地美将次级抵押贷款借款人定义为FICO评分低于620的人。

[26] 许多银行确实保留了其RMBS和CDO中最安全的部分（超优先层级）。

[27] 10分比一个标准差的八分之一还要少。

[28] 事实上，2006年的一项研究表明，对于次级抵押贷款危机的担忧应该通过FICO评分在低端上的改善来缓解（Chomsisengphet & Pennington-Cross，2006）。

[29] FICO算法已获得专利。

[30] 这也非常符合1974年"平等信用机会法案"（ECOA）的精神，该法案要求人们应该以一种允许他们在未来提高其信誉的方式了解他们的评分结果。信用评分笼罩着的神秘面纱明显违反了ECOA（Taylor，1979）。

[31] 例如，http://www.providian.com/cmc/fico_simulator.htm，http:// www.creditsourceonline.com/credit-score-simulator.html，http://www.bankrate.com/ brm/fico/calc.asp，或http://www.creditxpert.com/Products/wis.asp。

[32] 因为一个经验丰富的账户会让你破费1399美元，实际上会使你的财务状况恶化。

[33] 对于RMBS和CDO，标准普尔分别使用S＆P Levels和Evaluator，惠誉开

发了ResiLogic，Vector和穆迪使用了穆迪的Mortgage Metrics，以及CDOROM和CDOEdge。

[34] "因为凡被赐给的人，都必得着丰盛。但从不行的，必被夺去的，就是他所有的。"［《马太福音》（25:29）］。默顿（Merton，1948）对该原则做了经典阐述。

[35] 然而，由于信用评分放大了外部冲击的影响，它们的预测能力受到了影响，因为违约率增加的速度会比评分模型预测的要快得多。在美国，破产的主要原因是失业、离婚和医疗问题（Sullivan，Warren & Westbrook，2000），这些冲击大多超出了人们的控制范围。抵押贷款市场的急剧下滑是另一个受到内生性问题困扰的外部冲击。

[36] 但它会影响证券的价值。

[37] 现在对于汽车贷款有一种特殊的评分。

[38] 布什政府已经采取措施，帮助那些低利率、初步利率即将被重置到更高水平的人。

[39] 如果将各种CDO的各层级捆绑到合成CDO中，初始层级的评级误差将通过合成CDO的整个结构传播。

[40] 例如，惠誉使用双因子高斯耦合，其中包括一个国家级条件因子和另一个与第一个因子无关的概括性的州级条件。因此，高斯耦合没有模拟每项抵押贷款之间的个人水平相关性，正如惠誉的文件所说："关于违约和严重性的贷款相关矩阵是直接规定的，问题很快就会因为所涉及的因素的数量而变得棘手。"（Fitch，2007a，p.12）。事实上，在一个有5000份抵押贷款的RMBS中，大约有1250万个独特的参数。而使用高斯耦合只需要两个参数。

[41] Poon和Firth（2005）提供了一些相反的证据。

参考文献

Arrow, K. (1951/1968). Mathematical models in the social sciences. In: M. Brodbeck (Ed.), *Readings in the philosophy of the social sciences* (pp.635–677). New York: MacMillan.

Ashcraft, A. B., & Schuermann, T. (2008). *Understanding the securitization of subprime mortgage credit, Federal Reserve Bank of New York.* Staff Report no. 318. Available at http://www.newyorkfed.org/research/staff_reports/sr318.pdf. Retrieved on March 2008.

Asian Development Bank (ADB). (2000). *APEC collaborative initiative of supporting the development of credit rating agencies.* Final Report. Asian Development Bank.

Avery, R. B., Bostic, R. W., Calem, P. S., & Canner, G. B. (2000). Credit scoring: Statistical issues and evidence from credit-bureau files. *Real Estate Economics*, 28(3), 523–547.

Baker, H. K., & Mansi, S. A. (2002). Assessing credit rating agencies by bond issuers and institutional investors. *Journal of Business Finance, and Accounting*, 29(9–10), 1367–1398.

Benmelech, E., & Dlugosz, J. (2009). *The alchemy of CDO credit ratings.* NBER Working Paper no. 14878. Available at http://www.nber.org/papers/w14878.

Buck, R. C. (1964). Reflexive predictions. *Philosophy of Science*, 30(4), 359–369.

Byoun, S., & Shin, Y. S. (2002). Unsolicited credit ratings: Theory and empirical analysis. Available at http://papers.ssrn.com/sol3/papers.cfm?abstract_id = 354125#PaperDownload.

Callon, M. (Ed.) (1998). *The laws of the market.* Oxford: Blackwell.

Chandler, G. G., & Coffman, J. Y. (1979). A comparative analysis of empirical vs. judgmental credit evaluation. *Journal of Retail Banking*, 1(2), 15–26.

Chen, G. G., & Astebro, Th. (2001). The economic value of reject inference in credit scoring. In: L.C. Thomas, J. N. Crook, & D. B. Edelman (Eds), *Credit scoring and credit control VII, proceedings of the conference held at the University of Edinburgh*, Edinburgh, Scotland.

Chomsisengphet, S., & Pennington-Cross, A. (2006). The evolution of the subprime mortgage market, Federal Reserve Bank of St. Louis review, 88/1, pp.31–56. Available at http:// research.stlouisfed.org/publications/review/06/01/ChomPennCross. pdf.

Covitz, D. M., & Harrison, P. (2003). *Testing conflicts of interest at bond ratings agencies with market anticipation: Evidence that reputation incentives dominate, finance and economics discussion series 2003-68*. Washington, DC: Board of Governors of the Federal Reserve System.

Cowan, A. M., & Cowan, C. D. (2004). Default correlation: An empirical investigation of a subprime lender. *Journal of Banking and Finance*, 28, 753–771.

Crockett, A., Harris, T., Mishkin, F. S., & White, E. N. (2004). *Conflicts of interest in the financial services industry: What should we do about them?* Geneva: International Center for Monetary and Banking Studies.

Dawes, R. (1979). The robust beauty of improper linear models in decision making. *American Psychologist*, 34(7), 571–582.

Dawes, R. M., Faust, D., & Meehl, P. E. (1989). Clinical versus actuarial judgment. *Science*, 243/4899, 1668–1674.

Debreu, G. (1959). *Theory of value. An axiomatic analysis of economic equilibrium*. New Haven, CT: Yale University Press.

Demyanyk, Y., & Van Hemert, O. (2008). *Understanding the subprime mortgage crisis*. Manuscript. Available at http://ssrn.com/abstract=1020396.

Dittrich, F. (2007). *The credit rating industry: Competition and regulation*. Doctoral Dissertation, University of Cologne. Available at http://ssrn.com/abstract = 991821.

Espeland, W. N., & Sauder, M. (2007). Rankings and reactivity: How public measures recreate social worlds. *American Journal of Sociology*, 113(1), 1–40.

Feld, M. (2007). *Implied correlation smile*. Master thesis, Institute for Statistics and Econometrics, CASE-Center for Applied Statistics and Economics, Humboldt-Universitaet zu Berlin.

Fitch. (2007). *Subprime collateral trends and early payment defaults*. U.S. Residential Mortgage Special Report. Available at http://www.fitchratings.com. Retrieved on April 27, 2007.

Fitch. (2007a). ResiLogic: U.S. residential mortgage loss model technical document, New York, Fitch. Available at http://www.securitization.net/pdf/Fitch/ResiLogic_18Jan07.pdf. Retrieved on March 11, 2010.

Fitch. (2007b). ResiLogic: U.S. residential mortgage loss model technical document, August 29, New York, Fitch.

Fitch. (2009). ResiLogic: U.S. residential mortgage loss model technical document, August 11, New York, Fitch.

Fons, J. S. (2008). Testimony of Jerome S. Fons before the committee on oversight and government reform, United States House of Representatives, October 22.

Foster, C. (2007). *Scoring for success in a turbulent mortgage market.* View Points, November/ December, Fair Isaac Co.

Foust, D., & Pressman, A. (2008). Credit scores: Not-so-magic numbers. *Business Week*, February 7.

Gigerenzer, G. (2007). *Gut feelings. The intelligence of the unconscious.* New York: Viking.

Greene, W. (1998). Sample selection in credit-scoring models. *Japan and the World Economy* (10), 299–316.

Gregory, J., & Laurent, J.-P. (2004). In the core of correlation. *Risk*, October.

Grove, W. M., & Meehl, P. E. (1996). Comparative efficiency of informal (subjective, impressionistic) and formal (mechanical, algorithmic) prediction procedures: The clinical-statistical controversy. *Psychology, Public Policy, and Law*, 2(2), 293–323.

Grove, W. M., Zald, D. H., Lebow, B. S., Snitz, B. E., & Nelson, C. (2000). Clinical versus mechanical prediction: A meta-analysis. *Psychological Assessment*, 12, 19–30.

Guseva, A., & Rona-Tas, A. (2001). Uncertainty, risk, and trust: Russian and American credit card markets compared. *American Sociological Review*, 66, 623–646.

Hager, S., & Schoebel, R. (2006). *A note on the correlation smile.* Working Paper, EberhardKarls-University of Tuebingen.

Hand, D. J., & Henley, W. E. (1993). Can reject inference ever work? *IMA Journal of Mathematics Applied in Business and Industry*, 5, 45–55.

Hand, D. J., & Henley, W. E. (1997). Statistical classification methods in consumer credit scoring: A review. *Journal of the Royal Statistical Society*, 160(3), 523–541.

Hilderman, M. (1999). *Rating methodology.* Opening the black box: The rating committee process at Moody's, Moody's Investors Service, New York.

Johnson, R. W. (2004). Legal, social, and economic issues in implementing scoring in the United States. In: C. T. Lyn, D. B. Edelman & J. N. Crook (Eds), *Readings in credit scoring. Recent developments, advances, and aims* (pp.5–15). Oxford: Oxford University Press.

Li, D. X. (2000). On default correlation: A copula function approach. *The Journal of Fixed Income* (March), 43–54.

Liu, Y. (2001). *New issues in credit scoring application.* Working Paper no. 16, Institut fuer Wirtschaftsinformatik, Goettingen University.

Loeffler, G. (2004). Ratings versus market-based measures of default risk in portfolio governance. *Journal of Banking and Finance*, 28, 2715–2746.

MacKenzie, D. (2006). *An engine not a camera. How financial models shape markets.* Cambridge, MA: MIT Press.

MacKenzie, D., Muniesa, F., & Siu, L. (Eds). (2007). *On the performativity of economics.* Princeton, NJ: Princeton University Press.

Maiello, M. (2007). Where was FICO? *Forbes*, September 17.

Main, J. (1977). A new way to score with lenders. *Money*, February, pp.73–74.

Malevergne, Y., & Sornette, D. (2003). Testing the Gaussian copula hypothesis for financial assets dependences. *Quantitative Finance*, 3(4), 231–250.

Meehl, P. E. (1954). *Clinical vs. statistical prediction: A theoretical analysis and a review of the evidence.* Minneapolis: University of Minnesota Press.

Merton, R. K. (1948). *Social theory and social structure.* Glencoe, IL: Free Press.

Mian, A., & Sufi, A. (2008). *The consequences of mortgage credit expansion: evidence from the 2007 mortgage default crisis.* Manuscript, University of Chicago Business School. Available at http://ssrn.com/abstract=1072304.

Morrissey, J. (2008). What's behind those offers to raise credit scores. *New York Times*, January 19.

Myers, D. G. (2002). *Intuition. Its powers and perils.* New Haven, CT: Yale University Press.

Nelson, O. D. (1983). Credit scoring: Do AFSA members have faith in its answers?

Credit, 9, 14–16.

Newman, D., Fabozzi, F. J., Lucas, D. J., & Goodman, L. S. (2008). Empirical evidence on CDO performance. *Journal of Fixed Income* (Fall), 32–40.

Partnoy, F. (1999). The Siskel and Ebert of financial markets? Two thumbs down for the credit rating agencies. *Washington University Law Quarterly*, 77(3), 620–714.

Partnoy, F. (2002). The paradox of credit rating. In: R. M. Levich, G. Majnoni & C. Reinhart (Eds), *Ratings, rating agencies and the global financial system* (pp.65–84). Boston: Kluwer.

Polanyi, M. (1962). *Personal knowledge*. Chicago: University of Chicago Press.

Poon, W. P. H., & Firth, M. (2005). Are unsolicited ratings lower? International evidence from bank ratings. *Journal of Business, Finance and Accounting*, 32(9–10), 1741–1771.

Rosenberg, E., & Gleit, A. (1994). Quantitative methods in credit management: A survey. *Operations Research*, 42(4), 589–613.

Salmon, F. (2009). Recipe for disaster: The formula that killed Wall Street. *Wired Magazine*, February 23.

Securities and Exchange Commission (SEC). (2007). Oversight of Credit Rating Agencies Registered as Nationally Recognized Statistical Rating Organizations. *Federal Register*, 72(116), 33564–33624.

Securities and Exchange Commission (SEC). (2008a). Summary report of issues identified in the commission staff 's examinations of select credit rating agencies by the staff of the securities and exchange commission. Available at http://www.sec.gov/news/ studies/2008/ craexamination070808.pdf. Retrieved on March 11, 2010.

Securities and Exchange Commission (SEC). (2008b). Annual report on nationally recognized statistical rating organizations: As required by section 6 of the credit rating agency reform act of 2006, U.S. Securities and Exchange Commission. Available at http://www.sec.gov/divisions/marketreg/ratingagency/nrsroannrep0608.pdf. Retrieved on March 11, 2010.

Smith, R. C., & Walter, I. (2002). Rating agencies: Is there an agency issue? In: R. M. Levich, G. Majnoni & C. Reinhart (Eds), *Ratings, rating agencies and the global financial system* (pp.289–318). Boston: Kluwer.

Somerville, R. A., & Taffler, R. J. (1995). Banker judgment versus formal forecasting models: The case of country risk assessment. *Journal of Banking and Finance*, 19, 281–297.

Standard and Poor's. (2006). Corporate rating criteria. Available at http://www2. standardandpoors. com/spf/pdf/products/corporateratings_2006_Corporationpdf.

Straka, J. W. (2000). A shift in the mortgage landscape: The 1990s move to automated credit evaluations. *Journal of Housing Research*, 11(2), 207–232.

Sullivan, T. A., Warren, E., & Westbrook, J. L. (2000). *The fragile middle class: Americans in debt*. New Haven: Yale University Press.

Taleb, N. N. (2007). *Black Swan. The impact of the highly improbable*. New York: Random House.

Taylor, W. F. (1979). *Meeting the equal credit opportunity act's specificity requirements: Judgmental and statistical scoring*. Master of Law Thesis, University of Wisconsin, Madison.

Thomas, L. C., Crook, J. N., & Edelman, D. B. (2002). *Credit scoring and its applications (Siam monographs on mathematical modeling and computation)*. Philadephia: Society for Industrial and Applied Mathematics.

Walter, I. (2004). Conflicts of interest and market discipline among financial service firms. *European Management Journal*, 22(4), 361–376.

Weintraub, E. R. (2002). *How economics became a mathematical*. Durham, NC: Duke University Press.

White, L. J. (2002). The credit rating industry: An industrial organization analysis. In: R. M. Levich, G. Majnoni & C. Reinhart (Eds), *Ratings, rating agencies and the global financial system* (pp.41–63). Boston: Kluwer.

Yonay, Y. (1998). *The struggle over the soul of economics*. Princeton: Princeton University Press.

第四章　知识和流动性：次贷危机的制度和认知基础

布鲁斯·G. 卡拉瑟斯（Bruce G. Carruthers）

摘要

　　本章考察了信用评级机构在生产关于金融工具"知识"的过程中所扮演的核心角色。这种以信用评级形式出现的"知识"，通过让投资者们相信自己了解了通常是晦涩难懂的债务抵押债券（CDO）和抵押贷款支持证券（MBS）的风险和回报特性，从而支持了抵押贷款市场的去中介化。信用评级帮助将结构性金融产品"标准化"，并创造了高流动性市场。然而，在当前的危机中，这种认知机制失灵了，流动性崩溃了。我以这种失败来考察制度化的认知在产生市场流动性过程中的作用。

　　目前的金融危机被归咎于许多因素，仅举几例：金融去管制、金融创新、房地产泡沫、金融市场的去中介化、过度杠杆、CEO薪酬的扭曲、证券化、不断下降的抵押贷款的承销标准，以及一成不变的贪婪。无论原因是什么，关于这场危机一个非常严重的问题是市场流动性的消失：投资者停止购买金融工具，银行停止放贷（甚至停止相互放贷），机构停止发放信贷。当流动性在2008年秋季消失时，政策制定者认为他们面临着彻底的经济灾难，因此白宫的保守的共和党人采取了强有力的干预措施，完全违背了他们的自由放任原则。

这里，我将重点介绍整个过程中的一个部分：信用评级机构的角色。它是一个核心部分，因为它关系到这样一个事实，即金融市场是由信息驱动的，而流动性深受信息缺陷或缺失的影响。正如许多经济学家所主张的（Stiglitz，2000），金融市场有严重的信息问题。借款人通常比贷款人更了解他们偿还贷款的真实意愿和能力。贷款人渴望获得这些信息，但事情并不像让借款人直接与贷款人沟通他们的真实意愿和能力那么简单。一个明显的问题是，由于借款人有动机去误导贷款人，使他们看起来更有信誉，所以贷款人倾向于对借款人的要求打折扣（即使这些要求是真实的）。除了这些不对称之外，信息也可能是不完整的，因为有时无论是借款人还是贷款人都不知道情况是怎样的。不确定性可能无处不在。

社会学家和历史学家早就认识到社交网络是借款人和贷款人之间传递信息的重要工具。因此，社交网络构建了借贷行为。例如，娜奥米·拉莫雷（Naomi Lamoreaux）对19世纪早期新英格兰地区银行业的研究（Lamoreaux，1994）表明贷款主要通过银行董事与借款人之间早已存在的社交网络流动（Mann，2002）。深嵌于人际关系中的债务并没有很多流动性，因为在某种意义上，不可能买卖这种关系。债务或许是不可转让的，但更重要的是，提取通过社会关系流动的信息并不容易。

社交网络的作用不仅仅是前现代世界的遗产。事实上，尽管经济发生了巨大的变化，但网络对于特定类型的贷款仍然很重要。乌西（Uzzi，1999），乌西和兰开斯特（Uzzi & Lancaster，2003），以及贝尔格和尤德尔（Berger & Udell，1995）展示了当代银行与其中小企业客户之间关系的重要性。贷款人和借款人之间长期、复杂的关系使前者很容易获得关于后者的可靠、及时和详细的信息。然而，这种关系仍然相对缺乏流动性。

网络之所以重要，还因为它决定了人们对不确定性的反应方式。决策者在选择对他们所面临问题的适当反应时，常常依赖于同行、合作伙伴和团队成员。他们很容易跟随其他人的选择。事实上，他们利用自己的网络来决定如何在不确定的情况下行动。

在持久的社会关系和网络之外，事情完全不同。有关借款人的信息通常很少且不可靠，不确定性更难解决。但这是信用评级机构发挥重要作用的地方。在过去的一个世纪中，投资人和贷款人已经能够借助穆迪等私人营利性评级机构，以及后来的标准普尔等机构，来提供有关债务人信用度的信息。根据这些信息，投资者可以决定是否购买发行人的债券和以什么样价格的购买。与老式贷款不同，此类债务在偿清之前并不一定会出现在资产负债表上。相反，它可以像其他商品一样被买卖。债务工具的流动性，即它们可以被买卖的难易程度，在很大程度上取决于买卖双方对自己了解债券的价值的信心。简言之，流动性取决于知识（Carruthers & Stinchcombe，1999）。

随着评级机构的覆盖范围从铁路债券扩大到公司债券、主权债务（包括国内外债务）[1]，以及州和地方政府的债务，这些评级的范围和重要性在20世纪不断扩大。在20世纪的大部分时间里，债券评级是一个由少数小公司主导的低调行业（Abdelal，2007，p.167；Caprio，Demirgüç-Kunt & Kane，2008，p.15），但到了20世纪末，资本市场的全球整合、去管制化与金融去中介化的结合使评级变得更加重要。随着投资者/贷款人与借款人之间关系的焦点从金融机构转移到金融市场，评级变得无处不在。

最初，信用评级机构通过向使用评级的用户（订阅其服务的投资者）收取费用来创收，但在70年代，评级机构开始向发行人（为其债券寻求评级的公司）收取费用。最近，这些机构已经对结构化的金融产品，例如债务抵押债券（CDO）和资产担保证券（ABS）进行了评级，并且通过参与这些新的金融产品，它们获得了可观的利润增长（Caprio et al.，2008，p.16；Coffee，2006，p.296）。越来越多的新奇而复杂的工具被引入到评级系统中，而评级机构本身的规模也在扩大。

评级变得更加重要不仅因为有更多的评级对象以及越来越多的投资者依赖于评级，还因为政府、国际组织和私人团体在其监管和签署合同时使用它们。例如，针对保险公司和养老基金的审慎监管经常使用评级来定义被禁止的"风险投资"，或设定银行的资本充足率（Langohr & Langohr，2008，pp.430-434；Abdelal，2007，p.193）。评级被普遍用作公司之间私人合同中的"触发点"（例如，当一家公司的评级被降低时，该公司必须发布更多的抵押品或加快其贷款的还款），而许多养老金项目的发起者都依赖它们来约束其养老金基金经理的投资决策（Cantor，ap Gwilym & Thomas，2007）。如果受托人购买了投资级证券，当投资出现问题时，美国法院会保护这些受托人免于对其受益人承担法律责任（Coffee，2006，p.293）。总体而言，评级已成为资本市场基础设施的一部分。

在20世纪末，金融的去中介化和相应的从关系银行向新的"发起和分销"（originate and distribute）模式的转变，使评级的重要性得到了特别的提升（Davis，2009，pp.112-116）。传统上，商业银行提供贷款，然后将这些贷款保留在自己的投资组合中。通过贷款的谈判、延期和偿还，银行与客户建立了长期的关系，并从执行贷款所获得的利息与银行存款所支付的利息之间的差额中获利。现在，银行迫切希望将贷款从资产负债表中移出（部分是由于资本要求），因此，他们"发起"贷款，将其证券化，然后将所得证券出售给投资者。由于投资者对贷款的基本质量了解甚少，因此他们非常在乎所购买证券的评级。银行从投资者那里获得了他们借给借款人的钱，并从他们搭建这笔交易的手续费中赚取了利润。在收回了资本后，他们便能够发起更多的贷款。总体而言，传统银行业在信贷扩展方面已被市场化机构取代了（Adrian & Shin，2009，p.1）。后果之一是银行内部信用评估系统的重要性降低了（因为他们没有发放那么多贷款，也就没有把它们登记在簿），而评级机构设计的公共评级的重要性增加了。

在本章中，我研究了信用评级机构在帮助制造维持金融市场流动性的知识方面的作用。由于2008年市场流动性消失的原因，这一作用得以凸显。公司、投资者和机构认为他们知道整个资产类别的价值，但是突然发现他们其实并不知道，并且没人知道它们的价值。最近获得很高评级的证券的价值突然暴跌。许多人把目光投向了信用评级机构，想知道他们如何才能获得如此"错误"的评级，尤其是对于最高评级的证券。评级机构帮助创建的"知识"的重要性不仅取决于评级本身（包括其形式、背后的方法等），还有评级的受众。正如我在下面将要论证的，金融界是一个独特的受众群体，他们紧密地结合在一起，具有自我意识，并且倾向于各种羊群行为和竞争行为。

证券化和 CDO：把债务变成实物

债务是一种将债务人与债权人捆绑在一起的二元经济关系，一个特定的实体欠另一个债务，而他们之间的关系一直持续到债务被完全偿清为止。就长期债务而言，这可能需要很多年。如果债务人未履行债务，只有债权人才有权执行债务。对于债权人来说，债务是一种资产（除非违约，否则其价值等于未来还贷资金流的净现值）。但是，如果债务无法合法转移，或者很难被这个二元关系以外的人估值的话，那么这就会是一种流动性极差的资产。

人们已经开发出各种方式来释放债务关系中的债务，将债务剥离，并赋予他们"类似东西"的性质，以使其具有流动性。债务一旦具体化（变成东西），便可以更自由地流通，并可以在市场上买卖。它们有着一个能公开表明它们价值的市场价格。早在18世纪的英格兰，"可转让性"在法律上的发展使本票和其他正式债务具有了"类似东西"的性质，从而使它们可以在金融市场上进行交易。无论谁持有债务都可以像原始贷方一样从容地对未履行债务的债务人执行债务。证券化是具体化债务的另一种较新的方式，尤其与当前的金融危机有关。

证券化有不同的形式，但它并不是最近才出现的。事实上，在19世纪70年代和80年代，堪萨斯州和内布拉斯加州等州的私人贷款机构就将农场抵押贷款证券化了：将抵押集中起来，然后根据整个抵押贷款池的现金流发行证券。由此产生的"转手"（pass through）证券随后被出售给东方投资者（Snowden，1995）。然而，随着抵押贷款公司的违约，这种早期活动在19世纪末逐渐减少。农场抵押贷款的证券化在第一次世界大战后回归，但由于之前的糟糕经历，评级机构被招募来评估其所发行债券的信誉度。在20世纪20年代，证券化也被用于将资金疏导给城市住宅和商业房地产（Goetzmann & Newman，2010）。但是，这些安排并没有持续下去，因为它们被大萧条所席卷走了。

由于联邦国民抵押贷款协会（房利美，Fannie Mae），联邦住房抵押贷款公司（房地美，Freddie Mac）和政府国家抵押贷款协会（吉利美，Ginne Mae）支持住房抵押贷款的活动，现代证券化始于美国（Stuart，2003，pp.21-22）。这些政府资助的机构获得了符合一定承销标准［由美国联邦住房管理局（Federal Housing Administration）设定］的住房抵押贷款，将它们集中，然后向投资者发行并出售他们创造的抵押贷款支持的证券。这些"转手"证券的金融结构非常简单。然而，这些干预措施成功建立了抵押贷款的二级市场，从而促进了对住房抵押贷款的投资。

从20世纪90年代开始，投资银行和其他金融创新者设计了更复杂的证券化形式，并将其命名为"结构融资"（structured finance）。这些方法被应用于次级抵押贷款（其他被证券化的包括信用卡应收款、汽车贷款、商业抵押贷款、住房净值贷款等），创建了在金融危机中扮演了重要角色的抵押贷款支持的证券和CDO。一个CDO的架构相当直接，但在很大程度上取决于信用评级机构。

假设一个投资银行想发行一个CDO。[2]首先，它将收集一组资产，比如抵押贷款，以构成CDO的基础。这些可以从一位抵押贷款经纪人那里获得。然后，它将建立一个独立的"破产隔离"（bankruptcy remote）法人实体，以拥有并服务于该资产池。该信托基金（有时也被称为"特殊目的载体"）根据已发行的CDO的条款从抵押贷款中收取款项并支付收益，而如果投资银行一旦遇到财务困难，其"破产隔离"身份可以保护它。在一个简单的"转手"安排中，该信托将发行新证券，利用整个资产池产生的现金流。新证券的购买者将享受分散化的好处（只要基础抵押贷款的违约率之间没有很高的相关性）。投资者可以不持有单一抵押贷款，而是持有相当于单一抵押贷款的等价物，例如，1000套住房抵押贷款的千分之一，但风险要低得多。

CDO的结构更为复杂。这里新的证券被划归成不同层级（tranche），在资质方面彼此不同。[3]这意味着，由基础抵押贷款产生的现金流将首先流向优先层级，然后是第二级，第三级，如此类推，直到最次级（通常称为"权益"层级）。在这种类似于瀑布的安排中，只有较高层级的财务义务得到充分履行后，资金才能进入较低层级。因此，任何亏空的风险（可能因为人们拖欠抵押贷款而发生）首先由底层承担。因此，最次层级是比优先层级风险更大的投资，相应的信用评级也会更低。

按资质排序层级是一套"信用增强措施"之一，这些措施使CDO成为一项有吸引力的投资。[4]投资银行还会过度抵押（以使抵押贷款池的本金大于已发行证券的本金），建立超额利差（信托的利息收入超过其债务），有时还积极管理资产池（信托管理人可以通过交易来改变基础资产池）。虽然信托的细节仍处于设计阶段，但投资银行还将接洽一个评级机构，对拟议证券可能获得的评级做出初步的判断。根据反馈，银行可以做出进一步的更改，或者甚至切换到另一家评级机构，以获得它想要的评级。

在确定了具有特定财务结构的信托后，投资银行将再去找评级机构。向评级机构支付了一笔可观的费用后，它会了解到各种层级的证券将获得什么样的评级。一旦受雇，评级机构通常会任命一名分析师来负责这件事情，并提出内部建议。然后，此建议会被提交给一个评级委员会，根据简单多数票原则来确定是否通过（Langohr & Langohr，2008，p.161）。

以这种方式进行证券化的财务动机来自如下事实：在所有层级中，对CDO的评级都大大高于对原始基础资产的评级，并且，投资银行的确试图将差异最大化。[5]更高的评级使CDO对投资人更具吸引力，让投资银行更加有利可图。CDO的复杂性使评级机构对其难以进行评级（与传统的基于一家公司的债券相比），但也使评级机构获利颇丰。证券化的神奇之处在于允许银行将信用评级处于中等水平的资产转换为具有更高信用等级的CDO。证券化还将资产从银行的资产负债表中移除（因为它们已被转移到信托中），因此无须遵守资本充足率的准则，并且如果担负构成基础资产的债务义务的借款人无法偿还债务时，首当其冲承受损失的将是CDO投资者。

在评估拟议证券时，评级机构在很大程度上依赖数学和统计模型来预测在各种情况下每个层级的违约概率，并依赖于对基础资产违约概率的预估。CDO层级的违约概率越高，就意味着风险越大，评级越低。一旦估算出这些概率，由此得出的评级就向潜在的投资者发出了一个强有力的信号：CDO是一种定义明确的金融商品，其风险可以被精确衡量。而且由于对CDO进行分类的评级类别与数十年来用于对普通公司债券的评级类别完全相同，这样就"驯化"了CDO所具有的新奇感和神秘感。没有主要机构的评级，许多潜在投资者会对CDO持怀疑态度。评级的作用就像一个认可的印章。

证券化的步骤可以多次应用，以产生更复杂的结构性金融产品。第一阶段的证券化是将抵押贷款（或其他金融资产）转换成CDO。但是该操作可以反复应用，因此它可以从CDO开始，并通过再度集中和分层将它们变成CDO^2。当然还可以再次用于生成CDO^3。在所有这些变种中，证券化代表了迈向"发起和分销"融资的一步。从最近的证券化热潮开始，人们就一直打算将银行或公司持有的流动性低的债务变成可以轻易买卖的金融商品："为了对资本市场投资者产生广泛吸引力，证券必须具有可以流动的特征。它们必须相对便宜，并且易于评估、购买、持有和出售。"（Hill，1997，p.67）不论结构性金融的复杂性如何，或者证券化被重复采用多少次，投资者都将具有高信用评级的CDO视为具有明确风险特征的安全投资。

硬核科学的失败

在当前的危机中，很明显评级机构未能履行他们的职责。在整个2006年，尤其是2007年，基于次级抵押贷款的结构化金融工具开始违约，违约率远超过其AAA评级所建议的水平。预期的CDO违约概率太低了，那些被认为是极不可能的结果开始以可怕的规律性出现。因此，评级机构将价值数十亿美元的证券的评级下调，而评级最高的证券的下调幅度最大（Benmelech & Dlugosz，2009，p.11）。有些事情严重跑偏了，严重的降级不仅损害了CDO的声誉，也损害了评级机构的声誉。随着次级贷款规模的扩大（从2001年的约1900亿美元增加到2006年的6000亿美元），被证券化的次级贷款的比例也从2001年的50.4%增长到2006年的80.5%（Gorton，2008，p.20），这也使信用评级下调的情况进一步恶化。证券化已成为将投资者的钱投入次级抵押贷款的最重要的程序。

有几个因素使评级机构做出了令人咋舌的错误判断。评级机构的模型使用大量历史数据来估计违约概率，其中一个问题就与这些数据有关。长时间收集的大量数据集可对违约概率进行更可靠的估计，但由于次级贷款是相对较晚的创新，因此定量数据集只能追溯10年左右的时间，而且这是一段非典型时期，因为它没有包括美国房价出现系统性下跌的事件［Brunnermeier，2009，p.81；美国证券交易委员会（SEC，2008a，p.35）］。我们看到的事实是，次级抵押贷款的表现对房价非常敏感，如果房价下跌，违约率会急剧上升（Bajari，Chu & Park，2008，p.31；Mayer，Pence & Sherlund，2009，p.46）。尽管评级机构拥有大量的时间序列数据可用于计算公司债券违约的可能性，但在处理次级抵押贷款时，他们所使用的数据要少得多。他们在不了解房价对违约率的影响的情况下，低估了次贷者违约的可能性。

此外，随着房地产泡沫的膨胀，承销标准似乎也在下降，放贷机构也向信用度不如以前的借款人发放次级贷款。"骗子的贷款"、"少文件贷款"和"无文件贷款"等标签的使用表明，在抵押贷款的疯狂发放中，放贷机构对贷款对象不够谨慎（Sherlund，2008，p.2）。因此，即使在证券化过程将抵押贷款变成CDO之前，基础资产的质量就已经下降了（Mayer et al.，2009，p.40）。但是，这种下降并未反映在2005年和2006年发放的次级抵押贷款的初始评级中，并且直到"入门利率"（teaser rate）窗口期到期，以及贷款利率上调，或房屋价值大幅下降时，这种下降才变得明显。结合其数据限制，评级机构更加低估了次级借款人违约的可能性。CDO的证券化过程的一个重要后果是，它放大了这些和其他错误。在估算基础抵押贷款的违约概率时或在计算违约时能追回的金额时出现的小错误对CDO而言就变成了大错误，对CDO2甚至是更大的错误（Coval，Jurek & Stafford，2009，pp.9-13）。反复的证券化过程导致了错误的"乘数效应"。

错误的另一个来源是违约之间的预估相关性。一个证券化金融工具的整体表现不仅取决于基础资产的表现（例如，抵押贷款A的年度违约概率是0.0001还是0.0002），还取决于资产之间的相关性（抵押贷款A和B的违约之间的相关性是0.0还是0.1；参见Nadauld & Sherlund，2009，pp.11-12；Duffie，2008，pp.18-19）。彼此独立发生违约的资产并不是一个问题，尤其是当投资者分散投资时；但与违约高度相关的资产将严重损害证券化工具的表现。当涉及相关性时，评级机构再次过于乐观。正如帕特诺伊（Partnoy，2006，p.78）所指出的，标准普尔通过假设将他们的模型相关性设置为不切实际的低水平。

人非圣贤，孰能无过，但是既然评级机构从事的是评估风险的业务，那么仔细考虑评级机构为何会犯下如此系统性的错误就是很重要的了。在一定程度上，他们的数据无法判断他们意料之外的事情。在一定程度上，他们接受了省事的假设，使他们的模型易于处理（而不是准确）。此外，业务量增长如此之快，以至于尽管评级机构获得了创纪录的利润，但它们和它们的员工却不堪重负，工作过度（SEC，2008a，pp.10-11；Rom，2009，p.648）。他们还以临时安排的和未被记录的方式偏离了自己的内部程序和模型（SEC，2008a，pp.14-16）。而且由于整个评级过程都被"硬核科学"的图像和严格的定量分析方法所掩盖，因此容易出错的可能性看起来已大打折扣。

许多人怀疑利益冲突在这些并不是随机产生的错误中也起着重要作用。评级机构为发行人的业务相互竞争，并与发行人密切合作，使金融产品的结构能够获得最高的评级（Nadauld & Sherlund，2009，p.3）。他们的客户想获得高评级，如果被迫在客户满意度和准确（但较低）的评级之间进行选择，很明显评级机构会倾向站在客户一边。例如，假设较低的违约相关性可以更轻松地给一个CDO更高的评级。目前尚不清楚评级机构与客户之间的关系是否保持了足够的距离。[6]正如SEC所说："似乎没有采取任何内部措施来保护分析师免受讨论发行人提供的费用和收入的电子邮件和其他沟通方式的影响。"（SEC，2008a，pp.24-25）

总之，房地产繁荣的结束沉重打击了次贷市场，部分原因是次级抵押贷款容易受到房价下跌的影响。接下来，越来越多的次贷违约打击了由次贷制造出来的新金融工具，这些金融工具助长了次贷放贷活动。多年来，投资银行和其他机构已成功地将抵押贷款转换为可流动和可交易的商品，而且评级机构在这个转换过程中发挥了核心作用，因为它们对CDO和类似工具进行了评级。对一个原本复杂而又不透明的CDO进行的评级，使其置于一个已使用了数十年、为人们熟悉且具有合法性的类别系统中，来显示本属于简单公司债券的风险。很高的评级使投资者相信CDO是风险很低的投资。但是评级机构错了。受益于事后观察，经济学家和监管机构已经从利益冲突的角度诊断了这一问题（例如SEC，2008a），这表明评级机构在理性追求利润时变得过于急于取悦他们的客户。毫无疑问，这只是问题的一部分，而其他方面最好从社会学角度来探究。

"表现力"和评级

关于评级过程的一个观点认为它类似于理想的科学测量：评级只是衡量预先存在和独立的对象的一个特定方面。评级系统越好，它对所评级对象的量化就越准确和可靠。理想情况下，不会出现"反应性"（当被测对象仅因被测而改变时）之类的复杂情况。一个信用评级机构（CRA）使用的特定的评级方法是专有的，并且是其知识产权的一部分。大多数CRA只会以笼统的方式描述其方法，但他们愿意展示其评级是具有预测价值的（通过发布表格来证明违约概率随着债券评级的下降而单调增加：评级更高的公司债券是比更低评级的债券更安全的投资）。久而久之，发行人大概可以通过经验学到获得高评级的必要条件。但是他们不会直接接触评级方法本身。

当涉及结构性融资和支持次级贷款的CDO时，情况就大不相同了。特别是，评级不仅是结构性金融价值构建的核心（Langohr & Langohr，2008，p.141），而且发行人还可以接触到确立评级的方法。发行人可以通过以一种非常直接的方式了解到他们的证券如何被评级，从而进行证券化业务。提供结构性金融产品的银行与评级机构密切合作，部分原因是双方从这些交易中赚了很多钱（Brunnermeier，2009，p.81；Tett，2009，p.55）。评级机构甚至在互联网上发布了其评级模型的技术细节（Tett，2009，p.100）。除此之外，这还允许发行人将资产集中起来并进行层级归类，以便他们可以为基础资产的最小价值提取出评级最高的证券的最大值。总体而言，发行人和评级机构之间的这种积极合作构成了评级方法所体现的模型的共同表现力（Callon，1998，p.2）。这也加强了人们对评级机构存在严重利益冲突的怀疑，因为评级机构向发起人收取的费用对其自身利润做出了重大贡献。发行人的高度集中使评级机构更难不与其客户合作（Rom，2009，p.645）。

金融的社会生活

评级对关于金融对象的知识及其流动性的影响，也取决于评级的受众。尽管投资银行家和金融家的普遍形象是他们受到对"底线"无情且专一的关注的驱动，但金融界却是一个社会群体（MacKenzie，2004）。电子交易和在线市场使市场参与者几乎可以生活在任何地方，并几乎完全匿名地在市场中交易成为可能。但这不是现实中的工作方式。一方面，即使电子交易取代了公开喊价或面对面的讨价还价，市场参与者之间还是能建立关系并获得声誉。地理上集中在世界少数几个地方（纽约曼哈顿下城、伦敦、东京等）的金融群体受到与所有群体都有关的内部社会影响。这种社会动态会影响整个金融系统的工作。正如英格兰银行金融稳定执行董事所说："……在金融公司的上升期，'跟上琼斯的步伐'是公司内部的强大力量。"（Haldane，2009，p.11）

鉴于信息是知识的基础，而知识是流动性的基础，贯穿社群的社交网络因其分发信息的方式而至关重要。越来越多的证据表明，网络会影响各种各样的金融决策。例如，职业基金经理如何决定他们的投资组合（Cohen，Frazzini & Malloy，2008）是由他们与公司管理层的"老派"关系所决定的。共同基金经理在有关持股和交易的决策中会受到在同一城市工作的其他基金经理的影响（Hong，Kubik & Stein，2005）。这些联系可能会导致崔和西亚斯（Choi & Sias，2009）所描述的机构投资者中的"羊群"（herding）行为。华尔街分析师更有可能关注在纳斯达克上市的一家公司，如果他们的许多同行已经这样做了（Rao，Greve & Davis，2001）。[7]霍克伯格、容格维斯特和陆（Hochberg，Ljungqvist & Lu，2007）研究了金融中一个更具投机性的领域，风险投资（VC），并得出结论，关系网越发达的风险投资公司业绩越好。[8]

金融界的某些部分已经受到招聘方式的深刻影响。尤其是，在过去的几十年中，华尔街投资银行大量地从少数精英本科院校和著名商学院中招人。差异招募所产生的非常自觉的精英主义也有助于创造一种成为"最优秀和最聪明的人"的集体意识（Ho，2009，pp.11-12、42-72）。同样，金融部门的工资从1980年左右开始出现了惊人的增长，这只是在强化有关社会地位的信息（Philippon & Reshef，2009）。如此广泛而根深蒂固的自我认知为狂妄自大奠定了基础。

好像社会和教育的排他性还不够似的，华尔街还开始招募定量分析师（quants）、数学家和物理学家，他们的技术技能使他们在设计交易策略和新金融产品时非常有用（例如Derman，2004）。金融部门的去管制化促使创新的爆发，其中大部分都利用了所谓"硬核科学家"的才能。这些技术人员在金融界内形成了一个亚群体，新思想可以通过他们的网络迅速传播。一个重要的例子是高斯耦合，这是一种估计风险之间相关性的方法，对构建CDO等结构性金融产品非常有用。单一证券的单变量违约概率可以很容易地从历史数据中估算出来，但是当汇集大量资产，对其证券化，然后构建独立的证券层级时，了解所有基础证券违约的多元分布是很重要的。特别重要的是了解不同资产之间的相关性。2000年，大卫·李（David Li）在《固定收益杂志》（*Journal of Fixed Income*）上发表了一篇文章，介绍了高斯耦合在金融领域的应用。几乎同时，其他定量分析师就意识到这是解决如何校准他们模型中违约相关性问题的一种方法，因此这种方法被广泛采用。所以，它的失败也变得同样普遍，因为那些生产结构性金融产品的人系统性地低估了违约之间的相关性（正如前面的文章所讨论的）。

金融界的社会特性似乎使其容易产生傲慢和羊群效应。人们对评级机构用来评估结构性金融产品的技术方法的普遍信心，以及精英阶层强大的社会融合，造就了一群直到游戏后期才意识到评级机构其实并不知道发生了什么的观众。由于"凯恩斯主义选美理论"提到的情况，只要其他许多人继续依赖评级，甚至那些质疑评级的人也把这些疑问搁置一边。同时，还有太多的钱可以赚。

评级与认知

信贷市场的参与者依赖类别来帮助理解市场和彼此。将某些事放入一个概念盒中，对其进行分类，是一种基本的认知行为（Gracia，2001）。它是知识的一种形式。例如，当一个人观察到一个形状并能够将其分类（如一只狗、一次日落或一个人的手）时，就会发生视觉识别。对于人类各种各样的认知，有许多不同的分类方案。在现代经济中，一套更精密的类别系统是有意义的。例如，班纳（Banner，2007）注意到现代证券分析师通常使用一套由行业定义的类别，并开发一套专门的指标来评估和比较属于同一类别内的公司。违反或越出这套类别系统的公司很可能会被分析师低估（Zuckerman，1999）。然而，对现代信贷市场而言，特别重要的是评级机构提供的有关信用度的信息，这些信息被按顺序排名来归类。

一些债权人总是可以获得有关借款人的私人信息。例如，银行非常了解一位长期商业客户的财务状况，因此如果该客户申请新的信贷额度，银行则可以做出明智的决定。但随着金融市场的扩大，投资者和贷方越来越多地与他们知之甚少或一无所知的借款人打交道。借鉴早期评级机构（专注于小企业的无抵押贸易信贷）的长期经验，穆迪和标准普尔等债券评级机构知道，投资者和债权人对信用评估的分类模式感到满意。邓白氏（Dunand Bradstreet）的前身自19世纪40年代就开始运营，并开发了一个序数类别系统，向其客户传达有关企业信誉的信息。约翰·穆迪（John Moody）在20世纪初开始对铁路债券评级时，就有意采用了这种简单模式，部分原因是该模式已经为美国工商界所熟悉（Partnoy，1999，pp.637-638）。到1929年，序数分类模式已在债券评级业务中深深地制度化了（Partnoy，1999，p.642）。尽管评级的方法和依据的信息从那时起已经毫无疑问地改变了，但基本风格并未改变：借款人及其发行的债券仍被归类进序数类别系统，以传达有关信誉度的信息。因此，对于那些从1929年，甚至2009年，开始使用穆迪评级类别的人来说，R.G.邓（R.G. Dun）在1859年使用的评级体系似乎并不陌生（Partnoy，1999，p.648）。

当代评级制度的合法性有许多不同的来源。当然，持续时间是其中之一。长期以来，评级一直是美国商业实践的一个重要组成部分，因此它们在美国商界是司空见惯的。因为被第三方私下和公开采用，评级也得到了支持。在公众方面，评级已被纳入联邦和州一级等许多不同类型的监管中。从20世纪30年代开始，当谨慎的监管禁止保险公司投资非投资级的证券时，监管机构就经常使用评级机构给出的评级（Partnoy，1999，pp.687-689）。郎格尔夫妇（Langohr & Langohr，2008，p.431）的报告说，如今不少于8项联邦法规和47条联邦法规都提到了信用评级。并且如前所述，信用评级已被纳入许多私人合同安排中。所有这些反复使用都肯定了评级的普遍性和理所当然的地位。

评级类别既简单又宽泛。他们把所有影响信用度的因素归纳成一个单维度的衡量标准，而同样的分类体系包含了大量不同寻常的债务。尽管序数类别似乎是不言自明的，但这种特殊的模式可能导致了2008年发生的戏剧性崩溃。一旦人们明白了某一种基于次级抵押贷款的CDO有嫌疑时，问题就会迅速蔓延。这里，这种独特的分类模式的评级在其中扮演了一个角色。

串联

基本串联模型告诉我们，决策者在做出自己的决定时有时需要依赖他人的决定（Bikhchandani，Hirshleifer & Welch，1998）。这就会产生羊群行为。这种串联基于两种相似性，即决策者之间的相似性和选项之间的相似性。第一种为决策者设置了同辈群体。如果人们受到与他们相似的人的决定的影响，他们一起形成了一个同辈群体，那么被认为"相似"或"不相似"的人可能会产生强大的影响。各种现存的类别和确认方法塑造了我们所理解的同辈群体。一些类别是以法律为依据的（"商业银行"和"养老基金"）或以职业为依据的（"投资银行家"和"基金经理"），而另一些则来自共同术语（例如，"对冲基金"和"秃鹫基金"）。第二种相似性与决策者权衡的选项有关：思考购买哪辆新车的人不太可能对其他人（甚至是同辈）如何在一组毫不相关的选项中做出的选择（例如，看电影、吃甜点和看牙医）感兴趣。要在决策中考虑某些因素，选项必须是相关的，并且彼此具有可比性。

投资方案的分类不仅受到法律（"债务"的"权益"区别）和产品类别的影响，还受到评级机构本身的影响。通过发布一个单一的、包容性的评级方案，他们促使各种金融工具变得可以互相比较（Espeland & Stevens，1998）。主权国家、金融机构、公司债券和结构性金融工具的评级量表相同，使投资者更容易理解各种金融替代方案，并将它们之间的差异视为定量的（或多或少涉及风险）而不是定性的（Langohr & Langohr，2008，pp.44，90）。即使主权国家政府、营利性公司、银行和特殊目的载体是完全不同的组织债务人，这种说法也是适用的。正如阿什克拉夫特（Ashcraft）和舒尔曼（Schuermann）所说："……一个投资者可以假设，得到双A级评级的金融工具在美国与比利时或新加坡是相同的，无论该工具是标准的公司债券还是结构性产品，比如债务抵押债券的一个层级。"（Ashcraft & Schuermann，2008，p.37）。评级方案的容纳力证明了这一假设。

就CDO之类的结构性金融产品而言，由评级机构设定的相似性（即证券A与证券B相似，因为两者的分类相似）引发了一系列疑虑，这些疑虑在金融市场中蔓延开来，导致人们不愿意购买或持有CDO。嵌入在有序类别中的传递逻辑促进了对价值的怀疑从上到下的传递：基本上，如果AAA级证券成为可疑对象，那么怀疑就会蔓延至较低级证券（因为根据分类方案，它们都比高评级证券更有风险）。信用评级类别系统中没有内部的"防火墙"以防止对价值的怀疑向下传染的效应。并且，由于在这种情况下，不确定性是自上而始的，最终它们的影响将变得无处不在。

传染背后的大致逻辑是这样的。假设证券1—3获得了一家评级机构的高评级（如A1或AAA）。高评级意味着这个债务工具是一种安全投资。但是，投资者突然发现证券1实际上比预期要差得多，而且它是一种风险比之前预期大得多的投资。他们现在卖出1，价格下跌，但他们还会想：如果评级非常高的1可以是这么糟糕的一笔交易，那所有其他评级非常高、从评级的角度看即使不等同于也与1相似的工具会怎么样呢？或许2和3的状况也不佳。1的问题引起了人们对与1相似的所有证券的怀疑，而这个相似性是通过1被放置的评级类别所引发的。突然，所有与1相似的债务人都受到了怀疑。由于评级系统暗示BBB级的公司比AAA级的公司风险更大，因此这种怀疑也会向下蔓延。因此，如果AAA级的公司表现不及预期，BBB级的公司也可能会如此。

2007年，当穆迪和标准普尔突然下调了价值数十亿美元的CDO的评级时，包括最高级的层级，大量怀疑的残酷力量变得显而易见。正如泰特（Tett）所描述的那样："这对投资者来说是个令人震惊的消息。毕竟，整个结构化信用体系都是建立在'AAA级是超安全的而AA级也几乎是坚如磐石的'假设基础之上的。现在，信仰的支柱正在崩溃。任何人都不可能确切知道评级下调将如何影响特定CDO的价值。"（Tett，2009，p.202）。如果最安全的投资都不可信，那么什么都不可信了。

会计准则和价值

笼罩在价值之上的不确定性不仅影响了市场活动；它还对会计产生了严重的影响。除信用评级外，会计是市场参与者用来评估公司和组织状况的另一种重要的"知识"形式。会计数字的产生和解读受到一套公共规则（GAAP，或美国的通用会计准则）的约束，但是可以根据特定会计师的裁量权（和专业性）以多种方式使用这些规则。然而，当被用于特定公司的财务状况时，会计准则和信息披露应该为投资者和债权人提供准确的信息，使他们能够做出理性的决策（SEC，2008b，pp.15-16）。

最近的危机使按市价或公允价值计价的会计准则的使用出现了问题。特别有争议的是，金融机构应如何对其资产负债表上的资产进行估值，以及这些估值是否应反映资产市场价值的短期变化（Laux & Leuz，2009）。对于那些相信市场具有极高辨别价值能力的人来说，市场价格是价值的最佳指标，应在任何时候都尽快地接受它。基于当前市场价格的披露旨在提高透明度。但在危机中，市场价格有可能在短期内偏离其"基本"价值（如减价出售和廉价急售），即使它们最终会在长期内趋同。显然，如果银行不得不在账目中确认这些损失，它们将因其资产的市场价格暴跌而受到伤害。资产价值的下降将要求银行筹集更多资本，也许是通过出售那些价格已经下跌的资产来实现。这样的措施可能导致恶性循环，因为资产价格下跌意味着被迫出售，从而导致更多的价格下跌，以此类推。

2008年，SEC和美国主要会计机构，财务会计标准委员会（FASB），都面临着相当大的政治压力，要求它们暂停或修改按公允价值计价的会计准则，因为遵守这些准则将进一步损害已经如履薄冰的金融机构。2009年4月，FASB会发布了三项终极职员守则，重申了遵守按公允价值计价的会计准则，但这也给了金融机构更多的余地来评估他们的资产。

在当前这一事件中，经济冲击已足以使许多市场参与者放弃了他们先前对市场价格是经济价值最终和最合法的仲裁者的认同。会计提供了另一种重要的知识，但当市场"变得疯狂"或停止运作时，人们就不愿意将会计数字与市场价格挂钩了。相反，会计知识是通过其他方式产生的。[9]在FASB内部对会计准则进行了调整，在会计帅如何产生知识方面给予了更大的灵活性。

结论

许多因素导致了流动性的灾难性消失，但知识的失灵是其中之一。在受到信息不完整和不对称困扰的市场中，评级机构提供了投资者所依赖的金融工具知识。在21世纪初，如果一家信誉良好的评级机构给予证券足够高的信用评级，投资者就会急于买卖这些他们实际上并不了解的证券，比如CDO和CDO^2。但到了某个时候，这些知识失败了，它的失败被广泛认可，投资者停止了购买，流动性也枯竭了。市场需要信息，因此卡尔·波拉尼（Karl Polanyi）对市场的制度基础的旧见解可加以扩展以包括这些知识。

评级和会计这两种经济知识形式之间的对比，让我们发展出一种波兰尼式的洞见，即市场是不可自我维系的。随着危机的蔓延，这两种知识生产方式都导致了不受欢迎的经济评估（对银行来说是较低的资产价值，对投资者而言是被下调的评级）。尽管按公允价值计价的会计准则可以在SEC和FASB现有的政治制度框架内进行调整，以解决将资产价值与市场价格过于紧密联系在一起的问题，但修正评级方法并不容易。一方面，评级方法失败得如此之快，其部分原因是它们的标准化分类方式（这导致了串联怀疑），还因为它们的主要受众是一个倾向于自我模仿和有羊群行为的金融界（金融界更喜欢一起犯错，而不是独自犯错）。另一方面，评级变得无处不在。它们不再只是为那些不知道是否购买公司债券的投资者服务，而是已经被深深吸纳进了现代金融资本主义的契约和监管的基础设施中。因此，他们的失败造成了广泛的影响。此外，评级方法的专有地位，再加上几乎完全缺乏对评级机构的公共监督，意味着没有政治体制框架可以用来协商一套新的评级方法。一旦信用评级失信，市场失灵，就很难组织起一种短期反应，向投资者、监管机构和其他信用评级机构的用户提供不同的信誉度信息。即便是现在，随着金融监管改革的推进，许多政策制定者和政界人士也不知道该对评级机构做些什么，或许只能让它们自生自灭，对它们寄予最好的希望。

政策意义

这一分析提出了一些适当和可行的政策变化。一是限制类别系统的通用性。将所有金融工具在一个单一的全景方案模式中分类，而不管它们的基础结构或债务人的属性，掩盖了重要的异质性，并鼓励投资者将不同的金融选项视为对等物，仅仅因为它们属于同一类别。然而，很明显的是，即使普通公司债券和获得相同的AAA评级的CDO，它们也不是完全一样的。使用不同的分类方案来划分重要的异质性，将有助于用户不会将"苹果"与"橘子"混淆。另一项政策变化应该是鼓励评级机构提高责任感。目前，他们的评级是拥有法律地位的"意见"，机构受宪法中言论自由条款的保护。因此，当评级被证明具有误导性时，评级机构将承担不利的声誉后果，但不承担法律责任。然而，最近的事件表明，对声誉受损的担忧并没有让评级机构变得非常谨慎，尤其是当它们成为结构性融资的积极合作伙伴时。因此，可能需要让评级机构对准确性的追求有更强的动机。让评级机构受到误导投资者的法律惩罚是制造此类动机的一种方式，尽管肯定还有其他方式。最后，应将评级的监管作用与对评级机构的监管监督结合起来。目前，评级被用于许多监管情境中，然而对评级机构几乎没有监督。有两个变化可以减小这种差距：一是取消监管机构对评级机构授予的特权（即停止将评级纳入各种法规），或提供一个监管框架，更积极地解决最近困扰评级机构的各种利益冲突和能力问题。任何一种改变都将有助于减少目前困扰评级与监管者之间关系的矛盾。

未来研究

信用评级的重要性突出了类别系统更普遍的经济重要性。对市场的认知是由分类方式所引发的相似性和差异性构成的。市场参与者如何理解他们的选择，他们认为哪些比较是相关的，以及他们如何做"尽职调查"，这些都能起到简化作用，是使原本复杂而不确定的世界变得合理的概念盒。从逻辑上讲，有多种方法来划分世界，或世界的一部分，但只有极少数的类别系统变得深度制度化。[10]由营利性评级机构发明的序数类别系统最引人注目的一点是它变得如此普遍，而且如此深入地渗透到资本市场治理的方方面面。下一步研究将是询问这种诠释信誉的特殊方式是如何成为主导的。它就是对债务分类最有用的方法吗？它是有强大的支持者赞助吗？一般来说，人们可以考虑类别系统是由上而下强加的（可能是国家或其他主导组织），还是由下而上、作为一种关于世界秩序的民间智慧而出现的。类别系统是围绕着同一个类别中所有对象的共同特性创建的，还是通过原型发展起来的（Lakoff，1987）？

其他研究者已经考察了其他经济领域中的类别系统，以及它们的后果（例如，Lounsbury & Rao，2004；Zuckerman，1999；Porac，Thomas，Wilson，Paton & Kanfer，1995），但显然还有更多的工作要做。其中一个问题涉及不同类别系统之间的竞争。这种竞争是如何展开的，以及是什么决定了结果？一个类别系统是吸收或是包容了其他系统？是一个系统"胜利"浮出而其他系统被扔进了历史的垃圾箱吗？这个过程是路径依赖，还是呈现出先发优势的证据？什么样的政治势力支持（或反对）分类的替代方案？这些政治势力的形成可能会因他们属于分类者或是被分类者而有所不同。竞争是在什么基础上发生的？这是追随者人数的问题吗？还是说是关于更强大的追随者的问题？制度化的程度重要吗——也就是说，这些类别是接近于个人的表层意识，还是被深深地镂刻在组织实践中以至于完全被视为理所当然？或者，在各种类别系统中进行选择类似于波普尔主义者的科学进步模型：类别被"证伪"，然后被抛弃。那些没有被"证伪"的则留下来再接受检验。

同样重要的是要分析类别系统与它们组织出的各种现象之间所产生的各种张力，这些张力给这两者都注入了活力。朱克曼（Zuckerman，1999）展示了不适合现有类别系统的对象（在他的案例中是公司）的价值会被打折。类别和对象之间的错位会影响对象。最近的金融事件表明，由于评级类别和被评级对象之间的错位变得如此普遍，因此还会影响类别系统，而不仅仅是对象。不难想象，在一个类别扩展的过程中，新的类别被创建出来以容纳新类型的对象（例如，将"SUV"类别添加到之前的汽车类别中，例如轿车、旅行车、跑车等），或者现有类别被细分以提供更细致的区别（Lounsbury & Rao，2004）。但是，广泛存在的问题可能会使现有的类别系统整体上失去信誉，而不仅仅是推动渐进的变化。换句话说，类别系统与其分类对象之间错位的出现和识别可以在很多方向上影响对象，或类别，或两者。究竟如何，仍然是一个谜。

目前尚不清楚美国金融中介的未来。最近一段时间的去中介化以越来越复杂的方式促使债务商品化，并使信用评级越来越重要。或许是为了应对危机，关系银行将会重新崛起。但是无论发生什么情况，金融市场的流动性将继续取决于可靠信息的产生，这些信息使买卖双方感觉他们知道金融商品的价值。如果这些知识生产失败了，金融市场将再次崩溃。而且，当知识生产本身是基于市场时，金融系统就会更加容易受到市场的特性所产生的风险和不确定性的影响。

鸣谢

感谢阿科斯·罗纳－塔斯（Akos Rona-Tas）、与会者以及会议组织者保罗·赫希和龙思博提供的有益建议和点评。

注释

[1] 一些人认为，评级机构在评估外国发行的主权债务时，将美国特有的标准应用于公共财政（Abdelal，2007，p.165）。

[2] 这一描述大致遵循了SEC（2008a，pp.6-10）和科沃尔（Coval）等人2009年的讨论。

[3] 一个典型CDO的设定有6到8个层级（Benmelech & Dlugosz，2009，p.27）。

[4] 为了简单起见，我不讨论"合成"CDO。

[5] 关于引人瞩目的收益增幅，参见Benmelech & Dlugosz，2009，Fig.5.

[6] 由于评级机构的客户（对冲基金、投资银行等）倾向于雇用评级机构中最好的分析师，事情变得更加糟糕了（Lo，2008，p.27）。

[7] 当分析师意识到一家公司表现不佳时，由此产生的信息串联可以逆转。

[8] 在普通家庭的层面上，洪、库比克和斯坦因（Hong, Kubik & Stein，2004）发现社交更多的家庭更有可能投资股票市场，特别是如果他们居住的社区也进行投资的话。布朗、伊夫科维奇、史密斯和魏斯本纳（Brown, Ivkovic, Smith & Weisbenner，2008）使用全国纳税人的样本表明，在其他条件相同的情况下，生活在股票市场参与度较高的社区中的个人更有可能参与其中。

[9] 在大萧条时期，由于市场价格出现了很多问题，许多政策措施都将"市场价值"替换为如"正常价值"或"公平保证价值"等其他名称。因此，房主贷款公司（HOLC）提供的住房抵押贷款是按房屋"正常"价值，而不是其当前的市场价值计算的（参见Stuart，2003，pp.45-46）。在这种情况下，罗斯福新政的机构已经准备好并愿意放弃市场价值，并用其他东西替代它。

[10] 可以借鉴集合论来了解有多少不同的方法来切分和分类一组对象。将一组对象划分为互斥和共同穷举的子集称为分区。一定大小的一组可能的分区数量根据 n 的大小迅速增加。对于一个包含5个对象的集合，有52种不同的方法对集合进行分区。但是对于一组10个对象的集合，有115975种不同的分区。对于一组11个对象的集合，共有678570个分区。通常，"贝尔数"是一组 n 个对象的分区数。关键是有许许多多不同的方法来对同一组对象进行分类。

参考文献

Abdelal, R. (2007). *Capital rules: The construction of global finance*. Cambridge, MA: Harvard University Press.

Adrian, T., & Shin, H. S. (2009). *Money, liquidity, and monetary policy*. Federal Reserve Bank of New York Staff Report no. 360. Federal Reserve Bank of New York, New York.

Ashcraft, A. B., & Schuermann, T. (2008). *Understanding the securitization of subprime mortgage credit*. Federal Reserve Bank of New York Staff Report no. 318. Federal Reserve Bank of New York, New York.

Bajari, P., Chu, S., & Park, M. (2008). *An empirical model of subprime mortgage default from 2000 to 2007*. NBER Working Paper no. 14625. National Bureau of Economic Research, Cambridge, MA.

Benmelech, E., & Dlugosz, J. (2009). *The alchemy of CDO credit ratings*. NBER Working Paper no. 14878. National Bureau of Economic Research, Cambridge, MA.

Benner, M. J. (2007). The incumbent discount: Stock market categories and response to radical technological change. *Academy of Management Review*, 32(3), 703–720.

Berger, A. N., & Udell, G. F. (1995). Relationship lending and lines of credit in small firm finance. *Journal of Business*, 68, 351–381.

Bikhchandani, S., Hirshleifer, D., & Welch, I. (1998). Learning from the behavior of others: Conformity, fads, and informational cascades. *Journal of Economic Perspectives*, 12(3), 151–170.

Brown, J. R., Ivković, Z., Smith, P. A., & Weisbenner, S. (2008). Neighbors matter: Causal community effects and stock market participation. *Journal of Finance*, 63(3), 1509–1531.

Brunnermeier, M. K. (2009). Deciphering the liquidity and credit crunch 2007–2008. *Journal of Economic Perspectives*, 23(1), 77–100.

Callon, M. (1998). Introduction: The embeddedness of economic markets in economics. In: M. Callon (Ed.), *The Laws of the markets* (pp.1–57). Oxford: Blackwell.

Cantor, R., ap Gwilym, O., & Thomas, S. (2007). The use of credit ratings in investment management in the U.S. and Europe. *Journal of Fixed Income*, 17(2), 13–26.

Caprio , G., Jr. Demirgüc--Kunt, A., & Kane, E. J. (2008). *The 2007 meltdown in structured securitization.* World Bank Policy Research Working Paper no. 4756. Washington, DC.

Carruthers, B. G., & Stinchcombe, A. L. (1999). The social structure of liquidity: Flexibility in markets and states. *Theory and Society*, 28(3), 353–382.

Choi, N., & Sias, R. W. (2009). Institutional industry herding. *Journal of Financial Economics*, 94(3), 469–491.

Coffee, J. C., Jr. (2006). *Gatekeepers: The professions and corporate governance.* Oxford, UK: Oxford University Press.

Cohen, L., Frazzini, A., & Malloy, C. (2008). The small world of investing: Board connections and mutual fund returns. *Journal of Political Economy*, 116(5), 951–979.

Coval, J., Jurek, J., & Stafford, E. (2009). The economics of structured finance. *Journal of Economic Perspectives*, 23(1), 3–25.

Davis, G. F. (2009). *Managed by the markets: How finance re-shaped America.* New York: Oxford University Press.

Derman, E. (2004). *My life as a quant: Reflections on physics and finance.* Hoboken, NJ: Wiley.

Duffie, D. (2008). *Innovations in credit risk transfer: Implications for financial stability.* BIS Working Paper no. 255. Bank for International Settlements, Basel.

Espeland, W. N., & Stevens, M. L. (1998). Commensuration as a social process. *Annual Review of Sociology*, 24, 313–343.

Goetzmann, W. N., & Newman, F. (2010). *Securitization in the 1920's.* NBER Working Paper no. 15650. National Bureau of Economic Research, Cambridge, MA.

Gorton, G. B. (2008). *The panic of 2007.* NBER Working Paper no. 14358. National Bureau of Economic Research, Cambridge, MA.

Gracia, J. J. E. (2001). Are categories invented or discovered? A response to foucault. *Review of Metaphysics*, 55(1), 3–20.

Haldane, A. G. (2009). Why banks failed the stress test. Speech given at Marcus-

Evans Conference on Stress-Testing, 9–10 February, Bank of England, London.

Hill, C. A. (1997). Securitization: A low-cost sweetener for lemons. *Journal of Applied Corporate Finance*, 10(1), 64–71.

Ho, K. (2009). *Liquidated: An ethnography of Wall Street*. Durham, USA: Duke University Press.

Hochberg, Y. V., Ljungqvist, A., & Lu, Y. (2007). Whom you know matters: Venture capital networks and investment performance. *Journal of Finance*, 62(1), 251–301.

Hong, H., Kubik, J. D., & Stein, J. C. (2004). Social interaction and stock-market participation. *Journal of Finance*, 59(1), 137–163.

Hong, H., Kubik, J. D., & Stein, J. C. (2005). Thy neighbor's portfolio: Word-of-mouth effects in the holdings and trades of money. *Journal of Finance*, 60(6), 2801–2824.

Lakoff, G. (1987). *Women, fire, and dangerous things: What categories reveal about the mind*. Chicago, IL: University of Chicago Press.

Lamoreaux, N. (1994). *Insider lending: Banks, personal connections, and economic development in New England*. Cambridge: Cambridge University Press.

Langohr, H. M., & Langohr, P. T. (2008). *The rating agencies and their credit ratings*. Chichester, UK: Wiley.

Laux, C., & Leuz, C. (2009). *The crisis of fair value accounting: Making sense of the recent debate*. Initiative on Global Markets Working Paper no. 33. Booth School of Business, University of Chicago, Chicago, IL.

Lo, A. W. (2008). *Hedge funds, systemic risk, and the financial crisis of 2007–2008*. Testimony before the U.S. House of Representatives Committee on Oversight and Government Reform. Hearing on Hedge Funds. November 13. Washington, DC.

Lounsbury, M., & Rao, H. (2004). Sources of durability and change in market classifications: A study of the reconstitution of product categories in the American mutual fund industry: 1944–1985. *Social Forces*, 82(3), 969–999.

MacKenzie, D. (2004). Social connectivities in global financial markets. *Environment and Planning D: Society and Space*, 22, 83–101.

Mann, B. H. (2002). *Republic of debtors: Bankruptcy in the age of American independence.* Cambridge, MA: Harvard University Press.

Mayer, C., Pence, K., & Sherlund, S. M. (2009). The rise in mortgage defaults. *Journal of Economic Perspectives,* 23(1), 27–50.

Nadauld, T. D., & Sherlund, S. M. (2009). *The role of the securitization process in the expansion of subprime credit.* Finance and Economics Discussion Series Working Paper no. 28. Federal Reserve Board, Washington, DC.

Porac, J. F., Thomas, H., Wilson, F., Paton, D., & Kanfer, A. (1995). Rivalry and the industry model of Scottish knitwear producers. *Administrative Science Quarterly,* 40(2), 203–227.

Partnoy, F. (1999). The siskel and ebert of financial markets?: Two thumbs down for the credit rating agencies. *Washington University Law Quarterly,* 77(3), 620–715.

Partnoy, F. (2006). *How and why credit rating agencies are not like other gatekeepers.* University of San Diego Law School Research Paper 07-46. University of San Diego Law School, San Diego, CA.

Philippon, T., & Reshef, A. (2009). *Wages and human capital in the U.S. financial industry: 1909–2006.* NBER Working Paper no. 14644. National Bureau of Economic Research, Cambridge, MA.

Rao, H., Greve, H. R., & Davis, G. F. (2001). Fool's gold: Social proof in the initiation and abandonment of coverage by Wall Street analysts. *Administrative Science Quarterly,* 46(3), 502–526.

Rom, M. C. (2009). The credit rating agencies and the subprime mess: Greedy, ignorant, and stressed? *Public Administration Review,* 69(4), 640–650.

Securities and Exchange Commission (SEC). (2008a). *Summary report of issues identified in the commission staff's examinations of select credit rating agencies.* Washington, DC: Securities and Exchange Commission.

Securities and Exchange Commission. (2008b). *Report and recommendations persuant to section 133 of the emergency economic stabilization act of 2008: Study on mark-to-market accounting.* Washington, DC: Securities and Exchange Commission.

Sherlund, S. M. (2008). *The past, present, and future of subprime mortgages.*

Finance and Economics Discussion Series Working Paper no. 63. Federal Reserve Board, Washington, DC.

Snowden, K. (1995). Mortgage securitization in the United States: Twentieth century developments in historical perspective. In: M. Bordo & R. Sylla (Eds), *Anglo-American financial systems* (pp.261–298). New York: Irwin Publishing.

Stiglitz, J. E. (2000). The contributions of the economics of information to twentieth century economics. *Quarterly Journal of Economics*, 115(4), 1441–1478.

Stuart, G. (2003). *Discriminating risk: The U.S. mortgage lending industry in the twentieth century*. Ithaca, USA: Cornell University Press.

Tett, G. (2009). *Fool's gold: How the bold dream of a small tribe at J.P. Morgan was corrupted by Wall Street greed and unleashed a catastrophe*. New York: Free Press.

Uzzi, B. (1999). Embeddedness in the making of financial capital: How social relations and networks benefit firms seeking financing. *American Sociological Review*, 64, 481–505.

Uzzi, B., & Lancaster, R. (2003). Relational embeddedness and learning: The case of bank loan managers and their clients. *Management Science*, 49(4), 383–399.

Zuckerman, E. (1999). The categorical imperative: Securities analysts and the illegitimacy discount. *American Journal of Sociology*, 104(5), 1398–1438.

第五章　终端异构性和成功的自我毁灭潜力：
次级抵押贷款发起和证券化的教训

乔-艾伦·波兹内（Jo-Ellen Pozner），玛丽·凯特·斯蒂姆勒
（Mary Kate Stimmler）和保罗·M. 赫希（Paul M. Hirsch）

摘要

　　我们从最近的金融危机中汲取的教训之一是，制度有时可能播下自己毁灭的种子。我们对创新实践的传播（在这种情况下，发行次级抵押贷款并将之证券化）如何导致已建立机构的意外崩溃提供了两层分析。在制度层面，我们证明缺乏有效的外部监管存在，通过引入新的制度逻辑出现新规范，以及强烈的模仿和竞争压力可能导致组织行为者利用次优创新。在组织层面，我们认为相对封闭的网络中的中心参与者的过度嵌入和迷信化的学习过程会使决策者更易受偏见的影响，从而导致次优组织实践的制度化。这两个平行的过程导致了制度层面的严重后果，我们将其称为"终端同构"。我们最后讨论制度理论的后果、未来的研究方向以及对政策制定者的建议。

　　组织理论的核心主题之一是创新的传播和制度化。学者们已经确定

了几种机制：包括社会运动、网络联系、制度创业和象征性管理。新的实践通过这些机制在组织人群中传播。然而，关于传播的文献被批评为未能检视一旦实践被制度化后会发生什么，对其的采用是合法的还是非法的，在采纳它的组织中的实践是否正常运作，是否实际实施或仅仅是象征性的姿态，以及它对组织绩效的影响是积极的还是消极的。我们认为传播过程的另一个方面被忽视了，即对制度本身的影响。

在本章中，我们认为组织可能会参与到在组织层面看似合法且有益的实践，但这会导致机构层面的功能失调，并可能产生可怕的后果。以最近美国住房抵押贷款和信贷市场的崩溃为例，我们建立了关于新的实践的传播如何可能导致既定安排的意外崩溃和去制度化的模型。在紧密嵌入的网络中追踪创新的贷款发放和证券化实践的传播，我们探索了导致不稳定和有效推翻了长期组织安排的微观和宏观体制机制，这主导了房屋所有权的转移和为之前半个世纪的契约的再融资。

我们还确认了，我们在对制度逻辑变化是如何实现的理解上有着一道鸿沟。制度理论中的现有论述认为制度创业、监管环境的变化，以及模仿同构是制度变迁的主要驱动因素。相反，我们认为，创新的传播可以改变制度，从而促进制度侵蚀，组织可以在重新配置环境以加速这一进程的路径中发挥主动作用。

抵押贷款危机的故事很适合于制度分析，这是一个关于什么被视为理所当然，以及组织之间的相互作用及其外部约束的故事。它还指出了制度理论背后的一些潜在弱点。我们认为，金融机构重组了自己的环境，从而创造了迫使组织变革，最终导致危机的竞争条件。在金融市场参与者自身积极推动的市场逻辑的指导下，监管机构没有阻止创新过程失控。缺乏有效的监管存在，通过引入"华尔街逻辑"出现新的规范，以及激烈的竞争和模仿压力，使得金融服务业采用了次优的做法，最终导致了几个关键参与者的消亡，以及整个行业的重组。我们称此过程为"终端同构"。

在这种情况下，创新过程基于不合理的假设，并导致逆向选择，最终引发了危机。尽管如此，被传播的创新似乎是合法的、合理的，并且对采用它的组织具有竞争的必要性，并且只有在被汇总到制度层面时才被证明是有害的。所涉及的公司并不如大多数制度创业者所假设的那样试图推翻现有的秩序，而只是模仿和胜过其成功的同行。我们认为，他们的决定因为决策偏见造成的非理性的污浊之气而蒙上了阴影，这种偏见因行业本身的结构而被恶化了。

因此，我们论证的一个关键方面是，组织层面的微观机制促成了几乎推翻一项体制的集体性功能失调的决策。迷信的学习过程（Levitt & March，1988）导致决策者复制似乎成功的实践，而成功和管理上的自大之间的矛盾导致了战略上的持久性（尽管这是极其有害的）（Audia，Locke & Smith，2000）。此外，密集网络中机构参与者的过度嵌入导致他们只是在相互之间寻求信息，这就在决策过程中引入了进一步的偏见。这些机制促进了可能在组织层面上看似合理的实践的传播，但是当在整个体制中复制时，这引发了最终导致危机的逻辑上的巨大转变。

我们的论点如下。在描述了我们在文献中观察到的关于改变制度逻辑和创新传播之间的差距之后，我们列出了次级抵押贷款发起和证券化的简要历史，这段历史导致了2008—2009年的金融危机。在研究了金融服务业内部的内生变化来源和监管力量的削弱（我们将其称为"合法性的私有化"）之后，我们描述了促进这些实践在美国金融机构中传播的社会心理机制。接下来将讨论我们称之为"终端同构"的制度过程，强调改变制度逻辑和"合法性的私有化"的作用。最后，我们讨论了未来的研究方向，特别关注创新传播的黑暗面和对政策制定者的建议。

改变制度逻辑与创新的传播

组织为什么以及如何采用新的实践是组织理论的核心问题之一。新制度主义理论认为，组织模仿彼此不仅是因为竞争压力，而且还是为了符合一个社会建构的环境（DiMaggio & Powell，1983；Powell & DiMaggio，1991）。伴随着竞争压力，三种制度机制（规范性，强制性和模仿同构性）推动了这种模仿。通过这些机制，制度创造了限制行动并使现有制度永久化的压力（D'Aunno，Succi & Alexander，2000；Greenwood & Hinings，1993，1996；Greenwood & Suddaby，2006），这样一来，唯有推翻主导性制度，颠覆现状，才能获得真正的改变（Greenwood & Hinings，1996；Greenwood & Suddaby，2006）。因此，组织实践只有在遵守主导性制度的公约的情况下才是合法的（Friedland & Alford，1991；Thornton & Ocasio，1999；Zajac & Westphal，2004）。随着通行的合法性概念得到更新，某些被认为是理所当然的组织实践也可能发生变化，因为旧的做法已经去制度化，而新的实践扎下了根（Davis & Greve，1997；Tolbert & Zucker，1983）。对制度变迁和新实践的采用的研究文献有两大研究传统：关于制度逻辑的文献和关于创新传播的文献。

传统上，对制度变迁的研究已经讨论了外生力量破坏现有制度，导致现状的变化，以及催生出一套新的结构、规则、价值观和实践来管理制度体制的方式（Fligstein，1990；Leblebici，Salancik，Copay & King，1991；Ocasio，1994；Powell，1991）。例如，技术变革可能会迫使制度的动力机制发生根本性变化，导致制度本身以及管理它的逻辑的重组（Leblebici et al.，1991；Munir，2005）。弗里格斯坦及其同事（Fligstein & Brantley，1992；Fligstein，1990）证明，多部门组织形式的传播，部分是将公司控制的制造逻辑替换为财务逻辑的结果。同样，桑顿对高等教育出版业的研究（Thornton，2001，2002；Thornton & Ocasio，1999）发现，用市场逻辑取代专业编辑逻辑导致了管理实践的承续、组织结构，以及在该领域的市场收购目标的变化。

同样，监管环境的变化会显著改变制度逻辑。制度可以被定义为正式和非正式约束，规则，以及理所当然的脚本，用于指导组织行为，从而产生由社会决定的规范模式（North，1991；Powell & DiMaggio，1991；

Russo，2001）。因此，无论是由制度内部人员还是制度上的对立者主导的监管（Ingram & Rao，2004；Schneiberg & Bartley，2001），都在确定哪些实践和行为是合法的时候起着重要的作用（DiMaggio & Powell，1983），因此监管模式的变化会对组织结果产生重大影响（Russo，1992）。

但最近的研究表明，制度创业者的目的性行为（Battilana，Leca & Boxenbaum，2009；DiMaggio，1988；Jepperson，1991；Lawrence & Suddaby，2006）与内部行动者对创新和改变的倡导（Sherer & Lee，2002）可能导致制度变迁。这种类型的变化通常——虽然并非总是如此（Greenwood & Suddaby，2006）——由边缘或外围参与者推动，其相对较低的地位，激励并许可他们推翻主导体制（Hirsch，1986；Kraatz & Moore，2002；Leblebici et al.，1991），导致了用另一套制度逻辑来取代原有的一套制度逻辑（Greenwood & Hinings，1996；Greenwood & Suddaby，2006）。克拉茨和摩尔（Kraatz & Moore，2002）表明，学生偏好和资源竞争的变化引发了从主导性的文科学院的逻辑向职业教育定位的转变。马奎斯和龙思博（Marquis & Lounsbury，2007）通过展示在银行业引入国家逻辑的努力如何激发制度创业家捍卫银行业的共同体逻辑，从而扩展了这一探索范围。

对于制度逻辑变化的这些解释，我们还要清楚地考虑新的实践是如何传播的。无论是通过行动者的创业、监管环境的变化，还是简单的竞争模仿，逻辑变化的主要机制都是传播。一般而言，关于传播的文献解释了挑战现有制度的实践的传播，这种实践代表了内生制度变革的重要来源（Clemens & Cook，1999；Greenwood & Hinings，1996）。斯特朗和舒勒（Strang & Soule，1998）总结了关于结构和传播的研究，证明新的实践可以通过外生性来源传播，包括大众媒体和变革推动者，也可以通过内在因素来传播，如网络联系、竞争、空间接近度、地位，从而呼应了新制度理论家提出的机制。组织可能会因为接触和影响而采用其他人引入的创新（Greve，2005；Rogers，1995；Strang & Soule，1998）或跨组织的经验溢出（Argote，Beckman & Epple，1990；Greve & Taylor，2000），这随着时间的推移可能会导致制度逻辑的变化。尽管制度约束可能会减缓对新的或非法的实践的采纳（D'Aunno et al.，2000；Haveman，1993；Leblebici et al.，1991），但有充分证据表明，新的实践会导致组织领域的变化（Ahmadjian & Lincoln，2001；Burns & Wholey，1993；Davis，1991；Galaskiewicz & Wasserman，1989）。

虽然传播过程是被明确定义的，但这一研究体系存在局限性（Jonsson，2009）。特别是，它被批评为屈从于一种支持创新的偏见（Rogers，1995），这样的研究侧重于成功的传播过程，并隐含地假设创新是有益的。虽然有一些讨论是关于为什么组织没有采用传播中的新实践，包括无法吸收知识（Cohen & Levinthal，1990；Lane & Lubatkin，1998）、采用技术变革的困难（Tushman & Anderson，1986），因为它们缺乏合法性而未能采用创新（Dougherty，1992），以及内部阻力（Rogers，1995）。这类文献的主要关注点是有益的实践如何在跨组织人群中被成功采纳。同样，这类文献也被批评为不注意传播的内容，过度关注象征性的采纳（Fiss & Zajac，2006；Westphal & Zajac，1998；Zajac & Westphal，1995），并且缺乏对在实施过程和入乡随俗的过程中产生的变异的关注（Westphal，Gulati & Shortell，1997）。

我们扩展此讨论以调查传播过程对特定创新在其中传播的那种制度的影响。迄今为止，不少文献已经研究了制度的变化如何导致特定实践的合法性和组织调整方式发生变化。但我们认为，组织可能通过采用创新实践来改变其制度环境，从而扭转变革过程的方向。在接下来的部分中，我们描述了一个看似理性的创新——抵押贷款发起和证券化——通过美国金融体制中的人们进行传播的过程。我们首先考察可能抑制创新的强制性压力如何通过我们称之为"合法性的私有化"的过程而被颠覆，从而导致这种创新比预期更大程度的传播。之后，我们将描述鼓励这种做法进一步传播（尽管它对金融服务机构有潜在的有害影响）的微观机制。

关于次级抵押贷款发起与证券化的简要历史

为了说明传播过程如何导致制度逻辑中潜在的不适应的变化，我们研究了美国金融服务业内抵押贷款发起和证券化的情况。抵押贷款业务依赖于谨慎衡量风险并将其与潜在回报相平衡。违约和提前偿付的风险相对较低的贷款利率低于违约和提前偿付风险较高的贷款。这些低风险和高风险贷款通常被分别称为优质和次级贷款。如今，收入低或不稳定、有高额债务或有未偿还贷款历史的借款人有资格获得利率较高的次级抵押贷款。然而，在1980年"存款机构放松管制和货币管制法案"（Depository Institutions Deregulation and Monetary Control Act）通过之前，银行被禁止向高风险借款人收取高利率，因此很少有高风险贷款。两年后，"替代性抵押贷款交易平等法案"（Alternative Mortgage Transaction Parity Act）允许金融机构以可变利率和期末整付的方式提供抵押贷款。这两项法案为次级抵押贷款打开了大门，但是当1986年的"税收改革法案"（Tax Reform Act）保留了对住房抵押贷款利息的税收扣减，同时禁止扣除任何消费者债务的利息，特别是信用卡债务时，这种做法真正得到了普及。因此为获得消费者信贷而将房产再融资成为信用卡的流行替代品。

次级债务市场的增长与资产支持证券（ABS）市场的增长和非存款银行（称为非银行金融机构）的扩散同时发生。传统的"主要街道"银行以储蓄型账户收取存款，然后将这笔钱借给付息的借款人，非银行机构不会收取存款。相反，他们向大型银行（通常是华尔街投资银行）借钱，然后将这些银行借给借款人。非银行机构通过向个人借款人收取比他们自己支付给大型银行的贷款更高的利率来获利。随着非银行机构在全国各地的商业区和网站蓬勃发展，抵押贷款经纪人（因为贷款利率较高，所以他们的利润率通常较高）主动瞄准次级抵押贷款借款人。通常情况下，非银行机构不持有他们提供的贷款，而是将其债务组合出售给大银行；然后，银行将这些贷款合并为通常被称为ABS的工具，从而将这些贷款证券化。投资银行通过汇集不同类型的贷款来调整这些证券的风险水平，然后将这些工具转售给各种投资者。曾经由储户、银行和借款人组成的闭环因此成为由投资银行、非银行机构、抵押贷款经纪人、政府实体、保险公司、对冲基金和投资者组成的复杂网络。

在涉及发起次级抵押贷款并将其证券化的交易中，支撑这一特定创新传播的逻辑存在着一个致命缺陷。几乎所有参与这些工具的部门都对与此类贷款相关的风险水平做出了相同的假设，因此抵押贷款的价值基于一个主要的基本信念：房价自1990年以来稳步上升，肯定会在未来继续增长。《福布斯》杂志的一篇题为"为什么房屋所有权有意义"的文章（Reeves，2004）解释了这一假设如何影响购房者，从而推动了借贷和证券化的整个循环：

> 一般来说，美国的房子每年升值4%到5%。算一算：如果你买了20万美元的房子，首付20%。如果它每年涨5%，那么第一年的价值就会增加1万美元。4万美元的首付款就得到了1万美元，回报率为25%。你能在波涛汹涌的股市中做到这一点吗？

与购房者一样，购买由这些抵押贷款组成的证券的投资者认为，只要房地产价值持续上涨，其下行风险就会很小。如果房主违约，债权人收回的房产仍将具有显著且不断增加的价值。这引发了对抵押贷款支持证券（MBS）的巨大兴趣，并推动了投资链中的需求：饥饿的投资者购买了投资银行可以创造的所有ABS；非银行机构可以将其债务以最高价格转售给投资银行，并给他们的抵押贷款经纪人施压，让他们尽可能地提供贷款；而经纪人则迫使借款人以更高的利率获得更多的贷款。

为了满足对ABS的需求，贷方在市场的各个角落寻找支持贷款的方法，最明显的地方就是尚未开发的次级抵押贷款市场。根据美联储

的估计，2002年至2003年间次级抵押贷款的发起量增加了56%～62%
（Chomsisengphet & Pennington-Cross，2006）。贷款人不仅向不太合
格的借款人提供贷款，还降低了资格证明标准；2006年，以极少的收入
证明或根本没有收入证明获得的贷款占次级贷款的一半。《商业周刊》
（Vickers & Timmons，2002）报道了一种奇怪的寻找新的抵押贷款借款
人的绝望尝试：

> 例如，增长最快的骗局之一就是使用来自讣告和家谱网站的死
> 者身份提交贷款申请，然而将其证券化：银行打包抵押贷款，并将
> 其出售给保险公司和养老基金，在该行业下滑的行业标准中发挥了
> 重要作用。

虽然向死者提供贷款只是一个极端而不寻常的例子，但它证明了对
ABS的需求如何助长了可疑的借贷行为。证券化已经将抵押贷款转变为
建立在不断增加的房地产价值、低利率和稳定经济的不切实际假设的纸
牌屋。

这篇简短的历史表明，在相对较短的时间内，制度逻辑发生了重大
变化。一个"主要街道"银行的逻辑，将抵押贷款视为支持房屋所有权
制度的消费贷款，几十年来主导了抵押贷款。金融服务监管和思维的变化
推动了向"华尔街"逻辑的转变，这种逻辑将抵押贷款视为能够为发起人
和投资者带来巨大收益的投资工具，而很少考虑对借款人的影响。投资回
报而不是房屋所有权成为金融服务提供商决策的主要动力。次级抵押贷款
发放和抵押贷款证券化的双重创新的传播促进了这种变化，反过来又鼓励
了这些实践的进一步传播。随着投资回报的增加，追逐不断增长的利润的
理性竞争压力导致了其快速传播。与竞争同构压力相伴随的是硬核金融服
务业现代标准的规范性压力，这进一步助长了传播。这场灾难的火焰由金
融服务公司之间过度嵌入的关系、决策偏见、狂妄自大，以及能限制其蔓
延的强制性压力的缺乏所煽动，导致了金融服务行业内存在难以承受的风

险，并最终陷入危机。在详细研究终端同构的过程之前，我们首先探讨这项制度内特有的、极端缺乏强制性压力的问题。

合法性的私有化

法律和监管改革的斗争是组织行为者创造制度变革的重要机制（Dobbin，1998；Edelman，1992；Oliver，1991）。例如，埃德尔曼（Edelman，1990）发现，民权运动产生的法律环境的变化迫使组织采用形式申诉程序。同样，道宾和萨顿（Dobbin & Sutton，1998）证明，随着民权立法导致反歧视、人事、安全和福利等部门制度化而产生的一种逻辑转变，最终导致了一种人力资源逻辑的传播。龙思博（Lounsbury，2002）发现，第二次世界大战后银行业的放松管制取代了市场逻辑的监管逻辑。这种转变将金融业从建立在贷款基础上转变为基于资本创造，它鼓励更广泛的市场参与，并导致以前相互隔离的组织形式的混合。在本节中，我们认为这种转变是极端形式的监管俘获的结果（Stigler，1971），我们称之为合法性的私有化。

在龙思博（Lounsbury，2002）的工作基础上，我们必须问，主导金融服务业的逻辑是如何迁移到在20世纪末的？尽管监管和以贷款为导向的逻辑尚未再次出现，但与早期银行业逻辑相关的组织形式和实践开始占据主导地位，这导致了2008年的金融危机。事实上，放松管制的逻辑凸显了制度理论中的一个重要盲点：如果通常由诸如国家或专业协会等机构行为者赋予的合法性的指定，实际上是由处于中心地位的组织而不是多个参与者决定和赋予的，那会发生什么？多个制度参与者通常参与监管过程，包括占主导地位的现任者、挑战者、消费者、政府机构，以及其他参与者（McAdam & Scott，2005；Russo，2001）。任何利益相关者都可能参与定义了"构成了规范上可接受的实践的是什么"的过程。很明显，处于中心位置的高层行动者可以利用他们的权力和资源来影响这一过程，并将他们的利益和做法定义为可接受的（如果不是规定性的话）。现在的商业广播公司就是这种情况，他们游说联邦通信委员会反对创建一种微型无线电广播形式（Greve，Pozner & Rao，2006；Pozner & Rao，2006）。在相对复杂和不断变化的机构中，如金融服务机构，利益相关方之间可能没有就哪种组织实践和策略是合法的达成广泛共识。因此，有经验的组织能够利用定义的灵活性来模糊合法和非法的组织实践之间的界限（Leblebici et al.，1991；Pozner & Rao，2006；Rao，Monin & Durand，2003，2005；Russo，2001；Schneiberg & Bartley，2001）。

现有的企业不仅在基于它们的利益来确定什么是合法实践方面有着既得利益，而且更有可能拥有参与成功游说的经验和网络（Hargadon & Douglas，2001），从而受益于创新和制度变革（Russo，2001）。根深蒂固的利益总是倾向于集体性地和主动地（Francis，1993；Getz，1997；Oliver & Holzinger，2008），或单独地和象征性地（Edelman，Uggen & Erlanger，1999）发挥作用，以确保他们自己的利益，即使这样做会使其他利益相关者群体受损失。除了监管决策会显著地、直接地影响人类生活的行业（例如医疗保健和航空），其他利益相关者不太可能有能力或动力联合起来反对那些根深蒂固的处于中心地位的利益。因此，尽管存在名义上的外部监管机构，但我们经常看到强大的行业有效地进行自我调节，而将外部监管转变为有效的自我监管制度。

企业可能通过监管推动自己的合法性概念的观点已经存在了很长时间，但监管俘获（Stigler，1971）并没有解释为什么银行实际上在努力减少监管。斯蒂格勒（Stigler，1971）认为，由于在政策制定过程中搜索的成本很高，这一过程使少数人强烈感受到并提出的偏好成为特权。换句话说，由于个人的探究并参与银行业监管的动机较低，业内人士的强烈偏好往往会赢得胜利。金融市场参与者利用这种趋势，进一步宣称他们的偏好不仅有利于他们的企业，而且还能使许多潜在的房主获得更便宜的资本。正如斯蒂格勒所描述的那样，在这种情况下，市场参与者要求放松管制，以促进新的产品、服务和替代品在传统金融行业传播，而不是主张监管以阻止新进入者。由于处于中心地位的组织能够影响合法实践的定义，因此无论其他市场参与者的利益如何，他们自己的实践都得到了确认。此外，由于这些定义通过监管被制度化了，它们也被合法化和具体化了（DiMaggio & Powell，1983；Suchman，1995），而合法的组织实践也得到了有效的定义（Espeland，1994）。

合法性的私有化与次级抵押贷款

虽然许多行业的企业都为自己的利益在游说，但金融业能够决定政策的程度是令人吃惊的。它们是如此引人注目以至于《华尔街日报》评论说"联邦立法者近年来对次级抵押贷款行业没有构成太大威胁"（Simpson，2007）。例如，次级贷款机构阿姆莱奎斯特（Ameriquest）的首席执行官罗纳德·阿纳尔（Ronald Arnall），其亲属和员工在2002年至2006年期间花费了超过2000万美元进行政治游说。阿姆莱奎斯特与其他次级抵押贷款机构和重新打包贷款的投资银行一起，与州和联邦政府的监管次级抵押贷款行业的企图进行了斗争。在次贷危机刚开始爆发时，阿纳尔还被任命为驻荷兰大使。金融行业内部人员通过游说和打通关节的行动，能够实现通常只有通过有目的的集体行动和社会运动来实现的变革。

除了通过游说来获得影响力之外，顶级财务主管还通过成为积极的监管角色，从行业角色直接转变为联邦政府角色，加入监管流程。在那里，他们有能力积极合法地制定金融监管政策。高盛首席执行官跳到政府高层职位的传统就是一个鲜明的例子。从1969年离开担任财政部部长的亨利·福勒（Henry Fowler）加入高盛开始，一大批顶级经济和金融顾问在政府部门和投资银行之间跳转，其中包括几名前首席执行官：亨利·保尔森，他后来担任乔治·W.布什政府的财政部部长；乔恩·科赞（Jon Corzine）在成为新泽西州州长之前，是该州的参议员；斯蒂芬·弗里德曼（Stephen Friedman），曾担任国家经济委员会和纽约联邦储备银行的主席；罗伯特·鲁宾（Robert Rubin）离开高盛后担任国家经济委员会主席，后来担任财政部部长。

高层银行家能够顺利进入监管岗位的容易程度和流动性不可避免地导致了"囚犯在管理收容所"的结论，或者说，金融服务业已经在有效地自我调节了。正如前联邦储备委员会主席艾伦·格林斯潘在2008年10月说出"令人震惊，不敢相信"的话所证实的那样，政府"寄望于贷款机构自觉地保护股东权益的利益"（Greenspan，2008）。换句话说，那些处于金融服务监管机构最高级别的人明知故犯地将监督和控制金融机构行为的责任移交给这些机构。我们将这一过程称为合法性的私有化，即行业参与者不是通过自我监管组织，而是通过积极地和表面合法地操纵联邦监管机构来进行自我监管。这是斯蒂格勒（Stigler，1971）所谓的监管俘获的一种极端形式，它特别凶险，因为它可以激发出有毒的一致性（toxic conformity），正如我们后面将要描述的那样。

也许金融服务行业中最明显的自我合法化的例子可以从对《格拉斯—斯蒂格尔法案》的侵蚀中看出，该法案将商业银行和投资银行的活动分开。废除《格拉斯—斯蒂格尔法案》之后，花旗银行与旅行者集团（Travelers Group）随即便破纪录地合并了，该集团当时拥有投资银行所罗门美邦（Salomon Smith Barney）。这项合并创建的新庞然大物组织——广泛涉猎了保险承保、证券承销和商业银行等不同业务——公然嘲弄了当代的监管，其中最显著的就是源自大萧条时期的《格拉斯—斯蒂格尔法案》。《格拉斯—斯蒂格尔法案》和其他一些法规是专门被设计用于防止单一机构模糊金融服务各方面之间的界限的。这些政策旨在解决导致1929年金融业崩溃和随后的大萧条导致的各种利益冲突。虽然合并创造了一项非法业务，但根据当时的监管规定，它必须剥离其业务的主要部分以遵守法律，旅行者集团的首席执行官指出，花旗集团坚信该政策会改变，并说"我们已经进行了足够的讨论，相信这不会成为一个问题"（Martin，1998）。

监管机构并没有阻止花旗银行与旅行者合并或迫使公司削减其投资

或对消费者的优惠，而是要求终止监管，并使得那些"讨论"取得了成功。1999年11月，国会通过了《格拉姆－利奇－布莱利法案》（Gramm–Leach–Bliley Act），也被称为《金融服务现代化法案》（Financial Services Modernization Act），从而废除了对同时从事消费者和投资银行业务的公司的制裁。根据《纽约时报》的报道，法案撰稿人菲尔·格拉姆在法案通过之前，恳请花旗银行首席执行官桑迪·威尔（Sandy Weill）致电克林顿总统，来助力通过这项措施（Labaton，1999）。这项合并完成18个月后，国会确实采取了法律变更这一事实，该机构现在被称为花旗集团（Citigroup），这表明国会正在积极应对行业本身已经制定的变革。这一系列事件说明了传统监管机制的一个令人困惑的逆转：不仅在组织安排确定一段时间后就赋予其合法性，而且合法性的主要驱动力来自寻求它的行业。合法化的过程实际上是被私有化了；金融服务业不仅有效地掌握了自我监管的能力，而且其目的是采用和传播被广泛认为对其他利益相关者而言是危险的做法。

合法性的私有化在金融服务业的许多角落都很明显，储蓄机构监管局（OTS）可能是其中之最。OTS于1989年作为美国财政部（如联邦储备系统和联邦存款保险公司）的行动机构，依靠联邦储蓄协会和金融控股公司银行支付的监管费用作为其运营资金。就像零售商提供折扣以吸引买家一样，OTS承诺金融市场参与者比其他金融部门监管机构更加宽松的监管，例如较低的资本储备要求。此外，它积极鼓励金融机构调整其章程，以便它们可以属于OTS领域。根据OTS主任詹姆斯·吉勒兰（James Gilleran）的说法，该机构的目标是"允许储蓄机构以广泛的自由度在监管干扰中运作"（Appelbaum & Nakashima，2008）。在2003年的新闻发布会上，吉勒兰在一堆四英尺（约1.2米）高的用红胶带捆起来的印刷法规前拿起一把电锯，以此强调了OTS监管的松散性。OTS监督着在2008年信贷危机期间失败的许多主要次级贷款机构，包括美国国家金融服务公司（Countrywide）、华盛顿互惠银行（Washington Mutual）和印地麦克银行（IndyMac）。虽然这些机构仍然需要符合监管准则，但OTS采取的基于市场的方法允许他们选择遵循哪种监管制度。结果依然是合法性的私有化：组织按照自己的意愿行事，并积极运作去寻找能够为他们提供所需合法性的机构。

毫不奇怪，创新是这种运作的关键。在OTS，创新和放松管制是相辅相成的；通过减少金融机构的监管负担，OTS使这些组织能够创建浮动利息、入门费率和无预付款的抵押贷款，从而使银行能够向越来越多的借款人提供贷款。从银行业的视角来看，另一种远离获得抵押贷款的房主的创新正在传播。衍生品种类越来越多——根据相关资产变化估值的金融工具，如货币、国库券、债券和股票市场指数——开始被金融交易者用来对冲多种风险。尽管农产品期货已经存在了几个世纪，但其他类型的投资（如股票或债券）的期货交易已陷入监管困境。2000年的"商品期货现代化法案"通过明确指出大多数衍生品（包括润滑抵押贷款支持证券市场轮子的信用违约掉期）不仅合法，而且超出法律范围，超出了任何金融监管机构的范畴，从而减少了其不确定性。这种发展代表了另一种极端形式的监管俘获，不仅代表了国家对行业需求的投降（Edelman et al., 1999），而且还说明了国家放弃其在制定监管方面的作用。

随着抵押贷款实践和投资工具的创新传播，金融服务业越来越不依赖于政策赋予的合法性。相反，随着行业开始自我调节，合法性变得内生化。监管机构和金融服务行业参与者对这些变化所产生的华尔街逻辑做了理性阐释，认为银行家们知道最适合银行业务的是什么。正如美联储主席格林斯潘（Greenspan，2009）所解释的那样，他的工作前提是"金融机构所有者和管理者意识到自身利益所在，将通过积极监督和管理公司的资本和风险头寸来维持足够的缓冲，以防破产"。

合法性私有化与创新扩散

在我们的例子中，合法性的私有化和一种适应不良的实践的扩散被紧密地联系在一起，以复杂的方式相互加强。这种关系有三个方面特别突出。首先，创新被用作忽视过去曾经标志着出现问题的经济基本面的主要理由。例如，2004年美联储主席格林斯潘（Greenspan，2004）认为，与收入相关相比，创纪录的高额家庭债务并不一定意味着"经济危险"；相反，他提出如下建议。

> 免费午餐还有待发明。然而，我们似乎正在经历最终可能是全球化程度的一次大转变，而创新已经暂时性地对那些［经济不平衡和经济危险］标准做了具体校准。（Greenspan，2004）

有人认为，创新可以通过寻找解决经济问题的新方法来取代监管。

其次，创新改变了监管领域的界限。针对OTS的监管，"创新的"公司可以重写他们的章程，以找到更宽松的监管。关于金融衍生品，证券交易委员会和商品期货交易委员会之间的权力斗争造成了足够的模糊性，使大多数衍生品免于监管。通过在监管范围之外进行创新，银行赋予了自己权力，并排除了从现成的外部机构获得合法性的理由。

最后，也许是最重要的，创新降低了监管机构的专业性，监管机构往往缺乏必要的信息和专业知识来衡量创新金融工具对金融服务行业构成的风险。例如，了解公司在投资上的潜在损失需要大量的专有数据，包括交易对手的风险组合，以及复杂的模型和大量的计算能力。投资大师和自封的反传统发言人沃伦·巴菲特阐释了一家公司——通用再保险公司（General Re）的投资组合的复杂性：

> 截至年底（经营10个月后），我已完成14384份合约，涉及全球626个交易对手。每份合约都有一个来自一个或多个参考项目的正负值，包括一些令人难以置信的复杂性。对这样的投资组合进行评估，专家审计师轻松诚实地发表的意见会各不相同。（Pratley，2008）

如果一个对了解自身风险投资组合有浓厚兴趣并有着钻研必要专业

知识的动机的公司都可能会弄错，那么人们一定会怀疑，资源少得多的、负责监督所有公司的所有此类投资的监管机构，如何能够更好地理解它。正如纽约联邦储备银行主席蒂莫西·盖特纳（2006）所解释的那样，"市场为了获取利润而去捕捉新机遇的速度与支持监管和负责执行的基础架构的发展速度之间的鸿沟"是不可避免的。事实上，可能是监管机构与受监管机构之间信息不对称的程度——几乎每个行业都存在这种问题，尽管它们遇到的麻烦远低于金融服务领域——使得合法性的极端私有化成为可能。

评级机构也促成了合法性的私有化。评级机构被政府认可为统计评级机构（NRSRO），但无须披露其评级如何发展或其收入来源。尽管是评级机构在评估银行的产品，但评级机构依赖金融市场参与者来支付账单。对特定评级不满意的市场参与者可以转到另一个NRSRO并再次尝试，这就导致了一场竞赛，从而损害评级的完整性。通过承认NRSRO，政府有效地授权评级机构去竞争银行的业务，加剧了这一问题。

总而言之，创新实践的传播速度和复杂性加强了合法性私有化的趋势，这反过来又鼓励了进一步的创新。这解释了美国次级抵押贷款发放和证券化业务的快速传播和增长，以及在制度层面上对采用这些做法的潜在危险的忽视。通过这些创新的传播，金融业转而接纳了更大的风险，这代表着从主导抵押贷款市场的主要街道逻辑转向了华尔街逻辑；这种逻辑转变如何影响金融服务机构本身是一个同样重要的过程，我们现在要对此加以关注。

终端同构

除了合法性的私有化和创新传播所引起的自我强化循环（这可以引起制度逻辑的变化），我们认为制度本身的特征可以促进这种变化，尽管它们有适应不良的性质。当我们将对传播的研究推到下一个逻辑步骤时，我们开始理解促进制度逻辑变化的微观制度过程。理解这种逻辑需要考虑一种新的创新传播的制度化后果。

尽管已经彻底调查了制度合法性的来历和制度实践的传播，但我们对制度化对采用这种制度的组织的影响却没有给予太多关注。迪马吉奥和鲍威尔（DiMaggio & Powell，1983）认为，随着创新的推广，对其的采用可能更多地受到对合法性关注的驱动而不是对效率的关注（Abrahamson，1991；Westphal et al.，1997）。此外，合法性的授予被认为独立于组织绩效的技术评估（Meyer & Rowan，1977）。然而令人惊讶的是，很少有研究从对创新的采用角度来研究其后果（Scott，1995）。巴雷托和巴登富勒（Barreto & Baden-Fuller，2006）发现，模仿同构可以对公司盈利能力产生负面影响。威斯特法尔等人（Westphal et al. 1997）同样发现模仿可以提高组织合法性，但与此同时会损害组织效率。除了这些分析之外，学者们还探讨了实践传播和合法化对其制度化程度的影响（Johnson，Dowd & Ridgeway，2006；Tolbert & Zucker，1983；Zbaracki，1998），采用创新后的效率低下或后来采用者的稀释策略（Westphal et al.，1997）（O'Neill，Pouder & Buchholtz，1998），甚至采用被认为是非法的行为的潜在有益效果（Kraatz & Zajac，1996），但不包括直接采用的影响。围绕创新传播的问题依然存在，包括通过模仿或竞争同构获得的组织合法性在多大程度上有利于采用这种创新的组织，这种合法性是否随着时间的推移逐渐消失，以及它是否履行了它的所有承诺。迪马吉奥和鲍威尔（DiMaggio & Powell，1983，p.149）认为，同构性不能确保效率，但"可以使组织更容易与其他组织进行交易，吸引具有职业头脑的员工，因为它被认为是合法且有信誉的，并且符合行政类别，这种类比定义了获得公私拨款和合同的资格"。

次级抵押贷款发放和证券化的制度化表明，获得了合法性的结果也可能是适应不良的。尽管制度理论家早已认识到创新可能是效率低下的且对其的采用可能是不合理的，但他们普遍认为通过采用这种创新而得到的合法性有利于采用的组织（Abrahamson，1991；Westphal et al.，1997）；我们的例子颠覆了这个假设。在个人或组织层面看似合理的决策，例如购买房屋或利用银行资产，通过前面描述的流程变得制度化。因此，竞争性、规范性和模仿性同构的压力使这些决策得到了额外的传播和采用，这就使购房和融资的比率大幅增长，金融服务部门的杠杆率也越来越高。1993年至2004年间，美国的房屋所有权从63.9%增加到69%，增长幅度超过了过去30年（2000年人口普查）的增量总和。与此同时，次级抵押贷款利息支付的保费从2000年到2006年稳步下降，这表明银行不需要太强的动力就会接受有风险的贷款业务。次级抵押贷款总额从1995年的650亿美元增长到2003年的3320亿美元（Inside Mortgage Finance，2008）。越来越多的银行、非银行机构和投资者跳入了次级抵押贷款的漩涡，导致在制度层面采用越来越不理性，并且可能不太有利的流程。

过度嵌入的危险

这些同构趋势在机构参与者之间产生了越来越多的网络嵌入，导致了一个密集的、小集团式的协同体制网络的形成。金融市场参与者组织之间的相似性导致职业跳槽增加。例如，花旗集团首席执行官克拉姆·潘迪特（Vikram Pandit）和德意志银行首席执行官约瑟夫·阿克曼（Josef Ackerman）都曾在瑞信银行（Credit Suisse）工作过。摩根大通首席执行官詹姆斯·戴蒙（James Dimon）的大部分职业生涯都在花旗集团度过。美林证券（Merrill Lynch）前首席执行官约翰·塞恩（John Thain）的职业生涯始于高盛。虽然银行高管之间相互交织的职业轨迹可能是由银行之间的相似性促成的，但他们也证明了银行之间紧密的网络联系，同时也意味着这种体制内部的高度嵌入性。

虽然这样一个简短的例子可能看起来过于阴谋论，但重要的是要记住，几乎所有金融服务行业都存在相同程度的嵌入性。在加利福尼亚州奥兰治县的抵押贷款发起人，康涅狄格州格林威治的对冲基金，以及纽约和伦敦的投资银行，它们的集聚促进了金融市场组织之间的人力流动。例如，2007年向贷方提供次级抵押贷款的10个市场参与者中有9个总部位于南加州的相邻驾驶距离内。与此同时，收集和出售这些抵押贷款作为债务抵押债券（CDO）和MBS的所有主要投资银行都在彼此的步行距离内设有办事处。正如斯图尔特和索伦森（Stuart & Sorenson，2003，p.230）关于风险投资公司所说的那样，"关于交易机会的有用信息通过私人网络、地理和行业空间（人际关系集中的区域）体现了容纳有关潜在投资信息传递的空间维度"（Sorenson & Audia，2000）。这表明次级抵押贷款机构和投资银行的近距离可能促进了有关贷款和证券化实践的信息流动，加速了创新的传播和与其合法性日益增加相关的同构压力。此外，我们不能忽视这样一个事实，即像MBS和CDO这样的复杂债务工具本身就是复杂的合约网络，其中包括了整个体制的参与者，从购房者到投资银行再到对冲基金。随着更多这样的工具的产生，机构行为者之间的关系模式越来越密集，越来越复杂。

投资银行也通过三大评级机构——穆迪、标准普尔和惠誉——明确地联系在一起，后者在该行业中发挥了核心作用。评级机构评估了与银行销售的每套重新打包抵押贷款相关的风险水平，并且通常对帮助银行确定如何构建其工具以实现最高评级至关重要。这些机构是守门人，将它们的标准应用于所有债券和证券，从而推动了行业标准。因为评级机构、金融市场参与者都在结构上具有对等关系（Burt，1987；Lorrain & White，1971；Mizruchi，1993；Strang & Soule，1998），所以是评级机构将这个行业联系在一起的。此外，由于以收取为银行投资产品进行评级的费用为生，评级机构在它们可以分配的评级范围内受到限制；如果客户不喜欢一个机构的评级，它可以轻松地将其业务转移到另一个机构。此外，由于这些机构在名义上是独立和客观的，它们可以通过增加其合法性的光泽来促进新实践的传播。

虽然这种嵌入性带来了好处，但它也危险地限制了组织决策过程。次贷危机中的参与者之间的相似性越大，他们越依赖于理所当然的假设，那他们在破碎的金融体系中受到的损害就会越深，这可不是网络研究直接预测的结果。密集的网络被吹捧为许多社会弊病的灵丹妙药，其中包括更高程度的公民参与（Putnam，2000；Putnam，Leonardi & Nanetti，1993），更高的社会经济地位（Tolbert，Irwin，Lyson & Nucci，2002；Tolbert，Lyson & Irwin，1998）和更大的信任（Putnam & Gross，2002）。研究表明，地理邻近所造成的密集而紧密的网络联系导致了知识溢出和创新的传播（Owen-Smith & Powell，2004；Powell，White，Koput & Owen-Smith，2005）。因此，在金融服务网络内嵌入程度越大，采用特定创新的可能性就越大，创新本身的合法性就越高，这就导致了更大的同构压力。

金融服务行业内的关系嵌入程度，可通过银行交织的职业轨迹、银行总部的临近，以及评级机构的中心地位来证明，这说明这是一个集团网络，其中有许多紧密相连且结构相当的参与者。金融市场参与者，他们共享员工，地点和外部审计师，收到相同的信息、相同的竞争压力和相同的同构压力。因此，他们采用了相同的做法，忽略了可能提醒他们所采用的创新所具有适应不良性质的相同线索和假设。正如《经济学人》（*The Econovnist*，2009，p.14）所解释的那样，"泡沫的特点是模仿游戏，其中银行努力通过不顾风险地投资于他们不擅长的资产类别来争取获得与盈利能力最高的竞争对手相当的回报"。

此外，网络理论家长期以来一直警告说，网络中的过度嵌入可能导致机会主义行为（例如：Baker & Faulkner，2004；Granovetter，1973，1985；Uzzi，1996，1999）。为此，我们需要考虑网络成员决策能力过度嵌入的风险。关于金融服务创新实践的合法性和适当性的共识导致机构行为者之间的凝聚力增强，但却以高价值的有分歧的信息为代价。随着市场参与者在结构上越来越相似，他们的网络越来越紧密，规范变得一致，信息多样性也随之减少。因此，金融服务业的关联嵌入程度使其核心假设得到了认可，包括高流动性、稳定增长的房地产价格、正确为风险定价的能力，以及低利率。观察环境以为其决策过程提供信息的参与者只能看到彼此，从而形成一个虚拟的镜子大厅。像罗伯特·希勒（Schiller，2005）这样质疑行业假设的批评者被忽视并被摒弃了。如果没有在不那么密集的网络中产生的生产性冲突，不确定的信息和想法就会被压制，而本来可能受到更多外部意见质疑的创新的合法性和有益性则变得越来越被视为理所当然。

同样，金融服务行业内结构性漏洞的有限数量导致网络相对封闭，与外部部门关系不大，这进一步限制了可用信息并削弱了决策制定能力。虽然银行几乎与经济的每个部门互动，但金融服务行业的个人通常不会在银行业与其他行业之间转移，金融市场参与者很少会寻求金融领域以外的组织的专业知识。这表明金融市场包含高度的网络冗余，这展现了一种内部约束，以及较少的结构性漏洞或对本机构以外的组织的外部约束。如伯特（Burt，2001）所说，这导致了一种危险的近视思维，即围绕着基于很少的外部证据的观点形成了高水平的凝聚力。在次级抵押贷款发起和证券化领域，强大的同构压力和高度嵌入的关系创造了凝聚力，这也通过三个主要机制导致了决策能力的限制：迷信学习、战略持久性和责任传播。我们将这种致命的三位一体的影响称为末端同构。

迷信学习

金融行业中，分歧信息和策略的缺乏，创造了一个容易让人误解因果关系的场景。莱维特和马奇（Levitt & March，1988，p.325）将这个问题称为迷信学习。在这一过程中，"学习的主观体验是引人注目的，但行动和结果之间的联系是错误的"。同样，据迪尔伯恩和西蒙（Dearborn & Simon，1958）说，选择性感知是对历史进行强化的结果，它创造了关注的模式。因此，没有分歧信息来源的机构行为者容易得出不适当的推论，并致力于进行适应不良的行为。如果注意到积极事件伴随着创新的引入，那迷信学习和选择性感知可能导致决策者推断创新与这些影响之间有强烈因果关系，哪怕实际上不存在这种因果关系。当汇总到制度层面时，这些单独的组织决策可以创造一种危险的趋势，正如我们所看到的次级抵押贷款的发起和证券化。

在危机爆发前，金融服务行业的专业人士学会了利用房地产市场中的机会，并乐观地回应金融疑虑。住房价格已经稳定了半个世纪，并且已经大幅上涨超过15年，自20世纪80年代以来利率一直在缓慢下降。正如美联储主席艾伦·格林斯潘（Greenspan，2004）所阐释的：

> 一些分析师猜测，被延长的低利率时期正在催生美国房价泡沫，这在某种程度上会导致内部崩溃。但全国房价的不稳定收缩似乎不是最可能的结果。事实上，总体名义房价很少下跌。

由于近期的历史告诉金融服务市场参与者抵押贷款是稳固的投资，他们产生了参与抵押贷款行业和增加收入之间存在因果关系的集体错觉。

战略持久性

尽管对组织行为的研究探索了过去的成功如何会导致未来的失败（Audia et al.，2000；Hedberg，1981；Miller，1992），但对过去的成功如何影响风险承担精神则存在矛盾的预测。前景理论表明，行为者在增益领域是规避风险的，这表明金融市场参与者在积累收入时会对风险投资更加谨慎（Kahneman & Tversky，1979）。相比之下，威胁－刚性研究表明，组织在面对成功时变得不那么严格，金融市场参与者会变得更加灵活，并且会根据他们的成功追求风险（Staw，Sandelands & Dutton，1981）。正如乔治、查特吉、西特金和巴登（George，Chattopadhyay，Sitkin & Barden，2006）所解释的那样，前景理论的预测适用于有形资源，而威胁－刚性反应总是出现在放松管控之后。金融服务行业内的战略持久性并不类似于被车灯晃晕的鹿，而更像是一个脚踏在踏板上的孩子，充满了加速的快感。伴随金融放松管制的制度逻辑的转变使金融市场参与者能够更好地控制自己的命运，同时积累了前所未见的财富。因此，银行业的战略持续性不是由增益诱导的风险规避（Amason & Mooney，

2008），而是由于过去的成功、放松的管制和创新而得到的控制感的增强。

通过为金融制度内部人员提供工具，增强他们对与抵押贷款相关投资的有关风险的控制感，创新直接影响了战略的持久性。抵押贷款证券化的创新方法使交易者能够将多个股票合并为一个单一的投资工具，然后将一大笔债务分成几个较小的层级，每个层级都有自己的价格和风险水平，以满足不同投资者的需求，所以其中的一些部分对于规避风险的机构投资者来说是可接受的，而另一部分适合寻求风险的对冲基金。虽然金融模型能够通过证券化创造新的金融产品，但计算能力使金融市场参与者能够更快地计算风险，并且进一步的创新使市场参与者能够将抵押贷款出售给大规模的二级市场。在金融服务领域，这两股力量合作，银行要求运用最新、最好的产品和模型技术。随着金融市场参与者在其工具箱中添加越来越多的工具，他们无法解决的问题似乎更少了。因此，当他们认为创造成功的金融产品的能力风头正劲时，他们对假设提出疑问的意愿就会减弱。

控制感印证了行业战略持久性，并可能因金融服务机构本身的声望而得到提升。由于机构行为者受到如此高昂的补偿并受到监管机构和其他人的极大尊重，他们很可能会变得行事狂妄，高估自己天生的能力和价值（Hayward & Hambrick，1997；Hiller & Hambrick，2005；Roll，1986）。与自恋和过度自信等构造密切相关的狂妄可能会导致高管们高估自己的能力，并且已被证明会引导个人做出更高风险的决策（Camerer & Lovallo，1999；March & Shapira，1987）。高管们往往对自己的能力和预测过于自信（Kahneman & Lovallo，1993），这种控制感可能会因自身价值和地位的影响与不断增长的利润和飙升的奖金而提升。处于中央地位的金融市场参与者之间的精英招募只会加剧这些过于乐观的自我认知，增加了狂妄和过度自信的倾向。因此，战略持久性的机制将通过参与者的过度自信而得到加强。

责任分散

随着创新实践得到传播，并变得合法化和制度化，对这些实践的后果（无论是积极的还是消极的）的责任也分散开来。当一个想法的创始人被去人格化，并且一种实践被认为是理所当然的时候，实施该实践的个人和组织所负有的责任就无关紧要了；因为这种实践只是一种做生意的方式。创新通过竞争、模仿和规范的同构压力而得到传播，在这种情况下，追赶制度内的其他人、不被排除在游戏之外、证明一个人作为制度主体的合法性的愿望可能会克服任何对采用这种创新的后果的担忧。此外，正如狄克曼、塞缪尔斯、罗斯和巴泽曼（Diekmann，Samuels，Ross & Bazerman，1997）所证明的那样，在赞成他人的提案时，参与者不会像推销他们自己的提案时那样谨慎，因为缺乏问责制的威胁会导致更加鲁莽的创新。

上述情况表明，责任的扩散可能导致次级抵押贷款市场中的参与者不再谨慎。市场参与者之间的凝聚力通过建立流动的信息网络实现了责任的扩散，从而导致了该行业的"源性遗忘"；很少有人知道创意、假设和创新是如何或在何处产生的。随着金融市场参与者屈从于越来越重的同构压力，而其结构、决策和产品也越来越相似，他们的行为责任就越来越分散。ABS的金融结构、定价和销售不仅仅是一家银行的责任；证券的定价往往是基于较大的市场，而这个市场是由多家银行和投资者构建的。在2008年危机最严重的时候，追究责任毫无结果，因为将危机追溯到单一的实践、银行或高管几乎是不可能的。责任链从购房者到抵押贷款经纪人再到评级机构，再到成千上万发放贷款的银行和分支机构，再到将这些贷款重新打包的投资银行，再到购买这些证券的投资者，再到监管整条交易链的联邦政府和州政府。只要金融市场参与者的行为符合流行做法，大量银行都在做同样的事情，它们就会被披上合法的伪装。

因金融市场参与者过度嵌入而产生的这些微观机制导致了缺乏换位思考，并且忽视了采用金融创新的主要后果。缺乏相对立的强制性压力，通过以自我为参照的人际关系来确保自己的正确性，并且以偏见和试探的方法来隔绝不协调的信息，导致了金融市场参与者个体将它们在次级抵押贷款发起和证券化业务中的参与升级到理性之外，不管是在组织层面还是在制度层面。创新被认为对所有人都有好处，并且对参与者行为的重要检查被取消了，这导致了终端同构：通过一种行为模式，市场参与者一起驱车冲下悬崖，顺带着把整个世界金融市场也搭上了。

结论

在本章中，我们认为组织可能会参与在组织层面看似合法且有益的实践，但这会导致制度层面的功能失调。以美国次贷危机为例，我们研究了制度理论的两个关键假设。首先，制度逻辑的变化是由外部力量或制度创业者（通常是地位较低的行为者）驱动的。在我们的例子中，制度创业并不是有意为之的，而是由处于中心地位的参与者的成功驱动的模仿过程的结果，并且缺乏有效的监管控制。这支持了格林沃德和苏达比（Greenwood & Suddaby，2006）的观点，即制度逻辑的变化可能源于地位高的参与者，他们从外部利益相关者那里获得掌控权，并将合法化过程私有化了。我们还认为创新是合法性的私有化之关键，因为它创造了超出现有监管类别范畴的新实践。

我们还反思了采用合法创新要么使采用的组织受益，要么支持了制度这种假说。相反，我们证明了同构压力可能会重组组织网络，从而创建内部高度的网络冗余，和极少的能穿越结构漏洞的桥梁。这种隔离可以导致终端同构，其中危险的凝聚力形成了被认为是理所当然的假设。

显然，我们的案例有一点脱离了实际。这次金融危机的原因和后果是全球性的，但我们的分析只关注美国的金融机构。如果包括了全球参与者，我们的案例将需要更复杂的分析，尽管我们相信我们的核心结论将保持不变。我们将对这场危机的全球层面的分析留给未来的研究人员。

我们希望我们的论点有助于进一步探讨这场危机，以及创新传播的动力机制和制度理论。未来的研究可能会根据经验来检验我们的一些论点，同时探索合法性的私有化的边界条件和终端同构。同样，研究创新和传播的学生可以探索我们用跨行业数据提出的机制。进一步探讨去制度化与放松管制之间的联系可能会为监管俘获研究增添一个曾经缺失的篇章。虽然先前的研究为我们提供了有关行业监管背后机制的宝贵见解，但我们对驱使行业放松管制的动力知之甚少。我们怀疑，当一个行业集中在少数强大的行动者手中时，这个行业用来防止竞争的监管就会被削弱。也许，与那些认为放松管制刺激高效竞争的权威人士相反，缺乏竞争威胁会扭转行业对监管的需求；我们还需要进行实证研究来回答这个问题。

我们的论点也对决策者有指导价值。首先，我们建议所有新的金融工具在允许交易之前应该受到监管。目前的体系允许金融市场参与者构建和交易现有法规尚未涵盖的任何新工具，大多数监管措施都是在事后制定的。这让人想到了一句谚语，即如果人们可以请求宽恕就不需要请求许可。因此，对监管的要求似乎只会跟在新工具引起的金融危机后面，并且几乎从不染指高利润的金融创新。近一个世纪以来，这种金融监管的垃圾桶做法一再带来灾难性后果，这个问题必须由联邦立法者解决。我们还建议，新的金融创新需要以该行业会遭遇的最佳和最坏情况来为自己辩护；如果最后市场的施行效果比金融创新者设想的最坏情况还要糟糕，那么美国证券交易委员会可能会对其实施惩罚。

虽然与当前经济危机相关的起因有很多，但我们希望我们对制度理论的拓展将更加普遍地加强对制度在组织行为和经济生活中的作用的理解，并提高我们在未来识别和纠正适应不良行为的能力。

参考文献

Abrahamson, E. (1991). Managerial fads and fashions: The diffusion and refection of innovations. *Academy of Management Review*, 16, 586.

Ahmadjian, C. L., & Lincoln, J. R. (2001). Keiretsu, governance, and learning: Case studies in change from the Japanese automotive industry. *Organization Science*, 12, 683–701.

Amason, A. C., & Mooney, A. C. (2008). The Icarus paradox revisited: How strong performance sows the seeds of dysfunction in future strategic decision-making. *Strategic Organization*, 6, 407–434.

Appelbaum, B., & Nakashima, E. (2008). Banking regulator played advocate over enforcer. *Washington Post*. November 23.

Argote, L., Beckman, S. L., & Epple, D. (1990). The persistence and transfer of learning in industrial settings. *Management Science*, 36, 140–154.

Audia, P. G., Locke, E. A., & Smith, K. G. (2000). The paradox of success: An archival and a laboratory study of strategic persistence following radical environmental change. *Academy of Management Journal*, 43, 837–853.

Baker, W. E., & Faulkner, R. R. (2004). Social networks and loss of capital. *Social Networks*, 26, 91–111.

Barreto, I., & Baden-Fuller, C. (2006). To conform or to perform? Mimetic behaviour, legitimacy-based groups and performance consequences. *Journal of Management Studies*, 43, 1559–1581.

Battilana, J., Leca, B., & Boxenbaum, E. (2009). How actors change institutions: Towards a theory of institutional entrepreneurship. *Academy of Management Annals*, 65–107.

Burns, L. R., & Wholey, D. R. (1993). Adoption and abandonment of matrix management programs – effects of organizational characteristics and interorganizational networks. *Academy of Management Journal*, 36, 106–138.

Burt, R. (2001). Structure holes versus network closure as social capital. In: N. Lin, K. S. Cook & R. Burt (Eds), *Social capital: Theory and research* (pp.31–56). New York: Transaction Publishers.

Burt, R. S. (1987). Social contagion and innovation: Cohesion versus structural equivalence. *American Journal of Sociology*, 92, 1287–1335.

Camerer, C., & Lovallo, D. (1999). Overconfidence and excess entry: An experimental approach. *American Economic Review*, 89, 306–318.

Chomsisengphet, S., & Pennington-Cross, A. (2006). The evolution of the subprime mortgage market. Federal Reserve Bank of St. Louis. *Review*, 88, 31–56.

Clemens, E., & Cook, J. (1999). Politics and institutionalism: Explaining durability and change. *Annual Review of Sociology*, 25, 441–466.

Cohen, W. M., & Levinthal, D. A. (1990). Absorptive capacity: A new perspective on learning and innovation. *Administrative Science Quarterly*, 35, 25.

Davis, G. F. (1991). Agents without principles? The spread of the poison pill through the intercorporate network. *Administrative Science Quarterly*, 36, 583.

Davis, G. F., & Greve, H. R. (1997). Corporate elite networks and governance changes in the 1980s. *American Journal of Sociology*, 103, 1–37.

Dearborn, D. C., & Simon, H. A. (1958). Selective perception: A note on the departmental identifications of executives. *Sociometry*, 21, 140–144.

Diekmann, K., Samuels, S., Ross, L., & Bazerman, M. (1997). Self-interest and fairness in problems of resource allocation: Allocators versus recipients. *Journal of Personality and Social Psychology*, 25, 1061–1074.

DiMaggio, P. (1988). Interest and agency in institutional theory. In: L. G. Zucker (Ed.), *Institutional patterns and organizations: Culture and environment*. Cambridge, MA: Ballinger.

DiMaggio, P. J., & Powell, W. W. (1983). The iron cage revisited: Institutional isomorphism and collective rationality in organizational fields. *American Sociological Review*, 48, 147.

Dobbin, F. (1998). The strength of a weak state: The rights revolution and the rise of human resources management divisions. *American Journal of Sociology*, 104, 441–476.

Dobbin, F., & Sutton, J. R. (1998). The strength of a weak state: The rights revolution and the rise of human resources management divisions. *American Journal of Sociology*, 104, 441–476.

Dougherty, D. (1992). Interpretive barriers to successful product innovation in large firms. *Organization Science*, 3, 179–202.

D'Aunno, T., Succi, M., & Alexander, J. A. (2000). The role of institutional and market forces in divergent organizational change. *Administrative Science Quarterly*, 45, 679–703.

Edelman, L. B. (1990). Legal environments and organizational governance – the expansion of due-process in the American workplace. *American Journal of Sociology*, 95, 1401–1440.

Edelman, L. B. (1992). Legal ambiguity and symbolic structures-organizational mediation of civil-rights law. *American Journal of Sociology*, 97, 1531–1576.

Edelman, L. B., Uggen, C., & Erlanger, H. S. (1999). The endogeneity of legal regulation: Grievance procedures as rational myth. *American Journal of Sociology*, 105, 406–454.

Espeland, W. (1994). Legally mediated identity – the national environmental-policy act and the bureaucratic construction of interests. *Law & Society Review*, 28, 1149–1179.

Fiss, P. C., & Zajac, E. J. (2006). The symbolic management of strategic change: Sensegiving via framing and decoupling. *Academy of Management Journal*, 49, 1173–1193.

Fligstein, N. (1990). *Transformation of corporate control*. Cambridge, MA: Harvard University Press.

Fligstein, N., & Brantley, P. (1992). Bank control, owner control, or organizational dynamics – who controls the large modern corporation. *American Journal of Sociology*, 98, 280–307.

Francis, J. G. (1993). *The politics of regulation: A comparative perspective*. Oxford: Blackwell.

Friedland, R., & Alford, R. R. (1991). Bringing society back in: Symbols, practices, and institutional contradictions. In: W. W. Powell & P. DiMaggio (Eds), *The new institutionalism in organizational analysis*. Chicago: University of Chicago Press.

Galaskiewicz, J., & Wasserman, S. (1989). Mimetic processes within an interorganizational field – an empirical-test. *Administrative Science Quarterly*, 34, 454–

479.

Geithner, T. (2006). Risk management challenges in the financial system. In: *Global association of risk professionals* (GARP). The 7th Annual Risk Management Convention & Exhibition, New York, NY, USA.

George, E., Chattopadhyay, P., Sitkin, S. B., & Barden, J. (2006). Cognitive underpinnings of institutional persistence and change: A framing perspective. *Academy of Management Review*, 31, 347–365.

Getz, K. A. (1997). Research in corporate political action: Integration and assessment. *Business and Society*, 36, 32–72.

Granovetter, M. (1985). Economic action and social structure: The problem of embeddedness. *American Journal of Sociology*, 91, 481–510.

Granovetter, M. S. (1973). The strength of weak ties. *American Journal of Sociology*, 78, 1360–1380.

Greenspan, A. (2004). Globalization and innovation. Conference on Bank Structure and Competition, Chicago, IL. Available from the Federal Reserve Web site at: http://www.federalreserve.gov/boarddocs/speeches/2004/200405062/default.htm. Retrieved on May 6, 2004.

Greenspan, A. (2008). Testimony of Dr. Alan Greenspan. In: *Government, oversight and reform committee*. Washington, DC.

Greenspan, A. (2009). We need a better cushion against risk. *Financial Times*, March 26.

Greenwood, R., & Hinings, C. R. (1993). Understanding strategic change – the contribution of archetypes. *Academy of Management Journal*, 36, 1052–1081.

Greenwood, R., & Hinings, C. R. (1996). Understanding radical organizational change: Bringing together the old and the new institutionalism. *Academy of Management Review*, 21, 1022–1054.

Greenwood, R., & Suddaby, R. (2006). Institutional entrepreneurship in mature fields: The big five accounting firms. *Academy of Management Journal*, 49, 27–48.

Greve, H. R. (2005). Interorganizational learning and heterogeneous social structure. *Organization Studies*, 26, 1025–1047.

Greve, H. R., Pozner, J.E., & Rao, H. (2006). Vox Populi: Resource partitioning, organizational proliferation, and the cultural impact of the insurgent microradio movement. *American Journal of Sociology*, 112, 802–837.

Greve, H. R., & Taylor, A. (2000). Innovations as catalysts for organizational change: Shifts in organizational cognition and search. *Administrative Science Quarterly*, 45, 54–80.

Hargadon, A. B., & Douglas, Y. (2001). When innovations meet institutions: Edison and the design of the electric light. *Administrative Science Quarterly*, 46, 476–501.

Haveman, H. A. (1993). Organizational size and change – diversification in the savings and loan industry after deregulation. *Administrative Science Quarterly*, 38, 20–50.

Hayward, M. L. A., & Hambrick, D. C. (1997). Explaining the premiums paid for large acquisitions: Evidence of CEO hubris. *Administrative Science Quarterly*, 42, 103–127.

Hedberg, B. L. T. (1981). How organizations learn and unlearn. In: W. H. Starbuck & P. C. Nystrom (Eds), *Handbook of organization design*. New York: Oxford University Press.

Hiller, N. J., & Hambrick, D. C. (2005). Conceptualizing executive hubris: The role of (hyper-)core self-evaluations in strategic decision-making. *Strategic Management Journal*, 26, 297–319.

Hirsch, P. M. (1986). From ambushes to golden parachutes: Corporate takeovers as an instance of cultural framing and institutional integration. *American Journal of Sociology*, 91, 800–837.

Ingram, P., & Rao, H. (2004). Store wars: The enactment and repeal of anti-chain-store legislation in America. *American Journal of Sociology*, 110, 446–487.

Inside Mortgage Finance, Inc. (2008). Inside Mortgage Finance, September 5, 2008. (NB: Corporate author has same name as its newsletter).

Jepperson, R. L. (1991). Institutions, institutional effects and institutionalism. In: W. W. Powell & P. J. diMaggio (Eds), *The new institutionalism in organization analysis* (pp.143–163). Chicago: University of Chicago Press.

Johnson, C., Dowd, T. J., & Ridgeway, C. L. (2006). Legitimacy as a social process. *Annual Review of Sociology*, 32, 53–78.

Jonsson, S. (2009). Refraining from imitation: Professional resistance and limited diffusion in a financial market. *Organization Science*, 20, 172–186.

Kahneman, D., & Lovallo, D. (1993). Timid choices and bold forecasts: A cognitive perspective on risk taking. *Management Science*, 39, 17.

Kahneman, D., & Tversky, A. (1979). Prospect theory: An analysis of decision under risk. *Econometrica*, 47, 263–292.

Kraatz, M. S., & Moore, J. H. (2002). Executive migration and institutional change. *Academy of Management Journal*, 45, 120–143.

Kraatz, M. S., & Zajac, E. J. (1996). Exploring the limits of the new institutionalism: The causes and consequences of illegitimate organizational change. *American Sociological Review*, 61, 812.

Labaton, S. (1999). Deal on bank bill was helped along by midnight talks. *The New York Times*, New York.

Lane, P. J., & Lubatkin, M. (1998). Relative absorptive capacity and interorganizational learning. *Strategic Management Journal*, 19, 461–477.

Lawrence, T. B., & Suddaby, R. (2006). Institutions and institutional work. In: S. R. Clegg, C. Hardy, T. B. Lawrence & W. R. Nord (Eds), *Handbook of organization studies*. London: Sage.

Leblebici, H., Salancik, G. R., Copay, A., & King, T. (1991). Institutional change and the transformation of interorganizational fields: An organizational history of the U.S. radio broadcasting industry. *Administrative Science Quarterly*, 36, 31.

Levitt, B., & March, J. G. (1988). Organizational learning. *Annual Review of Sociology*, 14, 319–340.

Lorrain, F., & White, H. C. (1971). Structural equivalence of individuals in social networks. *Journal of Mathematical Sociology*, 5, 49–80.

Lounsbury, M. (2002). Institutional transformation and status mobility: The professionalization of the field of finance. *Academy of Management Journal*, 45, 255–

266.

March, J. G., & Shapira, Z. (1987). Managerial perspectives on risk and risk taking. *Management Science*, 33, 1404–1408.

Marquis, C., & Lounsbury, M. (2007). Vive la resistance: Competing logics and the consolidation of US community banking. *Academy of Management Journal*, 50, 799–820.

Martin, M. (1998). Citicorp and travelers plan to merge in record $70 billion deal. *International Herald Tribune*.

McAdam, D., & Scott, R. W. (2005). Social movements and organization theory. In: G. F. Davis, D. McAdam, R. W. Scott & M. N. Zald (Eds), *Social movements and organizations*. Cambridge: University Press.

Meyer, J. W., & Rowan, B. (1977). Institutionalized organizations: Formal structure as myth and ceremony. *American Journal of Sociology*, 83, 340–363.

Miller, D. (1992). The icarus paradox: How exceptional companies bring about their own downfall. *Business Horizons*, 35, 24–25.

Mizruchi, M. S. (1993). Cohesion, equivalence, and similarity of behavior: A theoretical and empirical assessment. *Social Networks*, 15, 275–307.

Munir, K. A. (2005). The social construction of events: A study of institutional change in the photographic field. *Organization Studies*, 26, 93–112.

North, D. C. (1991). Institutions. *Journal of Economic Perspectives*, 5, 97–112.

Ocasio, W. (1994). Political dynamics and the circulation of power: CEO succession in U.S. industrial corporations, 1960–1990. *Administrative Science Quarterly*, 39, 285–312.

Oliver, C. (1991). Strategic responses to institutional processes. *Academy of Management Review*, 16, 145–179.

Oliver, C., & Holzinger, I. (2008). The effectiveness of strategic political management: A dynamic capabilities framework. *Academy of Management Review*, 33, 496–520.

Owen-Smith, J., & Powell, W. W. (2004). Knowledge networks as channels and conduits: The effects of spillovers in the Boston biotechnology community. *Organization*

Science, 15, 5–21.

O'Neill, H. M., Pouder, R. W., & Buchholtz, A. K. (1998). Patterns in the diffusion of strategies across organizations: Insights from the innovation diffusion literature. *Academy of Management Review*, 23, 98–114.

Powell, W. W. (1991). Expanding the scope of institutional analysis. In: W. W. Powell & P. DiMaggio (Eds), *The new institutionalism in organizational analysis* (pp.183–203). Chicago: University of Chicago Press.

Powell, W. W., & DiMaggio, P. J. (1991). *The new institutionalism in organizational analysis*. Chicago: University of Chicago Press.

Powell, W. W., White, D. R., Koput, K. W., & Owen-Smith, J. (2005). Network dynamics and field evolution: The growth of interorganizational collaboration in the life sciences. *American Journal of Sociology*, 110, 1132–1205.

Pozner, J.-E., & Rao, H. (2006). Fighting a common foe: Enmity, identity and collective strategy. In: J. A. C. Baum, S. D. Dobrev & A. van Witteloostuijn (Eds), *Ecology and strategy: Advances in strategic management* (Vol. 23, pp.445–479). Amsterdam, The Netherlands: JAI/Elsevier.

Pratley, N. (2008). Wall street crisis: Is this the deathknell for derivatives? *The Guardian*.

Putnam, R., & Gross, K. (2002). Introduction. In: R. Putnam (Ed.), *Democracies in flux*. Oxford: Oxford University Press.

Putnam, R. D. (2000). *Bowling alone: The collapse and revival of American community*. New York: Simon & Schuster.

Putnam, R. D., Leonardi, R., & Nanetti, R. (1993). *Making democracy work: Civic traditions in modern Italy*. Princeton, NJ: Princeton University Press.

Rao, H., Monin, P., & Durand, R. (2003). Institutional change in Toque Ville: Nouvelle cuisine as an identity movement in French gastronomy. *American Journal of Sociology*, 108, 795–843.

Rao, H., Monin, P., & Durand, R. (2005). Border crossing: Bricolage and the erosion of categorical boundaries in French gastronomy. *American Sociological Review*, 70, 968–991.

Reeves, S. (2004). Why homeownership makes sense. *Forbes*.

Rogers, E. M. (1995). *Diffusion of innovation*. New York: The Free Press.

Roll, R. (1986). The hubris hypothesis of corporate takeovers. *Journal of Business*, 59, 197–216.

Russo, M. V. (1992). Bureaucracy, economic-regulation, and the incentive limits of the firm. *Strategic Management Journal*, 13, 103–118.

Russo, M. V. (2001). Institutions, exchange relations, and the emergence of new fields: Regulatory policies and independent power production in America, 1978–1992. *Administrative Science Quarterly*, 46, 57.

Schiller, R. (2005). *Irrational exuberance*. Newark, NJ: Princeton University Press.

Schneiberg, M., & Bartley, T. (2001). Regulating American industries: Markets, politics, and the institutional determinants of fire insurance regulation. *American Journal of Sociology*, 107, 101–146.

Scott, W. R. (1995). *Institutions and organizations*. Newbury Park: Sage Publications.

Sherer, P. D., & Lee, K. (2002). Institutional change in large law firms: A resource dependency and institutional perspective. *Academy of Management Journal*, 45, 102–119.

Simpson, G. (2007). Lender lobbying blitz abetted mortgage mess. *Wall Street Journal*, December 31. Available at http://online.wsj.com/public/article_print/SB119906606162 358773.html

Sorenson, O., & Audia, P. G. (2000). The social structure of entrepreneurial activity: Geographic concentration of footwear production in the United States, 1940–1989. *American Journal of Sociology*, 106, 424–461.

Staw, B. M., Sandelands, L. E., & Dutton, J. E. (1981). Threat-rigidity effects in organizational-behavior – a multilevel analysis. *Administrative Science Quarterly*, 26, 501–524.

Stigler, G. J. (1971). Theory of economic regulation. *Bell Journal of Economics and Management Science*, 2, 3–21.

Strang, D., & Soule, S. A. (1998). Diffusion in organizations and social movements: From hybrid corn to poison pills. *Annual Review of Sociology*, 24, 265–290.

Stuart, T., & Sorenson, O. (2003). The geography of opportunity: Spatial heterogeneity in founding rates and the performance of biotechnology firms. *Research Policy*, 32, 229–253.

Suchman, M. C. (1995). Managing legitimacy: Strategic and institutional approaches. *Academy of Management Review*, 20, 571–610.

The Economist. (2009). The revolution within. The *Economist*.

Thornton, P. H. (2001). Personal versus market logics of control: A historically contingent theory of the risk of acquisition. *Organization Science*, 12, 294–311.

Thornton, P. H. (2002). The rise of the corporation in a craft industry: Conflict and conformity in institutional logics. *Academy of Management Journal*, 45, 81–101.

Thornton, P. H., & Ocasio, W. (1999). Institutional logics and the historical contingency of power in organizations: Executive. *American Journal of Sociology*, 105, 801.

Tolbert, C. J., Irwin, M., Lyson, T., & Nucci, A. (2002). Civic communicty in small town America: How civic welfare is influenced by local capitalism and civic engagement. *Rural Sociology*, 67, 90–113.

Tolbert, C. J., Lyson, T., & Irwin, M. (1998). Social capital, local engagement, and economic well-being. *Social Forces*, 77, 401–428.

Tolbert, P. S., & Zucker, L. G. (1983). Institutional sources of change in the formal-structure of organizations – the diffusion of civil-service reform, 1880–1935. *Administrative Science Quarterly*, 28, 22–39.

Tushman, M. L., & Anderson, P. (1986). Technological discontinuities and organizational environments. *Administrative Science Quarterly*, 31, 439–465.

Uzzi, B. (1996). The sources and consequences of embeddedness for the economic performance of organizations: The network effect. *American Sociological Review*, 61, 674–698.

Uzzi, B. (1999). Embeddedness in the making of financial capital: How social relations and networks benefit firms seeking financing. *American Sociological Review*,

64, 481–505.

Vickers, M., & Timmons, H. (2002). The housing boom's dark side. *Business Week*.

Westphal, J. D., Gulati, R., & Shortell, S. M. (1997). Customization or conformity? An institutional and network perspective on the content and consequences of TQM adoption. *Administrative Science Quarterly*, 42, 366–394.

Westphal, J. D., & Zajac, E. J. (1998). The symbolic management of stockholders: Corporate governance reforms and shareholder reactions. *Administrative Science Quarterly*, 43, 127–153.

Zajac, E. J., & Westphal, J. D. (1995). Accounting for the explanations of CEO compensation: Substance and symbolism. *Administrative Science Quarterly*, 40, 283–308.

Zajac, E. J., & Westphal, J. D. (2004). The social construction of market value: Institutionalization and learning perspectives on stock market reactions. *American Sociological Review*, 69, 433–457.

Zbaracki, M. J. (1998). The rhetoric and reality of total quality management. *Administrative Science Quarterly*, 43, 602–636.

第二部分

▶▶▶

正常事故视角

第六章　抵押贷款危机的正常事故理论视角分析

唐纳德·帕尔默（Donald Palmer）和迈克尔·马赫尔（Michael Maher）

摘要

我们用正常事故理论来分析金融部门，特别是分析处理住房抵押贷款的金融部门，以及抵押贷款的崩溃。我们认为，在抵押贷款危机发生的前几年里，金融行业是高度复杂且网络联系紧密的。熔断现象表现出了一种系统或正常事故的特征：在一种特殊情况下（包括低利率和政府政策鼓励信用较差的家庭贷款），这是一次组合性的失败（异常高的抵押贷款违约），导致了金融精英和政府官员无力控制的复杂且紧密耦合的相互作用。我们还考虑了机构和不当行为在金融体系的设计和抵押贷款危机的演变中所扮演的角色。本文的结论是，为了减少复杂性和耦合性，有必要对金融体系进行根本性的重组，以避免未来出现类似的金融崩溃。同时我们也得出结论，受制于实力强大行动者的利益偏好，以及将那些需要为金融危机负责的人标记为坏人的困难重重，金融体系重组势必面临重大障碍。

引言

我们使用正常事故理论（Perrow，1999，2007）来分析抵押贷款崩溃以及随之而来的金融危机（这两者是如此不可避免地被联系在一起，因此我们将互换使用这两个术语）。本文研究目的有三层。首先，试图加深对抵押贷款崩溃原因的理解。其次，试图扩展正常事故理论（Normal Accident Theory，NAT），提出将机构和不当行为考虑在内的修正方案。最后，我们将简要阐释对此次危机的NAT分析的政策含义。

我们基于正常事故理论来分析抵押次贷危机及一些扩展讨论，必须心怀谦卑。首先，已经有一些作者用正常事故理论对金融系统进行分析（Mezias，1994），金融工具被认为是导致次贷危机的原因（Bookstaber，2007），甚至是危机本身（Cebon，2009）。还有一些学者做了有关金融系统和金融危机的相关分析（van der Heijden，Ramirez，Selsky & Wilkinson，出版中，第15章；Birkinshaw & Heywood，2009）。我们希望本文的分析在与已有观点保持一致的同时，能用正常事故理论更深层次地理解熔断。

其次，正常事故理论的创始人查尔斯·佩罗（Charles Perrow）认为，正常事故理论不适合用来解释金融危机（事实上，他还模糊了其中的一些重要方面）。此外，他并不接受我们在这里提出的对正常事故理论的一些扩展解释（Perrow，2010）。我们希望读者能在佩罗的批评基础上对我们的分析加以考虑，这将有助于增加正常事故理论已经具有的重要影响。

正常事故理论概述

佩罗提出了正常事故理论用来解释技术系统的故障。简而言之，他认为那些由许多复杂且紧密耦合的关系组成的技术系统更容易失败。佩罗将他的注意力集中在工业和商业环境中的技术系统，特别是那些会导致灾难性后果的事故技术系统（例如，石化设施、核电站和商用飞机）。下文中，我们将对正常事故理论中的关键术语进行定义，这些术语将用于分析次贷危机。

系统（System）是由三个较小单元组成的分析单元：部件、组件和子系统。系统，虽然植根于经验的现实，是由研究人员构建的，以便分析一个特定的事故或一个类型的事故。事故（Accident）是由于系统故障或操作人员必须关闭系统以避免故障，而对人或物造成损害的意外事件，这一事件中断了系统的功能，打断了任务完成。

系统事故（System accident）是系统特有的产物，它使系统部件、组件和子系统级别之间的多重故障形成意外交互。正常事故（Normal accident）是由复杂性和紧密耦合连接在一起的系统事故。系统设计者经常开发安全装置来监视和自动控制部件、组件和子系统，以避免系统故障。佩罗最重要的观点之一是，如此的安全装置通常会增加系统的复杂性和耦合性，反而使系统更容易而不是更不易发生事故。

灾难性事故（Catastrophic accident）造成了第三方和第四方成为受害者。第一方的受害者包括系统的直接操作人员，以核电站控制室操作人员为代表。第二方受害者指远离操作人员的人，典型的例子就是核电站的其他工人。第三方受害者是无辜的旁观者，典型的例子是住在核电站附近的人。而第四方的受害者则被排除在整个系统的操作之外，典型的例子就是居住在核电站附近的未来几代人。

佩罗承认，正常事故理论受到几个术语含糊不清的困扰。但这些含糊可能是必要的。它们提供了对非常不同类型的系统进行分析的灵活性（Perrow，1999）。此外，详细的案例研究也促进了该理论的发展（Eisenhardt，1989），这是佩罗主要理论的发展策略。无论如何，重要的是要承认两个可能会限制我们分析精度的含糊之处。

第一个是系统事故与一般事故的关系。从理论上讲，系统事故和正常事故是相互独立的现象。这是因为即使是简单的松散耦合系统也会导致系统事故。但是佩罗有时会交替使用这些术语，我们怀疑这是因为在实践中系统事故往往是正常事故。第二个模糊性概念涉及系统在稳定状态下的复杂性和紧密耦合，以及在系统事故中出现的复杂和紧密耦合的交互之间的关系。简而言之，这两者是不同的，后者是前者的升华。在实践中，正如佩罗所指出的，系统的复杂性和紧密耦合有时只有在它作为事故的一部分，并经历复杂和紧密耦合的交互时才会变得完全明显。

正常事故理论分析次贷危机的根据

有很多理由可以来质疑用正常事故理论来分析次贷危机是否会提供有用的观点，下面我们简要地指出三个方面。

作为一种变革性制度的金融制度

佩罗（Perrow，1994）认为，转换输入方式的系统比以其他方式处理输入的系统更容易发生系统事故，特别是简单的组装输入的系统。我们将金融部门视为一个系统，将抵押贷款领域视为金融系统的一个子系统。我们还认为，抵押贷款子系统改变了，不再是简单的组装输入。从20世纪80年代开始，发放抵押贷款的放贷机构和从放贷机构手中购买抵押贷款的多元化金融机构开始将抵押贷款打包成被称为债务抵押债券（CDO）的多层债券，更具体地说，是抵押贷款支持证券（MBS）。这些债券和证券被卖给了投资者，其中很多是多元化的金融机构。通常购买债务抵押债券的多元化金融机构会将其重组为二级债券（second-order bonds），然后再出售给其他投资者。在这个过程中，住房抵押贷款被转换成证券，其（尤其是在风险方面）不同于其组成部分的总和。

永远不成熟的金融体系

佩罗认为不成熟的行业比成熟的行业更容易发生系统事故，因为其中的技术并没有被很好地理解。此外，他还认为，核动力工业的系统事故可以部分归因于该领域工业处在相对起步阶段（1999，p.101）。金融部门却绝不是新事物，至少可以追溯到17世纪的英格兰（Caruthers，

1996）。金融部门极具活力，是一个不断有创新的领域。基于此，人们可能会认为金融体系永远不会成熟；人们可能会认为它很容易发生系统事故。彼得·塞本（Peter Cebon，2009）和马克·斯威德伯格（Marc Swedberg，2010）也对金融系统给出了类似的评估。

事故频发的金融系统

佩罗（Perrow，1999，p.105）认为，系统发生事故的频率表明其易受系统事故影响的程度，尤其是如果这个系统已经存在了很长时间，并且受到基于广泛的研究和经验而设计的模型的影响。例如他在对氨制造业流程改进的描述中写道："如果到目前为止，氨工业的问题没有被系统解决掉，那么这可能是这个系统特有的——正常事故。"[1]。在过去的几十年里，金融系统经历了许多重大的危机。此外，一些观察人士将这些危机描述为系统事故或正常事故。这些危机的数量及观察者发现的特征告诉我们，金融系统可能非常容易发生系统事故。我们将简要地描述其中的三次危机。

第一，20世纪80年代末，储蓄贷款行业出现了一场旷日持久的严重危机，导致许多储蓄贷款机构破产，许多投资者和储户损失惨重。梅茨亚斯（Mezias，1994）认为储贷危机是一个正常事故，是该产业日益复杂和紧密耦合的结果。几十年来积累的危机，金融市场变得全球化，贸易变得不间断（24小时），新技术被纳入体制、交易步伐加快，以及一些新的复杂金融工具的创造，再加上一系列令人眼花缭乱的政府法规的颁布，这些都增加了许多意想不到的和难以管理的交互影响。

第二，1987年10月19日发生了被称为"黑色星期一"的股市大混乱。这种混乱始于中国香港地区，蔓延到欧洲，并最终影响到美国。美国股价下跌超过20%，美国证券交易委员会暂停交易，以防止资产价格进一步下跌。第三，1998年对冲基金出现重大失误，金融精英和政府官员担心这可能会拖垮整个金融体系。1993年，长期资本管理公司（Long Term Capital Management，LTCM）由几位德高望重的金融创新者创立，并由两位诺贝尔奖得主提供咨询服务，在1997年取得了空前的成功和增长。但一系列意想不到的事件共同导致该基金的资本大幅减少，最终导致其破产。尽管据我们所知，还没有人对"黑色星期一"进行正常事故分析，但布克斯塔伯（Bookstaber，2007）将长期资本管理公司的破产描述为正常的事故。

次贷危机的正常事故理论分析

金融系统的变革性、创新性和最近的事故记录表明，它可能更容易发生系统事故。在本节中，我们将用正常事故理论分析经济熔断。首先，我们考虑金融系统，尤其是抵押贷款子系统，是否具有复杂性和紧密耦合性的特征——这种复杂性和紧密耦合性使系统容易发生系统事故，还要特别关注，在金融系统崩溃的几年里复杂性和耦合性的显著增加。如果金融系统和抵押贷款子系统在崩溃时是复杂的和紧密耦合的，那么复杂性和耦合可能是导致这些事件的原因。如果复杂性和耦合在导致危机的那几年里增加了，那么复杂性和耦合可能被认为是导致这些事件最大的可能。其次，我们要考虑抵押贷款危机是否类似于一场正常事故：由部件、组件和子系统级别上多重故障之间的意外交互导致的事故，这些故障导致了复杂的、紧密耦合的交互。

复杂且紧密耦合的金融系统

复杂性

如佩罗所说，金融部门作为一个复杂的、紧密耦合的复杂性系统，与线性系统的区别在于组成它们内部之间联系的数量，复杂系统要比线性系统由更多的内部联系组成。此外，复杂系统与线性系统的区别还在于组成它们的连接类型，典型的有共模关系（一个单位与多个互相关联的其他单位相关），分支关系（一个单位与多个其他单位相联系，而这些其他单位中的每一个又同多个其他单位有联系），反馈循环（一个单位通过其他单位与本身相联系）。此外，复杂系统与线性系统的区别还在于，线性系统的各种关系是可以被理解的，且产生的相互作用从操作它们的人的角度来看是可以预测的，而复杂系统的关系可能是不被理解的，相互作用也可能是不可预测的，因为它们本来就是如此（它们是受随机性的进程而不是确定性的进程控制的），又或者是我们对该系统的认识还不够成熟。最后，复杂系统是由比线性关系更间接地受到监控的关系组成的。在复杂的系统中，关系由设备来监控。此外，这些监测设备通常提供关于聚合关系状态的汇总信息。下面我们将找出金融系统和抵押贷款子系统中的复杂性来源，这些复杂性可能导致了次贷危机和随后的金融危机。

抵押贷款证券化过程一直是次贷危机分析的焦点，它创造了一个广泛的分支关系网络。如前所述，1970年左右，房地产市场开始进入人们的视线，贷款机构（主要是储蓄和贷款机构）为方便购房者购房而发放抵押贷款，并将抵押贷款作为投资持有。从1977年开始，金融系统的革新者——最著名的是所罗门兄弟公司的路易斯·拉涅利（Louis Ranieri）——扩展了交易流。作为抵押贷款持有者，抵押贷款的银行（如美国国家金融服务公司）或是从银行向借贷者购买债券的多元化金融机构（如雷曼兄弟）开始将抵押贷款捆绑成多层的抵押贷款债券，即债务抵押债券（CDO）或抵押贷款支持证券（MBS），然后出售给投资者，投资者中有许多是多元化的金融机构（例如贝尔斯登）或一些独立的对冲基金（如Peloton Partners）。通常，购买债务抵押债券的多元化金融机构会将其重组为二级债券，然后再出售给其他投资者。

证券化过程最重要的特征，也是推动其发展的一方面，是一种将次级抵押贷款和优质抵押贷款结合起来的方法，这样，次级抵押贷款就与违约风险成负关系了。这种方法允许相对高风险、高回报的投资（次级抵押贷款）与相对安全、低回报的投资（优质抵押贷款）相结合，创造出相对安全、中等回报的投资（MBS）。2000年，当大卫·李（David Li）开发了一个叫耦合（Copula）的数学公式大大方便了次级和优级贷款的结合之后，这样的操作模式风靡一时。从正常事故理论的观点来看，证券化过程的这一维度有三个重要的影响。

首先，包括监管机构在内的许多行业参与者对证券化过程知之甚少。在世纪之交，这一进程仍然相对较新。此外，它还生产了具有多个可移动部分（抵押贷款和抵押贷款的一些层级）的衍生品，这些部分以复杂的方式相互关联。每一种衍生品都是独一无二的，由不同的抵押贷款组合创造而成，具有特定的组成结构，并以各种各样的方式将基础抵押贷款与MBS的持有者联系起来（Bookstaber，2007）。

其次，证券化过程产生了难以估价的MBS，因为每一种MBS都由大量的个人抵押贷款组成，这些抵押贷款的价值是相互依存的。因此，不同的公司，甚至是同一公司的不同部门，对同一资产的估值往往相差甚远（Story，2008）。当然，最终MBS的价值是由其评级（由标准普尔或其他评级机构决定）结果确定的。但这些评级是对MBS潜在价值的间接估计，这样的估计本质上是粗糙的（Glass，2009）。

最后，证券化过程启动了一系列相互联系的反馈回路。新技术允许使用新的证券化产品——以前被认为不适合证券化的次级抵押贷款。这反过来又增加了对次级抵押贷款的需求，从而吸引新的信用较差的购房者进入房地产市场，这进而导致更多的次级抵押贷款的产生，为调整证券化过程提供了额外的动力。

随着系统的发展，更多的行动者进入系统，在市场参与者之间进行调节。例如，帮助购房者申请抵押贷款的抵押贷款经纪人的队伍迅速壮大。更多的抵押贷款批发商开始将经纪人提出的抵押贷款申请发送给贷款机构。在某些情况下，经纪人、批发商和贷款人被安排在同一家公司的屋檐下，尽管他们之间的互动方式与独立企业家非常相似（Hovanesian，2008）。这些市场调节者通过增加更多的中间路径，进一步扩展了金融系统的关系网络。

投资银行和对冲基金在MBS和其他证券的投资方式方面，增加了抵押贷款领域的复杂性。投资银行和对冲基金从事套利交易，即以相对有把握的押注来获得相对较小的收益。为了在套利交易中获得巨额利润，银行和基金不得不进行巨额的资金押注。银行和基金通过从几家商业银行获得巨额贷款来做到这一点。因此，每家投资银行往往与许多商业银行相互关联，而这些商业银行的命运取决于投资银行成功与否。《格拉斯－斯蒂格尔法案》的废除使得银行间的联系更加紧密。该法案此前曾强制要求投资银行和商业银行之间进行劳动分工。而当法案废除后，多样化的金融机构可以相互建立学者们所说的"多元化关系"网络。因此，一家多元化金融机构可能会向另一家多元化金融机构提供贷款、进行清算，并成为交易对手。

这些借贷关系也增加了金融系统的复杂性，因为它们在经济上升和下降的过程中形成了反馈循环。在经济术语中，杠杆是顺周期的，也就是说，它放大了商业周期的经济影响。如果一家公司在没有债务融资的情况下获得了11%的资产回报率，那么它的股本回报率也是11%。但如果公司以5%（税后）的成本为60%价值的资产融资，那么股本回报率将从11%上升到20%[2]。在其他条件相同的情况下，如果杠杆率进一步上升，股本回报率会进一步上升。当公司盈利时，杠杆会增加股东的利润。随着股东可获得的利润增加，以优惠条件借款的机会也随之增加。但当公司无利可图时，就会出现相反的情况。如果一个公司在没有债务融资的情况下，资产回报率只有2%，那么它的股本回报率也是2%。然而，如果公司的负债率和利率与前面的例子相同，那么股本回报率将下降到-2.5%[3]。如果杠杆率进一步上升，即使公司的资产回报率为正，股本回报率的下降幅度也会更大。随着股本回报率的下降，以优惠条件借款的能力也随之下降。因此，杠杆往往会加深资产回报率下降的程度。

最后，对冲基金倾向于一些组合型的投资。因此，组合投资的回报（预期）与外生冲击呈负相关。因此，如果难以预测的外部冲击（例如，国家货币贬值）冲击所有市场，则一个组成部分的损失会被其他组成部分的收益抵消（希望是这样）。一些对冲基金也进行了成对或成组投资，如此操作旨在利用市场会越来越有效而类似证券之间的价格差距也会缩小的预期。长期资本管理公司是这种投资策略的著名先驱，而这种投资策略则奠基于荣膺诺贝尔奖的咨询师罗伯特·默顿和迈伦·斯科尔斯（Lowenstein，2001）开发的数学模型。这类投资仍然是相对较新的，在新世纪的头几年被认为是非常深奥的，因此增加了系统的复杂性。此外，与下一个讨论相关的是，它们通常很难松弛下来，因为它们是由多个相互关联的部分组成的。因此，它们使系统更加紧密地耦合。

紧密耦合

紧密耦合系统与松散耦合系统的区别在于它们所包含的松弛量。在紧密耦合的系统中，性能标准往往很高，也就是说如果不满足性能标准，系统就会失败（而不是在较低的性能级别上蹒跚前行）。在紧密耦合的系统中，设计需求是刚性的。如果出现意外情况，几乎没有机会修改系统的设计。如果设计要求元素的组合影响互连，则必须使用特定的元素，并且这些特定的元素必须以特定的顺序和时间框架组合。不能使用替代品，不能使用替代序列，不能延迟或加速该过程。此外，在紧密耦合的系统中，几乎没有冗余。如果一个部分、一个单元或子系统失败了，整个系统也就失败了。最后，如果一个系统失败了，它往往会迅速而无情地松懈，使得操作人员无力修复。下面，我们将指出金融系统和抵押贷款子系统中紧密耦合的来源，这可能是导致次贷危机和金融危机的原因。

普遍来看（也是最臭名昭著的），金融系统和抵押贷款子系统在大多数人眼中是相对不受监管的。这意味着在很大程度上，市场力量是在没有干预的情况下发挥作用的。例如，当一只股票或所有股票急剧下跌时，证券交易委员会可以暂停该股票或整个股票市场的交易，从某种意义上说这会让市场降温，让市场关系放缓。但当MBS的价值直线下跌时，却没有相应的机制来暂停其交易。事实上，在金融危机之前的十年间，美国通过了《商品期货现代化法案》（*Commodity Futures Modern Act*），该法案保证了不会对衍生品市场进行监管。

金融体系在许多更具体的方面也紧密相连。20世纪后期技术的进步和市场的发展缩短了金融事件发生的间隔和金融事件的传播速度，以及在这些事件基础上的证券交易。管理信息系统立即传播财务信息，计算机程序立即对该信息产生交易响应。这些信息和对这些信息的响应都是在一个连续的（24小时）及全球化的基础上得到传递的。此外，全球市场流动性的增加使得买家可以立即找到几乎所有的证券卖家（卖家也可以迅速找到买家）（Bookstaber，2007）。

此外，如前所述，投资银行和对冲基金借入大量资金支持其投资活动。这些借贷关系的两个方面使它们紧密相连。首先，大多数投资银行和对冲基金都是保证金贷款。也就是说，当他们从商业银行贷款时，放贷机构要求他们预留一笔资产或抵押品，此类模式预先设定的触发点就是当银行或基金无力偿还贷款，此时放贷机构可以没收这些资产或抵押品。此外，如果借款者的财务状况恶化到预先设定的水平，银行和基金可能会被要求提高借款者为偿还贷款而必须保留的抵押品数量。在一些情况下，投资银行和对冲基金与其他交易伙伴有着类似的关系，例如那些实际买入或卖出其交易的证券的清算机构。此外，根据银行监管规定，放贷机构还必须留出现金储备，以支付它们发放的贷款。如果它们发放的贷款变得更有风险（例如，因为评级机构降低了他们的评级），他们将被要求增加为坏账做准备的现金数额。

这些贷款机构的保证金要求和监管机构的现金准备金要求，类似于化工厂的安全装置，用来保护借款人和贷款人不会从事一些可能引发危机的行为。但是像许多安全装置一样，它们增加了耦合。当投资银行、对冲基金和商业银行的财务状况和贷款组合恶化到预先设定的水平时，它们几乎没有其他选择。一旦触发，他们就必须出售资产来产生现金。此外，这些安全装置由于系统的复杂性而受到损害。贷款人没有借款人投资组合的完整信息，监管机构也缺乏有关银行贷款组合的完整信息。其结果是，银行和监管机构对它们试图管理的资产风险认知度很低。

其次，大多数投资银行和对冲基金借的都是短期借款，然而这些借款被用于长期投资。事实上，许多短期融资是每天晚上在"回购"市场上获得的。因此，每天早晨，投资银行和对冲基金都会重新启动一个获取第二天贷款的过程，以取代当天必须偿还的贷款。如果银行或对冲基金有长期融资，就可以在财务健康状况的短期下滑中幸存下来，因为他们将有大量时间获得新的贷款，在此期间可以努力重建财务健康。但是，只有短期融资的银行或对冲基金无法在其财务健康状况的短期下滑中幸存下来，他们在获得新贷款之前用来改善财务健康状况的时间相对较少（在某些情况下，不超过24小时）。

此外，金融体系之所以紧密相连，部分原因在于投资银行和对冲基金在高度专业化的市场上持有大量头寸。如前所述，银行和基金经常从事套利活动，这要求通过非常大的投资才能获得可观的利润。在所有条件相同的情况下，银行或基金对证券的投资规模越大，其流动性就越差（因为很难找到足够多的买家来接手这一头寸）。一种证券的流动性越差，投资者就越有可能试图抛售，从而导致该证券的价格下跌。因此，投资银行和对冲基金往往发现很难平仓那些表现不佳的头寸，他们无法在不导致资产价值下跌的情况下平仓，这进一步加剧其损失。

金融体系两个要素的详细考察

我们已经讨论了金融系统的几个特征，特别是与处理抵押贷款的特征，这些特征导致金融系统和抵押贷款子系统变得复杂和紧密耦合。在本节中，我们将讨论金融系统中另外两个特别值得关注的复杂性和紧密耦合来源。

按市值计价和按模型计价会计

我们认为，在金融系统和抵押贷款子系统中用于资产定价的会计方式增加了系统的复杂性和耦合性。按市值计价会计是一种用来确定公司账面上资产价值的方法，以便反映其公平市场价格。根据美国财务会计准则委员会（FASB），标准157号，一种资产的公平市场价格是"市场参与者之间会在入账日进行有序的交易，而得到的出售的资产或者转移负债的价格"。除了持有至到期日的资产（按历史成本计算），资产和负债在资产负债表上的价值是根据与金融机构特别相关的三个优先级，按市值计算的。

一级资产和负债经常在活跃的二级市场上交易。将这类资产和负债（如通用电气的股票和债券）按市值计价相对没有争议，因为其流动性很强。二级资产和负债可以出售，但在活跃市场上没有报价。标售这类资产和负债更具争议性，因为其流动性要差得多。这类资产和负债包括位于次贷危机中心的一些证券化抵押贷款。有时，公司通过与交易对手（与之进行资产交易的公司）达成协议来为这些资产定价。其他时候，公司通过将这些资产与其他公司拥有和定价的类似资产进行比较来对这些资产进行定价。最后，第三级资产和负债一般很少出售，因此在可比价格之外没有可观察到的价格。标售这些资产和负债（包括处于抵押贷款危机的核心处最神秘的抵押贷款相关证券）是非常有争议的，因为这类资产缺乏流动性。通常情况下，公司使用预测模型对这些资产进行定价，该模型基于对现金流的假设和适当的贴现率来估计未来现金流的现值。这种方法被称为"按模型计价"（mark-to-model）［批评人士称这种方法为"秘密定价"（mark-to-myth）］。这种方法有时会与外部估价师一起提供资产和负债的估值。

按市价计价的会计方式增加了金融系统的复杂性。此方式将一家公司的资产价值与另一家公司的资产价值联系起来，从而创建分支、共模和反馈关系。当一个公司改变其资产价值时，其他拥有相同或类似资产的公司也必须改变其资产价值。当其他公司改变其资产价值时，这些改变会引起其他公司资产价值的进一步变化，也会引起其他公司资产价值的变化，甚至会引起第一家公司资产价值的变化。按市值计价的会计方法也会导致难以预测的关系。即使企业不打算出售资产，他们也必须将自己的资产与其他企业出售相同或类似资产时的价格挂钩。但是公司无法预测其他公司何时将出售相同或相似的资产。

按市值计价的会计准则还产生了一系列不同的其他关系，在经济低迷时期，这些关系构成了反馈回路。按市值计价，就像杠杆一样是顺周期的。经济景气时，当资产价值上升，它使企业能够增加资产负债表上的资产价值。在其他条件相同的情况下，资产价值的增加会增加资产负债表上的权益，降低负债权益比例，并使公司看起来更有偿付能力。事实上，公司偿付能力的增加是因为资产价值实际上增加了。对资产负债表的阅读者来说，按市值计价的会计方法只是让这种资产价值的增长变得显而易见。资产价值的增加也会对股价产生积极的影响，因为公司在财务上更加有前途，在经济增长中将处于更有利的地位。偿债能力的增强和股价的上涨为获得贷款提供了更多的机会，而且利率可能会降低，因为借款公司的股本增加了。获得更多贷款的能力使企业得以扩张，这进一步加速了经济扩张。

但在经济不景气时，情况正好相反。其他条件不变的情况下，当一家公司在资产负债表上减少资产价值时，资产负债表上的权益会减少，负债权益比例会提高。提高的负债权益比例可能导致股价下跌，因为企业在财务上将会（而且现在也是）更缺乏活力，在经济增长中将处于更不利的地位。不断下降的偿付能力和股价减少了获得更多贷款的机会，甚至减少了现有债务到期时为其再融资的机会。对融资的限制会降低增长率。那些负债累累并记录着资产价值降低的公司可能会发现自己将面临偿还债务的要求，要求它们出售资产来为偿还债务提供资金。将资产投放到市场上会增加资产供应，从而进一步压低资产价格。如前所述，在高负债水平的情况下采用按市价计值的会计方法也是顺周期的，这就加强了这些趋势。

按模型计价会计准则增加了财务系统的复杂性。这种方法通常需要使用复杂的数学模型，这些模型除了设计它们的高度专业化的计量经济学家以外，其他所有人都很难理解。此外，从局外人的角度来看，这些模型相对不透明，模型根据专有算法间接衡量资产的当前市值。这种方法还可以引入另一组参与者，即评估师，他们不断变化的评估会在整个系统中产生影响。

按市值计价的会计准则也加强了金融体系的耦合。监管机构对二级资产的评级制定了严格的规则：在有限的基础上进行没有报价的交易。最重要的是，他们建立了当交易对手对同一资产的价值有不同看法时，公司必须遵守的操作流程。然而，按模型计价的会计准则在某种程度上放松了耦合。公司可以自行决定何时采用按模型计价的方法，以及如何实施（Story，2008）。但这种自行决定为系统增加了复杂性和不可预测性。企业无法预测其他企业何时以及如何使用"按模型计价"模式对其资产进行估值，因此无法预测自身应在何时以及如何对相同或类似的资产进行重新估值。

信用违约掉期

我们认为信用违约掉期是20世纪末发展起来的金融衍生工具，它增加了金融系统的复杂性和耦合性。信用违约掉期（CDS）在金融系统中的功能类似于工业系统中的自动安全系统。这与安全装置一样，他们增加了复杂性和密切耦合性，可能使系统更容易（而不是更不容易）受到系统事故的影响。

1994年，摩根大通开发了信用违约掉期这一工具用来充当保险措施，以及分摊相对安全的金融资产（如市政债券和公司债券）的风险。因为即使是相对安全的资产也存在违约的风险。监管机构在认识到这一点后，要求资产持有者必须保持一定数量的现金储备，以应对风险。信用违约掉期是一种合约，在这种合约中，资产持有人同意向另一家公司定期支付款项，作为回报，如果该资产的价值出现预先设定的下降（例如，其评级下降或违约），资产持有人会得到一次性付清的损失补偿。重要的是，一旦资金到位，这类协议允许资产持有者将与资产相关的风险从账面上抹去，释放出现金用于其他投资。摩根大通开发信用违约掉期后不久，就建立了一个可以交易这些新衍生品的市场。随着时间的推移，金融机构开始使用信用违约掉期，为风险越来越大的资产提供保险，包括那些抵押贷款支持的资产。

信用违约掉期通过创建另一组分支关系而增加了金融系统的复杂性，尤其是抵押贷款子系统。这些分支关系与住房抵押证券下的分支关系相互关联，并叠加于住房抵押证券创建的分支关系之上。当抵押贷款支持的证券价值发生变化时，为其提供保险的信用违约掉期的价值也相应变化。当一个信用违约掉期的价值发生变化时，在同一市场交易的其他信用违约掉期的价值也会发生变化。此外，在一些情况下，信用违约掉期可以创建共模关系和反馈循环。金融机构可以同时拥有住房抵押证券和信用违约掉期。在这种情况下，一个公司的住房抵押证券价值的变化会导致它和其他公司持有的信用违约掉期价值的相应变化。此外，当信用违约掉期价值改变时，被其保障的住房抵押证券价值也会改变（不再属于低风险）。

信用违约掉期还因为其关系相对缺乏理解和不透明的特质而增加了复杂性。因为它们非常深奥，我们很难对信用违约掉期进行估价。首先，信用违约掉期的价值来自它们所保障的住房抵押证券价值，而这些住房抵押证券的价值则是来源于支持其抵押贷款组合（在二级债权抵押贷款的情况下，依然是抵押贷款组合支持着其他住房抵押证券）。其次，因为信用违约掉期不受监管，它们的条款差别很大，主要是为资产持有人和保险公司的特殊利益量身定制。此外，公司很难预估其持有的信用违约掉期和住房抵押证券价值下跌时会有多脆弱，因为信用违约掉期是以不受监管的方式交易的。因此，被信用违约掉期担保的公司通常不知道谁拥有这些信用违约掉期，而持有者通常不知道他们所担保的住房抵押证券的所有者是谁。

最后，由信用违约掉期传导的关系是相对紧密耦合的。当评级机构下调住房抵押证券评级时，担保住房抵押证券的信用违约掉期的价值就会下降。按市值计价会计要求，信用违约掉期的持有人价值的跌落要记录在其账簿上。还有，当一家评级机构将抵押贷款支持证券的评级调低到预先设定的水平，就会触发信用违约掉期支付违约损失。

附加说明

上述分析表明，在次贷危机发生前夕，整个金融系统，特别是系统中专门采购、处理和交易抵押贷款和住房抵押证券的部分是复杂且紧密耦合的。此外，这还表明这种复杂性和耦合性在金融市场崩溃的那几年中有所增加。但是我们的分析并不能证明是复杂性和耦合导致了金融市场的崩溃。首先，我们的分析不能确定金融系统是否足够复杂和紧密耦合，从而导致了事故。这是因为我们不知道增加事故发生的可能性需要多大的复杂性和耦合性。我们之所以缺乏这方面的知识，一部分原因是要以一种可比较的方式来衡量系统内部随时间变化的复杂性和耦合程度，以及在同一时间内系统之间的复杂性和耦合程度，是非常困难的。另一部分原因是，我们的分析受到任何不受控制的前测后测研究设计都会遇到的局限性，即不能排除在危机时出现或在前几年一直被强化导向金融危机的其他情况的可能性，真正导致了金融系统的崩溃。基于此，我们接下来要考虑次贷危机是否类似于由复杂性和耦合导致的系统事故，也就是说，它是否像一个普通的事故。

一场普通事故的次贷危机

次贷危机是一场事故吗？

根据佩罗的说法，事故是意外事件，会对人或物造成损害，并中断系统的功能，从而中断系统的任务完成，其原因可能是系统故障，也可能是操作人员为了避免故障而不得不关闭系统。我们认为，次贷危机符合这一事故的特征。这场危机伤害了民众和组织。此外，还扰乱了抵押贷款市场和与之相关的其他几个市场。房地产市场节奏放缓，信贷市场被冻结，华尔街的这些事件最终对普通民众产生了影响。消费者削减了支出，贷款机构削减了对企业的投资，企业解雇员工并放弃了扩张。这个结果被大多数的观察家描述为自大萧条以来最严重的经济衰退。最后，也是最重要的，我们认为抵押贷款行业或金融部门的参与者都没有打算让抵押贷款子系统崩溃或让金融系统陷入危机（相反的观点可以见Taibbi，2009；Perrow，2010）。这并不是说，一些（甚至许多）市场参与者的利己行为不是危机的起因，或没有导致危机的升级，他们确实努力尝试去避免危机的发生。这也不是说，一些市场参与者没有从危机中受益。我们将在下文中再来分析这些问题。

次贷危机是一场系统事故吗？

根据佩罗的观点，系统事故的特征是多重相互作用的故障或状况，这些故障或状况之间会产生意想不到、令人困惑的相互作用，这些相互作用会迅速而不可避免地展开，导致系统操作人员不知所措或无法迅速采取干预行动来纠正这种情况。所发生的相互作用事件可能是意料之外的，因为这些事件没有被设计到系统中，或者因为被设计到系统中但是很少发生。相互作用的情况可能令人困惑，因为我们对这种情况的了解有限，几乎没有经验，或者因为只能间接地监视，所以相互作用的情况可能令人困惑。系统事故始于一个或多个离散的部件、组件或子系统的故障（例如，一个阀门的故障），有时与不寻常的情况联结在一起（例如，低温）。但它们随后会在系统中传播（例如，试剂回流，与其他试剂发生反应，产生增加压力的气体，并使容器破裂）。在某些情况下，一个子系统中的更改会导致其他不相关但"近似"的子系统发生改变。这样，问题似乎意外地从一个子系统"跳转"到了另一个子系统。这些变化通过共模、分支和反馈关系在其他子系统中传播。当事故的最终原因不是其运行的部件或人为的故障，而是系统的复杂性和紧密耦合时，这样的系统事故就被认为是正常事故。

我们认为，次贷危机类似于一个系统事故和正常事故，如前所述。许多条件为抵押贷款危机埋下了祸根。一组条件增加了抵押贷款的供应。联邦立法，尤其是1977年的《社区再投资法》（Community Reinvestment Act）和80年代的美国住房和城市发展部（HUD）政策，促使贷款人（在某些情况下要求他们这么做）放宽贷款标准，以增加为低收入购房者提供的抵押贷款数量。此外，形成戴维斯（Davis，2009）所称的"所有权社会"的广泛文化变迁，导致家庭认为房子是投资，这刺激他们购买新的和额外的房子。另一组条件增加了抵押贷款的需求。最重要的是，美国联邦储备银行（Federal Reserve Bank）降低了利率，导致投资者寻求新的更高回报的投资工具。

这些潜在的条件"加热"了上一节中描述的抵押贷款的证券化过程。公共政策增加了对信用水平较低的购房者的贷款供应，为抵押贷款证券化过程提供了助燃剂。经济政策恰恰增加了在证券化过程中产生的那种投资的需求。这引发了一个反馈过程，通常被称为"房地产泡沫"。次级抵押贷款供求的增加提高了潜在购买者的数量，这反过来又推高了房价。房价的上涨增强了可调利率抵押贷款（ARM）的活力，这种贷款模式允许房主连续几年享受较低的固定月供，但要求他们在随后几年都支付更高的可变性质的大额月供（"balloon" monthly payments）。随着房价上涨，ARM的持有人可以根据房产增值情况在大额付款开始前为其贷款进行二次融资。这种活力得到提升的可调利率抵押贷款吸引了更多的潜在购房者进驻房地产市场，重要的是，购房者为了寻求盈利而推高房价，这就导致房价提高到更高的水平。

引发次贷危机的确切原因仍存在争议。在这里，我们提出一些可能的诱因，其中大部分集中在抵押贷款的违约率上。从正常事故理论的观点来看，每个抵押贷款都可以被认为是抵押贷款子系统的一部分，每个违约都可以被认为是部分故障，而超出意外的高违约率可以被认为是超出意外的高故障率。最常被提到的高违约率发生的原因是次级抵押贷款（低质量产品）进入了这个系统；另一个常见的原因是抵押贷款申请过程中的欺诈；还有一个可能的原因是房地产业"过度建设"。随着越来越多的购房者进入市场，开发商和房屋承包商建造了更多的房屋。这导致房价稳定下来，引发一些持有可调节抵押贷款的人违约，这又进一步引发房屋供应的增加，以及房价的下跌，最终使得更多的房主违约。

　　大多数金融行业的参与者预测会有大量的抵押贷款，特别是次级抵押贷款违约。但他们坚信这些由抵押贷款支持的证券能够抵御这种风险。如前所述，MBS的构建是为了抵消其支持的抵押贷款的违约概率。但如现在所知，要么是证券化的风险技术不够，要么是违约率超过了技术可控范围。这引发了一系列事后看来是完全可以提前预见和被理解的结果，但在当时却被视为出乎意料和令人困惑的事件。随着违约率上升，基于抵押贷款的证券价值下降。但是，对那些持有复杂的抵押贷款相关资产的金融机构，以及他们的交易合作方、借贷机构和投资者来说，很难来估计违约对资产价值的确切影响。一些机构看似明智但却专断地降低了相关资产的价值。而其他持有类似资产、受市值会计准则约束的公司，也被迫采取了同样的做法。这导致了资产贬值的螺旋式上升。

　　资产贬值的螺旋式上升引发了一系列其他事件。贷款机构和交易伙伴发出了追加保证金的通知，导致例如贝尔斯登和雷曼兄弟等投资银行纷纷平仓。更进一步的是，银行监管要求贷款机构通过清算头寸来增加其现金储备。当这些公司试图清算头寸时，其拥有的资产价值下降了。随着这些资产价值的下降，市场波动性增加，使得市场内的其他参与者停止交易，并引发了现金的流动性危机，这进一步压低了资产价格（因为绝望的卖家无法为其资产找到买家）。当然，随着资产价格进一步下跌，新的触发点受到冲击，引发了新一轮的抛售。似乎一夜之间，贝尔斯登和雷曼兄弟等利润丰厚的著名金融机构被推到了破产的边缘，并被其他金融实体所取代。

　　重要的是，许多银行清算的资产都是在非抵押贷款相关领域，甚至非美国市场，因为这些是当时流动性最强的资产。因此，抵押贷款相关资产的危机似乎从一个市场跳到另一个市场。这些跳跃完全出乎意料，因为这不是由可观察到的经济趋势驱动的。相反，影响的模式取决于遇到问题的银行的具体身份和这些银行的投资组合形式，而因为客户和竞争对手基本上都不知道银行的确切投资组合，这使得这两者都无法被提前预测。这一系列问题导致金融机构的对手方、贷方和投资者撤出市场，加速了市场信贷紧缩。吉伦和苏亚雷斯（Guillén & Suaréz，2010）对美国抵押贷款行业的发展如何在全球范围内产生影响进行了非常出色的研究分析。

危机中的按市值计价和按模型计价的会计方法

我们认为，按市值计价和按模型计价的会计方法在抵押贷款危机中发挥了特别重要的作用，它们之间产生了复杂而紧密耦合的相互作用。有两个例子能很好地说明这一作用。第一个例子与一系列短期事件有关。2007年4月底，贝尔斯登增强型杠杆基金的交易对手高盛发布了对该基金的部分抵押担保资产的出人意料的低估值。一位匿名的增强型杠杆基金高管在接受采访时，形象地回顾了这一系列事件。

> 他们（高盛）给了我们50美元和60美元的价格，而我们从其他交易对手那里得到的价格是98美元。证券交易委员会规定，当你这样做的时候，你要把97美元和98美元平均起来，而不是50美元和98美元，或者你可以去问问这是否是正确的纪录，但你不能查询最低纪录，你必须去查询最高纪录。每个人都知道这一套程序。所以我们去问最高纪录。我们询问给出98美元的交易方——另一家华尔街大公司——你知道他怎么说吗？他说他知道给的价格很高。他说："你说得对，我们错了，应该是95美元。"换句话说，他给了自己一个误差范围，然后说："我们打算抛售掉。"他很认真地看着我说了95美元。现在我们什么都做不了，只能把50美元和95美元拿出来求平均值。我们必须重新计算资产净值。我们的价格现在是从−6到−19的范围，准确地说是−18.97美元，然后游戏结束。顺便说一句，报价50美元的那家公司在2007年做空了这该死的市场，赚了一大笔钱（Conhan，2009）。

第二个例子与2008年2月14日发生的一系列事件有关，当时瑞银公布了2007年第四季度的财务业绩。2007年第四季度，瑞银冲销了137亿美元的美国抵押贷款投资。瑞银将这种冲销描述如下：

> 金融工具类的市场仍然缺乏流动性。对这样的工具而言市场还缺乏活跃度，或者是缺乏其他可观察到的市场数据，所以我们被要求使用模型来评估这些工具。从抵押贷款的支持证券结构到债务抵押债券结构，这些模型试图预测抵押贷款池的终身损失，然后估计这些损失的影响。我们从2007年第三季度开始使用这些模型，并从那时起不断地回顾模型的假设，并根据新的市场信息来重新校正这些假设。（UBS AG. U. S. Securities and Exchange Commission, Form 6-K, Report of Foreign Issuer. February 14, 2008, p.2）

大约在两周后的2月29日，对冲基金Peloton Partners破产。由于瑞银的资产减记，Peloton减记了他的Alt-A抵押贷款，这类贷款的风险要高于优质贷款，但低于次级抵押贷款。2007年，Peloton的资产支持证券的回报率还高达87%。Peloton的债权人想要得到报酬，但Peloton已经没有现金流了。对于其他持有Alt-A抵押贷款的金融机构来说，此次崩溃的时机反映出了问题。2008年2月29日，是Peloton公司财年第一季度的最后一天，因此该公司不得不在第一季度财务报表中报告了其资产减记。现在，其他在3月31日结束第一季度的金融机构也不得不将损失计入其资产，因为Peloton的业绩将影响整个Alt-A抵押贷款的市场价值。贝尔斯登的固定收益部门首席运营官保罗·弗里德曼说："2月29日那天，Peloton炸了。所以你、我们和其他人都会面临一个场巨大的清算，很多高价值的资产也都缩水，这就是大结局的开始。"（Cohan，2009）

当次级资产回报率下降时，银行在高杠杆的情况下处境特别困难。随着资产价值下降，高杠杆率的银行接到了催债通知。为了筹集资金支付这些贷款，银行不得不出售一些资产。市场上的资产供给增加，又进一步压低了资产价格。此外，随着证券化抵押贷款的回报率下降，杠杆的作用又压低了股价，这些证券的持有者遭受了股本回报率更大幅度的下降。股价下跌减少了通过出售股票筹集资金的机会。此外，回报率下降令贷款机构暂停为再融资、重组现有贷款或增长机会融资发放贷款，因为他们担心公司将无法支付利息和偿还本金。

次贷危机中的信用违约掉期

我们同时认为，信用违约掉期在抵押贷款危机中发挥了特别重要的作用，它产生了复杂和紧密耦合的相互作用。当抵押贷款违约率出人意料地高时，由抵押贷款支持的MBS开始贬值，这促使评级机构下调相应MBS的评级。当MBS的评级下降时，为这些证券提供保险的信用违约掉期价值下降，在某些情况下，这些评级下降构成了"信用事件"，触发了合同条款，要求信用违约掉期的持有者向被其保险的MBS的所有者支付款项。这些事件导致了无数其他的连锁反应（Morrissey，2008）。

当某一特定的信用违约掉期价值下降时，其承保的MBS价值下降（因为它变得不那么安全）。此外，由于信用违约掉期交易的活跃，市场上其他信用违约掉期的价值也有所下降。按市值计价的会计准则要求，这些价值的下降反映在持有信用违约掉期的公司、它们承保的MBS以及其他在市场上交易的信用违约掉期的资产负债表上。

此外，被要求还款的信用违约掉期持有人往往被迫出售大量资产，以腾出资金来还款。这种资产的清算压低了出售资产和可比资产的价值，因为按市值计价的会计要求，这必须在拥有公司的资产负债表上登记。在许多情况下，出售的资产是信用违约掉期和MBS（仍由其他信用违约掉期承保）。在另一些情况下，从MBS到信用违约掉期，这些资产的种类和地理位置都相差甚远。出售这些资产所产生的相关产品的价值下降，波及了整个金融体系和其他市场，包括国内和国际市场。就这样，之前被认为毫无关联的市场开始相互联系，陷入了恶性循环。

最后，这一系列的发展使得贷款人变得敏感起来。一方面，寻求贷款的金融机构因其资产负债表的恶化而面临更高的风险。另一方面，为风险越来越高的贷款，或是给非金融机构的贷款提供风险保障的信用违约掉期，也变得越来越不可靠。由于后一种的动态过程影响了非金融行业的公司，将危机从华尔街蔓延到了普通大众身上。因此，它是整个信贷紧缩的主要诱因。

这一系列事件给美国国际集团（AIG）带来了一个特别严重的问题，因为他们发行了大量的信用违约掉期产品，同时选择持有其中的绝大多数，而不是在市场上进行交易。由于美国国际集团的传统政策保障了那些与命运无关的资产（例如，投保人的家里着火的可能性，在大多数情况下不与其他保单持有人的家中将着火的可能性相关），它在其传统保险业务领域设立联结的政策是有道理的。但将命运紧密相关的保险合同挂钩时，例如MBS等资产保险，这种做法极有问题（至少事后看来是如此）。

结果，当房地产市场下跌，抵押贷款开始违约，MBS评级被下调，美国国际集团面临无法履行合同义务的境地，濒临破产的边缘。许多金融业人士和政府担心，美国国际集团的破产将导致其承保的MBS以及其他金融机构账簿上的类似信用违约掉期的价值大幅缩水，从而导致更多金融机构破产。结果是，金融精英和少数政府官员制定了一项几乎史无前例的金融救助计划，其中的主要内容是针对美国国际集团的救助计划，美国政府最后成为该公司80%股份的持有者。

次贷危机是一场灾难吗？

根据佩罗的说法，灾难不仅产生第一类和第二类受害者，还产生第三类和第四类受害者。我们认为，从这点来说，次贷危机是一场大灾难。当然有第一类受害者，那些提交抵押贷款申请的经纪人、采购抵押贷款的抵押贷款批发商、抵押贷款的承销商、制造复杂MBS的华尔街投资机构都蒙受了损失。许多购房者失去了他们的房子（或正在失去的过程中）。而其中一个明显的例外是一些华尔街公司的高层管理人员。尽管包括贝尔斯登的詹姆斯·凯恩（James Cayne）等在内的一些华尔街高管损失惨重，但另一些银行的高管却挺过了危机，甚至在这次危机中取得了成功。次贷危机当然也有第二类受害者，通过货币市场基金、共同基金和养老基金投资MBS的人损失了很大一部分的资产净值，对其中的许多人来说，这使得他们得缩减一些主要的支出（例如度假）和重新考虑退休事宜。

然而，更重要的是，许多没有次级抵押贷款的人，没有在次级抵押贷款行业工作的人，也没有投资次级抵押贷款支持证券的人，都受到了抵押贷款危机的伤害。这场灾难还有第三类受害者。一些人持有的投资因金融危机而贬值。有些人曾在投资银行工作，没有参与次级抵押贷款市场，甚至没有参与抵押贷款市场，却因此失去了工作。随着消费者撤出市场，一些公司失去了业务。此外，这场危机还有第四类的受害者，即希望购买新房的人发现很难获得贷款，而如果按照以前住房贷款申请的标准，他们完全符合条件。而那些希望为扩张甚至维持经营寻求贷款的公司彻底放弃了希望。最后，那些希望找到新工作或进入就业市场的人（如最近的大学毕业生）受到了阻碍。

附加说明

上述分析表明次贷危机是在金融体系内部复杂且紧密耦合的相互作用下的结果，是由一系列独特的潜在条件（即抵押贷款市场的流动性和低利率）和意外的进展（即违约率的提高）触发的。但这一评估结果必须有两点需要引起注意。首先，我们怀疑大多数事故似乎是意外的，且令人困惑的相互作用的结果，这些相互作用发展得太快，使其无法避免。如果事故不是如此发生的，那么人们就可以在事故发生之前避开它，或者在事故发生之后躲开它。其次，正如佩罗（Perrow，1991）指出的，大多数事故都有着多重原因，因此试图确定复杂性和耦合性是事故的唯一原因，而不是缺乏监督和监管或其他原因，是徒劳无益的。

正常事故理论的衍生

次贷危机和行动者

在次贷危机之后，公众一直在指责被认为是导致或促成市场崩溃的各方，尤其是那些被公众认为是出于自身利益考虑而采取行动的各方。对于次贷危机，用传统的正常事故理论来解释并不令人满意。佩罗将正常事故理论应用于这样的情况：操作员的行为是出于确保系统正常运行的愿望，而操作员的行为可能最终被认为是无关紧要的；也就是说在某些情况下，不管操作员的出发点或者技术有多好，事故本身都可能会在某个时间点发生。传统的正常事故理论认为，正常事故和行动者是相互排斥的。从正常事故理论的角度看，如果抵押贷款危机是一个典型的正常事故，那么公众对行动者的指责显然是错误的。如果公众的指责是正确的，那么次贷危机显然不是一个典型的正常事故。

我们认为基于传统的正常事故理论分析行动者是有价值的。试图解释一切的理论（在这种情况下，就是解释那些行动者在其中扮演了关键角色的失败，以及行动者在其中没有扮演关键角色的失败）往往什么也解释不了，因为这样的理论必须保持在一个普适性的水平上，不允许有更多的深入见解。但我们同时也认为用传统的正常事故理论分析行动者同样存在缺陷。具体地说，传统的正常事故理论禁止我们识别行动者是如何在系统中增加复杂性和耦合性的，如何补充了复杂性和耦合性作为事故发生的单独原因而产生的影响，如何加剧了事故发生后复杂性和耦合性的影响，如何抑制了系统操作员在看到问题后避免事故发生的能力。在下文中，我们将说明行动者是如何在次贷危机中产生此类影响的。

我们认为，行动者影响了金融体系的设计，增加了整个体系的复杂性，从而使其更容易失败。工业环境中的技术系统大部分是由根据技术标准设计而成的相对较少的个人单位组成的。因此，这些系统的设计目的是实现数量相对有限的相互协调的目标，同时考虑到全系统的活力。相比之下，金融系统通常是由众多准独立的行动者设计的，有着不同的、在某些情况下是不相容的利益机制，很少能够考虑到整个系统的完整性。设想一个由多个工程团队设计的石化工厂，每个工程团队都在半独立的状态下运行，构建各自这一部分的目的是获得这一部分所重视的产出，并很少与其他团队就全厂关注的问题进行沟通。这就是抵押贷款领域在金融危机前夕的一个恰当类比。

我们还认为，行动者加速了危机的发展。可能最明显的一点是，金融机构似乎高估了他们出售的抵押贷款支持的资产价值，试图维持该房产行业的持续增长（Story，2008）。此外，我们认为行动者影响了金融系统的运作，降低了操作人员对系统状况加以监控从而避免失败的可能性。绝大多数金融行业参与者专注于追求短期的自身利益，很少关注其行为造成的长期后果。此外，我们认为，金融行业的这种定位与其说是行业参与者"贪婪"的症状，不如说是由职业规范、监管和组织结构，以及竞争环境所定义的金融制度环境所固化而成的。例如，抵押贷款经纪人帮助购房者获得那些被强烈怀疑是购房者无法负担的贷款，因为规范和监管压力迫使经纪人这样做。正如一位经纪人所说："在任何销售岗位上，你都不能拒绝客户。"正如全国抵押贷款经纪人协会主席说的那样——"如果他们能符合标准，你就必须批准贷款。"（Spivak & Bice，2008）类似地，高盛的一些部门设计并出售抵押贷款支持的资产，而高盛的其他部门却认为这些资产是一项糟糕的投资并做空这部分资产，部分原因是如果不这样做，将导致抵押贷款支持的资产客户流失到竞争对手那里（Morgenson & Story，2009）。

我们还认为，行动者在抵押贷款危机的升级中发挥了作用。也许最明显的是，当预见到房地产市场即将崩溃时，有"先见之明"的投资者"卖空"了抵押贷款支持证券，加速了MBS资产价格的螺旋式下降（Lewis，2008）。同样明显的是，随着MBS价值开始下降，即便知道投资银行如此急剧的抛售会进一步加速抵押证券资产价值的螺旋式下跌，警觉而灵活的投资银行仍然迅速抛售资产以避免损失。同时，一些金融机构利用MBS估值的模糊性，为了获得自身利益而对资产进行重新定价（Story，2008）[4]。

最后，我们认为行动者限制了行业参与者迅速有效地做出相关反应的能力来避免这次危机。例如，当贝尔斯登和雷曼兄弟濒临破产的边缘时，联邦储备理事会主席伯南克，纽约联邦储备银行行长盖特纳和美国财政部部长保尔森，召开了一系列与国家主要投资银行和商业银行领导者一起参与的会议，以期避免这些灾难。但参与这些会议和最终计划的银行家们在很大程度上受到其个人经济利益的影响，并在某些情况下不惜牺牲整个商界追求的共同利益（Cohan，2009；Mcdonald & Robinson，2009），这一结果与米兹鲁奇（Mizruchi，2010）的观点相一致，即美国资产阶级越来越不能识别集体福利并代表整个集体来做决策。

次贷危机和不当行为

次贷危机之后，有很多针对不当行为者的起诉案件。对次贷危机所做的正统的正常事故理论的解释无法很好地与这些合法行为相匹配。佩罗和梅茨亚斯认为正常的事故和不法行为是相互排斥的，他们可能含蓄地采用了一种法律视角；他们将不当行为定义为故意的行为，将事故定义为无意行为。为此，佩罗提出了一个特殊的标签，"执行失败"，用来表示那些看似正常的事故，实际上却是因不当行为而造成的事件（Perrow，2007）。梅茨亚斯对他自己提出的储蓄信贷危机的正常事故解释与不当行为的解释进行了对比，认为相关的证据更符合正常事故的解释，而不是不当行为的解释（Mezias，1994）。从公认的正常事故理论观点来看，如果次贷危机是一个典型的正常事故，那么针对危机的执法行动显然是错误的。而如果执法部门的行动是有依据的，那么次贷危机从定义上来讲就不是一个典型的正常事故。

我们认为正统的正常事故理论对不当行为的分析是有价值的。值得注意的是，当我们对被人们认为需要向一场灾难负责的个人进行调查和惩罚后，并不能减少此后类似灾难的发生。我们认为，用传统的正常事故理论来分析不当行为存在着缺陷，特别是限制了对正常事故与不当行为之间关系的实证检验。如果对不当行为采用"标签理论"的方法，那正常事故和不当行为并不一定会被认为是相互排斥的，在这样的情况下，社会控制机构指定某一行为是错误的，那它就被定义为是错误的，无论行动者的行为是有意还是无意的（Becker，1963）。如果采用"标签理论"的方法，那么你就可以自由地建立相关理论阐述，并分析正常事故和不当行为之间的关系。基于此，我们得出以下几点初步结论。

第一，最明显的是，不当行为可能导致正常的事故。如前所述，一些抵押贷款经纪人和贷款人伪造文件，在房地产泡沫形成的高峰期继续证明购房者的贷款资格（Temple-Raston，2008）。这种欺诈行为使得房地产系统中被注入了更多值得被怀疑的"信用良好"购房者，促成了住房与城市发展部的政策和ARM贷款（可调利率抵押贷款）的热潮。这种行为对毫无戒心的购房者来说是毁灭性的，但我们认为这在促成危机方面只扮演了次要角色。我们怀疑，与通过可以说是合法途径进入房地产系统的边际贷款数量相比，被注入系统的欺诈性贷款数量较少。

第二，正常事故可能促成对与所涉事故无关的不当行为的发现。当事故发生时，情况会发生变化，导致不相关的不当行为受害者意识到自己受到了伤害。例如，伯纳德·麦道夫（Bernard Madoff）和艾伦·斯坦福（Allen Standford）被认为是精心策划的庞氏骗局的主角，在次贷危机发生的前几年，他们从投资者那里窃取了数亿美元（Gaviria & Smith，2009；Creswell & Krauss，2009）。随着金融危机的蔓延，投资者试图将他们持有的麦道夫和斯坦福的基金变现，以便将资金转移到更安全的投资领域。当他们这么做时，投资者发现麦道夫和斯坦福无法满足他们的清算要求，因为这两位基金经理并没有将钱用于投资，而是把这些钱花掉了。虽然从被骗的投资者角度来看，这种盗窃资金的行为是灾难性的，但这也并不是次贷危机发生的一个诱因。

第三，正常事故会产生不当行为，虽然事故和不当行为之间的因果关系有时有些模糊。正常事故可以为行为人提供从事不当行为的动机。也许最明显的是，这可能会导致操作员做出一些错误的行为，试图避免事故发生，或是避免承担相关事故的责任，或避免事故会造成的伤害。例如，我们有理由相信美国国家金融公司（Countrywide Financial）的创始人兼首席执行官安杰洛·马齐洛（Angelo Mazilo）已经知道房地产市场的低迷会使公司面临严重亏损。当他获取了这部分信息后，为了避免个人损失，他卖掉了公司的大部分股票，同时还表示公司前景乐观，以此来增强股东信心，避免公司股价下跌。在经受了两年的公众批评后，他最终被指控犯有内幕交易和欺诈罪（Scannell & Emshwiller，2009）。事故还可能导致受害者参与一些不当行为，以期逃避严重伤害。例如，购房者和其他处于财务困境的借款人会有高于一般水平的保险欺诈率，比如他们将自己的房屋和汽车付之一炬，试图获得相关赔偿，以此来逃避即将发生的违约和被收回房产的财务后果（Tom，2009）。

正常事故也会给行为人带来不当行为的机会，会被社会控制机构贴上违法的标签。正常事故也可以为在对与错的边界上操作，或跨越这条分界线的企业家创造机会，让他们避开错误。次贷危机后，市场对抵押贷款修正的需求急剧增长。现有的贷款机构已经改变了商业模式，而一些新的公司也出现了，它们通过较低的价格从政府手上购买违约的贷款，然后与抵押贷款持有人协商降低利率，这样可以允许借款人继续住在他们的房子里，而它们则可以赚取可观的利润。大多数的这类企业家都以一种光明正大的方式来经营此类业务，尽管一些先前出售次级抵押贷款因而加速了次贷危机的发生的人因从这种情况中获益而受到过批评（Lipton，2009）。与此同时，欺诈公司在合法公司的影子下出现，这些公司以毫无戒备心的借款人为目标，将自己与政府项目联系起来，协商新的抵押贷款条款，从中获取超高利润，但使借款人处于一种更糟糕的境地（联邦贸易委员会，2009）。

更重要的是，正常事故可以为社会控制机构提供行动的机会：既保护公众利益，又促进自身利益。对于后一方面来说，政府机构可设法恢复或加强其合法性，并增加其组织能力（例如，扩大其开支预算和人员编制）。在这个过程中，政府可以撒一张大网，抓住那些显然从事与事故相关的不当行为的行为者，那些参与不当行为但没有造成相关事故的行为者，以及疑似参与触犯法律行为的行为者。在某些情况下，政府的行动显然与引起政府介入的事故无关。例如，随着次贷危机加剧，有新闻显示有两名美国参议员从美国国家金融公司获得了特殊的减息贷款，随着这个新闻被广泛宣传，几位参议院同事推动了对这两位参议员进行调查的程序，其中一位被调查的是康涅狄格州参议员克里斯多夫·杜德（Christopher Dodd）（Herszenhorn，2008）。尽管调查结果只是对两位参议员进行了温和的指责，但杜德因此决定放弃2010年的连任竞选（Nagourney，2010）。当然，两位参议员从美国国家金融公司获得了特殊的减息贷款并没有导致次贷危机。

　　在别的情况下，社会控制机构的行为与诱致它的事故之间的关系会更加模糊。例如，在次贷危机开始时，联邦调查局就接到数百起抵押贷款的欺诈案件。在金融危机之后，联邦调查局立即将抵押贷款欺诈调查活动提升为一个高调的项目，称之为"恶意抵押贷款行动"（Burns，2008）。这个项目和联邦调查局所做的努力引起了社会相当大的关注，以及对增加一些人员到该机构负责调查欺诈的部门的期待，该部门的很多人员是在"9·11"恐怖袭击后因参加反恐行动而离开的（Barrett，2009）。同样，公平住房维权人士和全国有色人种协进会（NAACP）多年来也一直在抨击抵押贷款机构的一些歧视性做法，似乎形成了一条红线（red-line）。次贷危机的直接后果之一是，调查员的注意力开始转向次级贷款（Tedeschi，2007；Appel，2009）。尽管我们认为联邦调查局、全国有色人种协进会和公平住房维权人士抗议的一些欺诈性和歧视性贷款在一定程度上促使了金融危机的发生，但其中很多方面确实与金融危机无关。事实上，在美国联邦调查局的"恶意抵押贷款行动"所针对的三种主要不当行为中，其中有两种与金融危机导致的犯罪有关：分别是止赎救援骗局和与抵押贷款相关的破产计划（联邦调查局，2008）。而次贷危机之后的最大案件之一仅是一项普通的欺诈行为，它导致加州专属飞地的房产值被高估，因此获得了超额贷款，而这些贷款随后被用于推动其他投资（Schmitt，Christensen & Reckard，2008）。

美国联邦调查局试图起诉两位大规模投资抵押贷款支持资产的对冲基金经理（他们投资了贝尔斯登旗下的高等级和增强杠杆的基金），这充分说明了社会控制机构在事故发生后，对事故中存在因果性的判断含糊不清。联邦调查局认为两家对冲基金的价值下降，而基金经理马修·唐宁（Mathew Tannin）和拉尔夫·乔菲（Ralph Cioffi）在知道基金价值在下跌并减少了自身持有量的情况下，却仍然告诉投资者现在的投资环境良好，且可以继续持有（甚至考虑加持）他们自己的股权基金。联邦调查局指控两名高管犯了欺诈和内幕交易罪，宣布指控的同时还宣布了"恶意抵押贷款行动"的开始，将被公众指控的两位高管"游街示众"（Chittum，2008）。与之前描述的马齐洛的行为一样，唐宁和乔菲的行为据称是出于维护投资者对基金的信心，从而避免基金崩溃，以此保障高管们的职业生涯和财富的愿望。法庭上，唐宁和乔菲被宣告无罪。辩方很有说服力地辩称，唐宁和乔菲的行为虽然在事后看起来很可疑（鉴于基金的最终消亡），但在当时的情况下是完全符合过往经验和法律的（Kouwe & Slater，2010）。

唐宁和乔菲的案例也指出了一个正常事故会产生不当行为的一种情况。正常事故是通常不会导致灾难，但在不可预见的情况下（如多重故障的相互作用）引发了灾难的行为产物。结果是，正常事故使得社会控制机构和规范的企业家游说去创建一类新的不当行为形式，这样一来，不违反现有的刑事和民事法规的，仅会被认为导致了事故的蔓延的这类行为可以重新被归类为不当。国家和事故受害者都发现，目前对现有法规的解释妨碍了他们将责任归咎于系统操作员，并制约了他们从他们认为需要对事故负责任的人那里获得赔偿的能力。国家和受害者可以通过要求对现行法规进行新解释，并游说制定新法规来克服现行法规的局限性。

在民法领域，特别是在侵权法领域，为现有法典提供新定义的机会是最大的，因为民法的基本原则是广泛的。但是一般来说，此类诉讼中的原告和被告的经济实力会影响相应的目标和结果。许多针对次贷贷款人的民事诉讼中，将他们的行为描述为掠夺性的，即利用借款人的经济弱点和相对无知的劣势（Appel，2009）。有11个州对现为美国银行（Bank of America）所有的美国国家金融公司提起诉讼并与其达成了一项84亿美元的和解协议，其目标是重新协商贷款人在住房市场最繁荣时期出售的抵押贷款（Morgenson，2008）。马萨诸塞州也提起了诉讼，与次级抵押贷款机构弗里蒙特投资和贷款公司（Fremont Investment And Loan）就其所称的不公平贷款行为达成了一项1000万美元的和解协议。掠夺性再融资计划的中产阶级受害者，以及代表下层受害者的非营利性法律服务机构（以及愿意推迟赔偿直至达成和解的企业家律师），也对贷款人提起了诉讼。但是，这些脆弱的受害者不太可能在这些案件中取得成功，因为这些案件又耗钱又耗时（Luhby，2009）。针对那些创造了引发次级贷款需求的住房抵押证券的大型投资银行的法律诉讼案件要少得多。马萨诸塞州确实与高盛就其在次级抵押贷款证券化中的行为达成了6000万美元的和解，但这一行动并没有对其他投资银行的类似行为带来打击（Luhby，2009）。

　　社会控制机构和规范的企业家会利用现有的制度框架来制定对现有准则的新解释和游说制定新准则。鲁布佐娃、德约迪、格林和扎尔德（Rubtsova，DeJordy，Glynn & Zald，2010）对紧随20世纪早期金融危机而来的用以分类错误行为的制度框架进行了犀利的分析。他们认为政治家和媒体关注的是那些被认为导致危机的行为是否可以被视为投机、操纵市场或欺诈这三类。有迹象表明，在次贷危机之后，这三种分类方式就被沿用了。例如，信用违约掉期的提供者被形容为投机者，专注于押注抵押贷款所支持资产的前景。卖空者一直被描述为操纵市场的人，他们通过大幅度地压低资产价格来获取暴利。当然，投资银行一直被描述为欺诈者，他们用自己创造并交易的证券组合来误导投资者。公司利益相关者模型是当代大多数商学院商业伦理和社会责任课程的框架，该模型提供了另一种制度框架，在这个框架内可以对现有准则作出新的解释，并对新的准则提出建议。这一框架将导致次贷危机的行为视为不道德和不负社会责任的行为。因此，一些评论员将抵押贷款危机归咎于金融业高管以牺牲客户和整个社会的利益为代价，追求眼前自身利益的自私行为（Cossin，2009；Hirschh & Hunter-Morris，2010）。

政策启示

佩罗的《正常事故》一书在出版后受到社会的广泛欢迎，因为它代表了一种对现代技术的激进性批判分析，而现代技术的很大一部分在之前都被认为是积极的或仅有一些表面批评的话语。通过深挖技术的根源，佩罗揭示了事故是复杂的、紧密耦合的且存在固有危险的，也就是说，即使操作员是负责且受过良好训练的，灾难性的后果还是很容易发生。佩罗的结论是，在复杂和紧密耦合的系统中，降低事故可能性的唯一方法是改变其基本设计，从而减少复杂性和耦合性。

上文的分析表明，金融系统，尤其是与抵押贷款的创建和转换相关的系统部分，是复杂而紧密相连的，这使得金融系统容易受到系统或正常事故带来的影响。此外，分析显示次贷危机是一个系统事故或是正常事故。因此，要防止危机再次发生，需要专注于降低金融体系的复杂性和耦合性，尤其是与抵押贷款的创建和转换相关的金融体系部分。仅靠零敲碎打的监管来消除抵押贷款违约的可能性是很低的。此外，我们不太可能预见并防止其他可能与住房抵押贷款无关的部分会发生破产情况。如果我们的分析是正确的，除非系统的复杂性和耦合性降低，否则这样的故障可能会引发经济动荡，并最终产生与次贷危机类似的社会后果。

那些对降低金融系统的复杂性和耦合感兴趣的政策制定者，可以使用我们上述的分析来发现系统中需要简化的部分（用佩罗的术语来说，就是使其更加"线性"），并使这些部分更加松散耦合。显然，限制和简化抵押贷款证券化，对杠杆的使用设置上限，长期认真研究按市值计价和按模型计价的会计方法等办法，似乎都是合理的。我们在这里不再深入研究这些政策选择，有比我们更了解政策制定过程的人会考虑正常事故理论带来的政策含义（Schneiberg & Bartley，2010）。

然而，我们对行动者在构建金融体系和促成抵押贷款危机方面所起作用的分析表明，重新设计体系以减少复杂性和耦合性将是一项艰巨的任务。有许多强大的参与者会因为其自身经济利益而维护系统的复杂性和紧密耦合。此外，这些行动者在支持其个人利益的认知框架内进行操作，最重要的是，这些都是建立在主导学术领域的有效市场假说（Lowenstein，2001）和主导政治领域的市场原教旨主义（Abolofia，2009）基础上的分析框架。在美国，几乎没有政府主导设计经济活动的先例。政府对干预经济最多只会采用"修复"的形式，例如《萨班斯－奥克斯利法案》（Sarbanes-Oxley legislation），法案增加了监管力度和对机构的控制，围绕系统的边缘进行工作。因此，据我们的估计，要重新设计金融体系将面临重大的障碍。

最后，我们对次贷危机与不当行为之间关系的分析表明，试图找出造成危机的责任人和在危机之后努力起诉不当行为者这两件事情，仅是松散地相互关联。从本质上讲，事故是难以预测和阻止的意外产物。其结果是，社会控制机构在追究相关责任人时受到过时法律规则的阻碍，无法对责任人审判。面对要交出肇事者的压力，执法机构广泛撒网，抓获了许多行为与事故无关或只是有些许关系的个人和组织。更糟糕的是，事故的主要责任人往往拥有相当大的权力，可以用来阻挠这些社会控制机构。这表明，尽管公众强烈抗议，尽管政客故作姿态，但投行高管们仍继续领取着令人侧目的达到破产前水平的奖金。因此，我们的分析认为，在一些人看来，找出并惩罚那些对危机负责的人将阻止可能会导致未来灾难性结果的行为，但这也将可能面临一些重大的障碍。

结论

本文运用正常事故理论对金融体系和次贷危机进行了分析。本文提出两种方法可以使正统的正常事故理论得到良好的解释效果，这样该理论就可以更好地解释危机的两个方面，即行动者和组织的不当行为，否则这些情况就很难被理解。我们的结论是，要考虑到正统的和"衍生"的正常事故理论对金融危机的分析所带来的政策影响。本文认为，未来如果要避免金融危机或类似的危机，就必须对金融体系进行根本性的改革。但我们预测，在当前制度环境下，这些变化将难以造成影响，这涉及体系中的利益结构、政治权力关系、法律法规设置和认知框架。

我们欢迎对最近金融事件提供更为乐观的解读。

注释

[1] 系统在一段时间内经历的事故数量可能是系统转换输入或在连续的基础上重新设计的程度的函数。但是正如前面所述，以及我们接下来将详细讨论的，佩罗认为系统的复杂性和耦合是系统事故的根源。

[2] A 0.20的股本回报率=[（0.11的资产回报率-（债务／资产×0.6×负债利率×0.05）]／[非负债融资资产占总资产的比例×0.4]。

[3] A-0.025股本回报率=[（0.02的资产回报率-（债务／资产×0.6×负债利率×0.05）]／[非负债融资资产占总资产的比例×0.4]

[4] 这种战略行为在贝尔斯登一位匿名对冲基金高管之前被引用的最后一句话中得到了体现。

参考文献

Abolofia, M. (2009). Can speculative bubbles be managed? An institutional analysis. *Strategic Organization*, 8(1), 93–100.

Appel, A. (2009). Lawsuits accuse mortgage lenders of rip-offs. FinallCall.com

News, March 27. Available at http://www.finalcall.com/artman/publish/article_5726. shtml.

Barrett, D. (2009). FBI investigating 530 corporate fraud cases. *The Seattle Times*, February 11. Available at http://seattletimes.nwsource.com/html/politics/2008732400_apbailoutfraud.html.

Becker, H. (1963). *Outsiders: Studies in the sociology of deviance*. New York: The Free Press.

Birkinshaw, J., & Heywood, S. (2009). Too big to manage? *Sloan Management Review*, October 19. Available at http://sloanreview.mit.edu/business-insight/articles/2009/4/5148/ too-big-to-manage

Bookstaber, R. (2007). *A demon of our own design: Markets, hedge funds, and the perils of financial innovation*. Hoboken, NJ: John Wiley and Sons.

Burns, J. (2008). FBI mortgage-fraud probe is looking at big firms. *The Wall Street Journal*, June 20. Available at http://online.wsj.com/article/SB121389023486688775. html? KEYWORDS = FBIþmortgage-fraudþprobeþisþlookingþatþbigþfirms

Caruthers, B. (1996). *City of capital*. Princeton, NJ: Princeton University Press.

Cebon, P. (2009). Innovating our way to a meltdown. *Sloan Management Review*, 50(2), 13–15.

Chittum, R. (2008). Opening bell: Perp walk. *Columbia Journalism Review*, June 20. Available at http://www.cjr.org/the_audit/opening_bell_84.php

Cohan, W. D. (2009). *House of cards*. New York: Doubleday.

Cossin, D. (2009). Financial engineering's fallout: It's time to bring morality back into finance – and time for business leaders to take risk seriously. *Sloan Management Review*, 50(2), 19.

Creswell, J., & Krauss, C. (2009). Stanford accused of a long-running scheme. *The New York Times*, February 28. Available at http://www.nytimes.com/2009/02/28/business/ 28stanford.html

Davis, G. F. (2009). *Managed by the markets: How finance re-shaped America*. Oxford, England: Oxford University Press.

Eisenhardt, K. (1989). Building theories from case study research. *Academy of*

Management Review, 14(4), 532–550.

Federal Bureau of Investigation. (2008). More than 400 defendants charged for roles in mortgage fraud schemes as part of Operation "Malicious Mortgage". Press Release, June 19. Available at http://www.fbi.gov/pressrel/pressrel08/mortgagefraud061908.htm.

Federal Trade Commission. (2009). Federal and state agencies crack down on mortgage modification and foreclosure rescue scams. Press Release, April 06. Available at http:// www.ftc.gov/opa/2009/04/hud.shtm.

Gaviria, M., & Smith, M. (2009). The Madoff affair. *Frontline*, May 12. Available at http:// www.pbs.org/wgbh/pages/frontline/madoff/.

Glass, I. (2009). The watchman. This American Life, Chicago Public Radio, June 5. Available at http://www.thisamericanlife.org/Radio_Episode.aspx?episode = 382

Guillén, M. L., & Suárez, S. F. (2010). The global crisis of 2007–2009: Markets, politics, and organizations. In: M. Lounsbury & P. M. Hirsch (Eds), *Markets on trial: The economic sociology of the U.S. financial crisis*. Research in the Sociology of Organizations. Bingley, UK: Emerald.

Herszenhorn, D. (2008). Senator viewed mortgage treatment as a "courtesy". *The New York Times*, June 18. Available at http://www.nytimes.com/2008/06/18/washington/18dodd. html?ref = todayspaper.

Hirsch, P., & Hunter-Morris, M. (2010). Immoral but not illegal: Monies vs. mores amidst the mortgage meltdown. *Strategic Organization*, 8(1), 69–74.

Hovanesian, M. D. (2008). Sex, lies, and subprime mortgages. *Business Week*, November 13. Available at www.businessweek.com/.../b4109070638235.htm.

Kouwe, Z., & Slater, D. (2010). 2 Bear Stearns fund leaders are acquitted. *The New York Times*, November 11. Available at http://www.nytimes.com/2009/11/11/business/11bear.html.

Lewis, M. (2008). The end. Portfolio.com, November 11. Available at http://www.portfolio. com/news-markets/national-news/portfolio/2008/11/11/The-End-of-Wall-Streets-Boom/.

Lipton, E. (2009). Ex-leaders of countrywide profit from bad loans. *The New York*

Times, March 4. Available at http://www.nytimes.com/2009/03/04/business/04penny. html.

Lowenstein, R. (2001). *When genius failed: The rise and fall of long-term capital management*. New York: Random House.

Luhby, T. (2009). Predatory-lending lawsuits on the rise. CNN Money.Com. Available at http://money.cnn.com/2009/10/08/news/economy/Predatory_lending_lawsuits_increase/ index.htm.

McDonald, L. G., & Robinson, P. (2009). *A Colossal failure of common sense: The inside story of the collapse of Lehman Brothers*. New York: Crown Publishing Group.

Mezias, S. J. (1994). Financial meltdown as normal accident: The case of the American savings and loan industry. Accounting, *Organizations & Society*, 19, 181–192.

Mizruchi, M. (2010). The American corporate elite and the historical roots of the financial crisis of 2008. In: M. Lounsbury & P. M. Hirsch (Eds), *Markets on trial: The economic sociology of the U.S. financial crisis*. Research in the Sociology of Organizations. Bingley, UK: Emerald.

Morgenson, G. (2008). Countrywide to set aside $8.4 billion in loan aid. *The New York Times*, October 5. Available at http://www.nytimes.com/2008/10/06/business/06countrywide.html.

Morgenson, G., & Story, L. (2009). Banks bundled bad debt, bet against it and won. *The New York Times*, December 24. Available at www.nytimes.com/2009/12/24/business/24trading.html.

Morrissey, J. (2008). Credit default swaps: The next crisis. *Time*, March 17. Available at http:// www.time.com/time/business/article/0,8599,1723152,00.html.

Nagourney, A. (2010). Senator Dodd will not seek re-election, democrats say. *The New York Times*, January 6. Available at http://www.nytimes.com/2010/01/06/us/politics/06dodd.html.

Perrow, C. B. (1999). *Normal accidents: Living with high-risk technologies*. New York: Basic Books.

Perrow, C. B. (2007). *The next catastrophe: Reducing our vulnerabilities to natural, industrial, and terrorist disasters*. Princeton, NJ: Princeton University Press.

Perrow, C. B. (2010). The Meltdown was not an accident. In: M. Lounsbury & P. M. Hirsch (Eds), *Markets on trial: The economic sociology of the U.S. financial crisis*. Research in the Sociology of Organizations. Bingley, UK: Emerald.

Rubtsova, A., DeJordy, R., Glynn, M. A., & Zald, M. (2010). The social construction of causality: The effects of institutional myths on financial regulation. In: M. Lounsbury & P. M. Hirsch (Eds), *Markets on trial: The economic sociology of the U.S. financial crisis*. Research in the Sociology of Organizations. Bingley, UK: Emerald.

Scannell, K., & Emshwiller, J. R. (2009). Countrywide chiefs charged with fraud. *The Wall Street Journal*, June 5. Available at http://online.wsj.com/article/SB124414278536586095.html#.

Schmitt, R., Christensen, K., & Reckard, E. S. (2008). 400 Charged as U.S. cracks down on mortgage fraud. *The Los Angeles Times*, June 20. Available at http://articles. latimes. com/2008/jun/20/business/fi-mortgage20

Schneiberg, M., & Bartley, T. (2010). Regulating or redesigning finance? Market architectures, normal accidents, and dilemmas of regulatory reform. In: M. Lounsbury & P. M. Hirsch (Eds), *Markets on trial: The economic sociology of the U.S. financial crisis*. Research in the Sociology of Organizations. Bingley, UK: Emerald.

Spivak, C., & Bice, D. (2008). Case study: No wrongdoing in writing loads. *Milwaukee Journal Sentinel*, September 21. Available at http://www.jsonline.com/watchdog/32504054. html.

Story, L. (2008). In Bear Stearns case, question of an asset's value. *The New York Times*, June 20. Available at http://www.nytimes.com/2008/06/20/business/20Marks. html.

Swedberg, R. (2010). The structure of confidence and the collapse of Lehman Brothers. In: M. Lounsbury & P. M. Hirsch (Eds), *Markets on trial: The economic sociology of the U.S. financial crisis*. Research in the Sociology of Organizations. Bingley, UK: Emerald.

Taibbi, M. (2009). The great American bubble machine. *Rolling Stone*, Issue 10, 82–83.

Tedeschi, B. (2007). Mortgages; The NAACP vs 11 lenders. *The New York*

Times, September 23. Available at http://query.nytimes.com/gst/fullpage.html?res = 9B0CE0DB1539F930A 1575AC0A9619C8B63.

Temple-Raston, D. (2008). *FBI sweep reveals new twists to mortgage fraud.* NPR report (December 3).

Tom, P. A. (2009). Recession increasing insurance fraud. *Insurance Journal*, April 14. Available at http://www.insurancejournal.com/news/national/2009/04/14/99585. htm?print = 1.

van der Heijden, K., Ramirez, R., Selsky, J., & Wilkinson, A. (forthcoming). Turbulence, business planning and the unfolding financial crisis. *Business Planning for Turbulent Times*, 2nd ed., Earthscan Publications: London.

第七章 2007—2009 年的全球危机：市场、政治和组织

毛罗·F. 吉伦（Mauro F. Guillen），

桑德拉·L. 苏亚雷斯（Sandra L. Suarez）

摘要

本文研究了导致美国和世界各地金融危机的不同因果链，强调了导致金融危机和经济崩溃的市场发展、政治决策和组织因素。我们认为，一系列的政治、监管和组织决策和事件为金融和经济机构的重大崩溃奠定了基础，这是一场"正常事故"，在全球市场中产生了系统性影响。在美国，20世纪90年代做出的政治、监管和组织上的决策导致了金融系统呈现高度复杂且紧密耦合的局面。20世纪90年代，全球经济也变得更加复杂和紧密相连，导致危机在各国迅速蔓延。本文建议，各国需要根据各自经历危机的具体方式、利益集团和公民政治偏好对危机解决方案进行调整。对美国来说，最好的办法是允许建立一个复杂而创新的金融体系，但需要大大降低耦合程度，以避免再次发生金融正常事故。

引言

2007年2月7日，世界上最大的银行之一——汇丰银行宣布了与美国次级抵押贷款相关的业务所造成的损失。几个月后，在4月3日，次贷领域专家新世纪金融（New Century Financial）申请破产保护。6月，贝尔斯登对心存疑虑的金融界人士表示，其两家对冲基金在次级抵押贷款方面蒙受了巨额损失。包括美林、摩根大通、花旗集团和高盛在内的其他华尔街旗手也开始受到不良投资的影响。在8月底之前，这些问题已经蔓延到法国和德国的一些银行，并促使美联储和欧洲央行（European Central Bank）向银行体系注入流动性，并重新考虑相关利率政策。

这只是一场真正的全球金融和经济危机的开始，这场危机标志着历史上最大规模之一的金融扩张历史的结束。经济衰退正式始于2007年12月。到2009年年中，金融危机已使主要银行和非银行金融机构陷入瘫痪，多家银行倒闭，并导致严重的经济收缩、贸易直线下降、失业率上升和价格通缩。这场危机在袭击了西欧、东欧、日本、拉丁美洲、亚洲其他地区和非洲部分地区之后，迅速扩大到全球范围。是什么导致了危机？它是如何从美国传播到其他国家的？未来避免类似崩溃的最好方法是什么？为了更广泛地恢复公众对金融市场和经济全球化的信心，阐明这些研究问题是极其重要的。

美国金融危机的起因多种多样，难以厘清。核心问题在于资产价格通胀，尤其是股票和房地产市场的通胀，以及对房地产价格将无限期上涨的信念。事后看来，泡沫主要是2001年至2006年期间异常低的利率造成的。美联储本可以抑制资产价格通胀，毕竟央行享有独立于政治的权力，其目的正是避免此类过度行为（Polillo & Guillé，2005）。然而，美联储的注意力集中在维持经济复苏上，忽视了经济压力和金融机构的风险行为这些其他迹象。实际上，美联储主席艾伦·格林斯潘并不像所有人想象的那样是一位技术官僚和公正无偏人士。事实上，自2000年代初以来，他表现得相当有魅力，成为比他所领导的机构还要更受人尊敬的公众人物。最重要的是，他似乎更倾向于淡化问题的初始迹象，以此来避免在2004年总统大选之前的几个月提高利率。其政策方向的逆转出现在1992年，当时他被指控破坏乔治·布什的连任机会。从多方面来看，宽松的货币政策是导致此次危机的第一个重要的背景因素。

第二个因素与新兴经济体的近期发展有关，特别是中国的经济发展。20世纪90年代，新兴经济体亲眼见证或亲身经历了一场货币危机或主权债务危机（或两者皆有）可能会给它们带来的后果。1997年至1999年间，一些东亚经济体、巴西和俄罗斯在短期外汇投机者和资本外流的压力下，像多米诺骨牌一样倒下了。国际货币基金组织（IMF）介入提供流动性，但提出了包括广泛的机构改革在内的特殊要求和限制。这些"附加条件"条款成为经济学家之间争论的主要根源，并在新兴经济体中引发了对IMF的强制做法的强烈反对。在许多情况下，IMF的政策和改革被证明是适得其反的（Guillen，2001；Henisz，Zelner & Guille，2005；Stiglitz，2002）。中国尤其关注这一情况，他们采取了一种疯狂的积累外汇储备政策，并将其投资于外国政府（尤其是美国）发行的证券。根据IMF（2009b）的数据，2008年，中国出口额占全球资本出口的24%，美国占全球资本进口的43%。其他大型资本出口国家包括德国（近13%）、日本（9%）、沙特阿拉伯（8%）和俄罗斯（6%）。排名在美国之后的最大资本投资接受国是西班牙（占世界资本投资总数的10%）、意大利（5%）和希腊（3%）。因此，国际资本流动呈现全球出口国家和进口国家之间的两极化现象，中国和美国在其中分别扮演着主要角色。来自海外的大量廉价资金帮助美国保持低利率，从而助长了证券和房地产市场的双重资产价格泡沫。减少美中之间不平衡的一个方法是让人民币自由浮动，这是中国政府一直反对的，因为这会降低其出口产品的竞争力。

然而，如果没有金融业正在发生的特殊的、在很大程度上是前所未有的发展，这场危机就不会达到如此大的规模。无论是银行还是非银行金融机构，都感受到了满足增长和利润预期以提振股价的强大压力。就其本身而言，这种压力并不是金融服务业独有的。所有的公司都面临着提高业绩的巨大压力，尤其当股东财富最大化的目标主导了关于公司治理方式的时候（Davis，2009；Fligstein，1990；O'Sullivan，2000）。然而，低利率以截然不同的方式影响着金融公司和非金融公司。制造业公司通常能从低利率中受益，因为它能以更低的成本为其运营资本和固定资本的需求提供资金，同时它的客户也看到了改善信贷的可能性。相比之下，低利率往往会限制银行和其他金融机构的盈利能力，因为当利率较低时，息差很小。

然而，金融行业的利润在21世纪最初十年里快速增长，从占美国所有企业利润的不超过20%增长到超过40%。在2007年金融危机前夕，金融服务业的利润占所有企业利润的41%，若以总增加值衡量，金融服务业约占经济活动增加值的15%。这些巨额利润不可能仅来自利差。事实上，利润来自杠杆，来自通过设计和销售新金融产品所收取的费用和佣金。虽然非金融企业和政府几乎没有增加杠杆的手段，但家庭金融投资，以及金融机构却以惊人的速度增加了杠杆工具的使用。根据国际货币基金组织（IMF，2009a）的数据，到2007年年底，金融机构的杠杆率是20世纪90年代末的3倍。

通过杠杆和新金融产品努力在金融服务领域为股东创造财富，这一追求的核心之处是一系列有悖常理的激励措施。激励的奖金可能是最明目张胆的，尤其是当奖金与收入增长而非利润挂钩时，或者当金融公司可以因此收取费用和佣金，但不必为产品所带来的风险负责时。对于最高管理层而言，股票的奖励尤其有害，因为这会进而强化风险行为，以此来达到华尔街对利润的预期。无论是向私人投资者出售产品，还是用借来的钱购买自己的产品，金融机构都在玩弄"别人的钱"，这进一步加深了风险与责任之间的鸿沟。争夺最佳交易员的竞争也被证明是有问题的，因为交易员们得到了大量基于短期业绩的激励，这会导致冒险行为的发生。此外，当以股票作为补偿时，企业高管和交易员会以股票作为抵押借款，以维持奢华的生活方式。他们在个人财务上的高杠杆率增加了他们满足自己对收入和利润预期的欲望。

另一个与激励相关的问题是利益冲突。大型的、多元化的金融机构开始倾向于扮演多重、有冲突的角色。例如，一个部门会建议客户发行证券，而另一个部门则向投资者出售证券。一些银行的首席执行官办公室显然把这种有问题的做法视为增加收入和利润的可靠途径。

另一个经常被提及的导致危机的原因是道德风险。有证据表明，在得到政府的储蓄和贷款救助之后，金融机构的首席执行官们意识到政府不会让他们倒闭。这种最终会得到纳税人托底的感觉，可能因1998年对长期资本管理公司（LTCM）的解困事件被强化。政府没有直接为长期资本管理公司的紧急援助提供资金，而是进行了精心策划，这强化了这样一种信念，即如果金融机构陷入困境，将得到政府的保护。因此，政府的行动加剧了它本应设法去阻止的危险行为。

对风险行为代价的无知或不负责任不仅影响着金融机构，也影响着公民个人。就像金融机构一样，美国消费者被低利率和房价永远不会下跌的信念所吸引，杠杆率也变得很高。当经济健康时，借贷可以让个人分享相对繁荣的经济并刺激消费，但也会让家庭更容易受到利率和可支配收入变化的影响。反过来，抵押贷款拖欠率和丧失抵押品赎回权的增加进一步加剧了金融机构的损失。自20世纪80年代以来，在许多发达国家，家庭债务占可支配收入的比例已升至100%以上。到2005年，英国的家庭负债率为159%，美国为135%，爱尔兰为141%，西班牙和德国为107%。然而，用杠杆投资的家庭并不总是会造成一些潜在问题。在20世纪80年代和90年代，大部分家庭债务由有能力偿还的高收入家庭持有。利润的压力和融资规则的放松，反而使信贷扩展到偿还能力小得多的家庭，特别是当贷款的利率重置到更高的水平时（Girouard，Kennedy & Andre，2006）。

最初，债务证券化和抵押贷款分割的概念被认为是为了保护金融机构免受向次级借款人提供信贷的风险。但随着债务证券化越来越受欢迎，风险实际上越来越集中在美国的银行。我们现在知道，大多数证券化债务的持有者都是高杠杆化的金融机构。

最后，2007—2009年的金融危机使得大量处在复杂金融机构中的各种参与者之间的信息不对称现象浮出了水面，包括高管、交易员、董事、股东、债权人、评级机构、保险公司、监管机构等等。很明显，员工没有告诉高管自己所做行为的每一个细节，例如那个离奇插曲，法国兴业银行（Societ Generale）的叛徒杰罗姆·科维尔（Jerome Kerviel）的故事所描绘的。不管是否出于无知，高管们都未能向董事们清楚地描述具体情况。股东和债券持有人对此一无所知，一部分原因是评级机构和保险公司均表示一切都很好。即使评级机构开始下调评级，次贷违约率开始飙升，国际货币基金组织（IMF，2007）在报告中仍然说金融机构"资本充足、多样化且有利可图，能够吸收直接损失"。由于资源匮乏和监管结构的碎片化，监管机构（原因将在后面分析）更加不知所措。

金融创新

金融创新是资本主义经济的核心。然而金融创新的独特之处在于，很难保护它不被竞争对手模仿。如果不断设计新的金融产品、新的金融投资结构，那么新的基础资产可以作为原料来使用，技术或专业知识壁垒能够创建起来，大规模生产变为可能，而它们中至少有一部分可以跳出书本将资本利用率最大化，那金融机构会迅速发现如金融衍生品这种创新可以成为持续的利润来源。金融创新的压力，以及为了获得高于平均水平回报率而从事风险越来越大的行为，也被用作丰厚的激励奖金的理由，这些奖金不能再通过兜售"仅仅"10%的投资回报率来获得。投资者追求高于平均水平的投资回报率，使得他们因为金融创新承担了更大的风险。摩根大通和高盛在金融衍生品创新方面的早期成功，吸引了无数模仿者，包括商业银行、投资银行，以及国内外的保险公司。这方面的一个关键问题是，模仿者往往会误解金融创新的风险和限制（Tett，2009）。

证券市场最重要的创新是债务抵押债券（CDO）。从本质上来说，你可以把大量产生收入的资产，如债券、抵押贷款或其他类型的债务放入一个池中，然后打包成证券出售给投资者。CDO也可以由其他CDO制成，它们被称为债务再抵押证券。另一种类型是由信用衍生品做成的合成CDO。CDO和其他证券化产品的问题有三方面。第一，产品发起者关心的是数量，而不是质量。第二，你要计算其风险，就需要了解基础资产在几个业务周期内的历史数据。大公司发行的债券当然可以做到这点，但住房抵押贷款无法做到这点，因为在过去的时期里从未有过真正毁灭性的次贷危机，许多新借款人的资质水平是未知的，至少不是每个金融机构或部门内部都知晓的。一般来说，CDO的违约概率被严重低估了。此外，当基础资产被多次分割时，必须使用越来越复杂和不可靠的数学模型来计算违约概率。第三，为了利润的最大化，证券发起者需要大量生产新的证券，将资产移出平衡来释放资本，并在给定的投资回报水平上来获得尽可能高的评级。在其他的金融策略中，他们从事"评级套利"，即发起者利用评级机构数学模型中的漏洞来获得较高的评级（Tett，2009）。

信用衍生品是另一项重要的金融创新，也是导致AIG破产的原因之一，纳税人为此付出了1800亿美元的代价。在经典的信用违约掉期（CDS）中，买方进行定期投付，如果贷款或债券等基础债务人违约，则从卖方获得偿付。CDS中有一些值得注意的特点。首先，买方不需要拥有基础工具。其次，卖方既不需要成为受监管的保险公司，也不需要留出足够的资金来弥补潜在的损失。再次，卖方经常误解基础工具固有的风险。最后，买家可能会被一种虚假的安全感所欺骗，从而承担更多风险，加剧了道德风险。

21世纪最初十年的信贷扩张所带来的抵押贷款债务堆积如山，为金融衍生品提供了极好的原材料。次级贷款由于利率高，对发起人来说特别有吸引力；他们所需要做的就是说服评级机构和投资者，让他们相信，这种将债务切块和切片的做法在降低风险的同时，还保留了投资回报。此外，CDO和CDS是场外交易（OTC）工具，这意味着没有中央清算所或市场，所以创新产品的风险回报状况缺乏信息透明度。

危机的显现

危机发生的原因不应与金融和经济衰退的症状混淆。2007年夏天经济衰退的趋势早已突显。摆在眼面前问题的最初迹象来自这样一个事实：美国和欧洲的银行不再相互信任，因为即便是最著名的金融机构，也缺乏有关其偿付能力情况的可靠信息。银行间的拆借是一项大规模的活动，是金融业赖以生存的基础。2007年夏天，由于银行囤积现金，银行间的拆借行为基本上崩溃了。2007年秋季开始，银行发放的贷款比往常少得多，导致流向私人部门的信贷迅速收缩。

此后不久，相互关联的流动资产和信贷危机开始影响实体经济。由于人们推迟或取消了不必要的购买，房地产价格和新房建设数量迅速下降，消费者对市场的信心以及市场零售额大幅下降，包括美国在内的几个经济体国内生产总值增长下降，甚至出现负增长。美国官方宣布经济衰退始于2007年12月，美国失业率开始飙升（IMF，2009b）。

作为一场正常事故的美国金融危机

要理解这场危机并制定政策上的解决方案，不仅需要重新描述关键趋势和事件，而且需要从理论上寻找关键的潜在机制。查尔斯·佩罗（Perrow，1984）关于"正常事故"的研究，为组织社会学研究提供了这样一个分析框架。本文将佩罗的方法对系统性失败的见解与政治和监管理论结合起来。

从组织的角度来看，2007—2009年的金融危机是一个相当独特的事件，因为它展示"正常事故"的两个关键特征。这是一种系统失败的情况，因为这个系统是复杂的（与线性相反）且紧密耦合的（与松散耦合相反）。这两个维度的情况如表7-1所示。当存在许多非线性的相互连接时，系统是复杂的，并且系统中子组件的专门化妨碍了参与者对整个系统的理解。当延迟不可能产生时，系统是紧密耦合的，且不松弛，没有内置的缓冲区或冗余（Perrow，1984）。正常事故是由于高复杂性和极端紧密耦合的结合而导致的灾难。

表7-1 复杂性和耦合方面有四种系统配置

复杂性	耦合性	
	松散	紧密
高	复杂的交互内置缓冲 即使是系统的，没有应对偏差和事故的空间	无内置缓冲的复杂交互 潜在灾难事故
低	内置缓冲的线性交互 非常容易管理	无内置缓冲的线性交互 不是系统本身的偏差和事故

资料来源：Perrow（1994）

自20世纪90年代末以来，美国的金融体系变得比过去复杂得多，也更紧密地联系在一起，因此更容易发生正常事故。其复杂性的增加源于大型、多样化的金融机构的兴起，这些机构的业务通常遍布全球（见表7-2中的第一点）。在很多情况下，为了利于创新，他们把业务部门设在远离公司总部的地方。摩根大通、雷曼兄弟和美国国际集团（AIG）都是如此，它们利用限制性较少的监管规定，将金融产品部门设在伦敦。这些部门在高度自治的情况下运作，常常没有千里之外的首席执行官办公室的直接监督。他们在制造新的金融产品，包括对某些能产生收入的资产（CDO和CDS）进行证券化。所谓的"计量神童"（quantitative wunderkinds或quants）开发了金融产品和数学模型来为产品定价，经理们则决定如何在不同的产品和活动中分配数十亿美元的资金。这种特定的角色意味着，没有人对每个金融机构所从事的日益复杂活动的情况拥有一致的看法。

新产品具有许多会增加系统复杂性的特征（表7-2中的第2点），它们将大量金融机构暴露在表7-1所示的风险中，并因为基础资产被分割多次而没有完全理解这些风险（Tett，2009）。尽管创新者对新产品的特性和风险都有较深的理解，但模仿者却没有。另一个棘手的方面是，机构的盈利能力依赖于收取费用和佣金，这促进了产品的大规模生产，以及向其他市场参与者销售这些金融产品，从而进一步增加了风险评估的复杂性。此外，大约自2000年以来，在市场定价正确的假设下，华尔街银行使用新开发的模型和技术，例如高斯分布函数，用来根据CDS的价格而非历史违约数据来计算CDO风险（Salmon，2009）。截至2007年12月，市场上已经有了价值3万亿～4万亿美元的CDO和价值35万亿～45万亿美元的CDS。毫不夸张地说，数以百万计的交易对手卷入了一个极其复杂的、相互联系的网络体系中。例如，2008年9月雷曼兄弟破产时，逾70万交易对手受到影响。

除了系统越来越复杂之外，美国金融体系的联系也比过去紧密得多。这里主要有两个原因。首先，金融机构提高了杠杆率，旨在从基础资本中提取尽可能高的回报，从而减少了系统中的松弛度（表7-2中的第3点）。杠杆率的提高降低了对不利事件或错误押注的缓冲程度，从而使系统变得更加僵化，即成为一个更加紧密耦合的系统。金融机构发现它们很难承受冲击或意外事件，因为其自身缺乏适当的资本基础，无法应对设想中经过精心调配的投资的表现可能会带来的无法预见的偏差。

其次，新的证券和信用衍生品大多是为特定的买家量身定做的，不在场外市场交易，也就是说，没有这些新金融品的清算所或市场（表7-2中的第4点），这意味着当情况变坏时，投资者很难退出投资。毫不奇怪，危机变得严重的最早症状之一就是与银行无法为其投资组合中的产品定价有关，这其实是由于缺乏交易这些产品的市场。缺乏清算所或市场以及过度杠杆所带来的双重问题状况，在2007年夏季始发的流动性危机中进一步恶化。在一个相关事件中，商业票据市场的崩溃还对另一项创新——结构性投资工具（SIV）造成了严重破坏。SIV是由花旗集团在20世纪80年代末率先推出的。这些基金通过以相对较低的利率发行短期证券，并以较高的利率将所得收益以长期证券的形式放贷（其中一些是资产支持型证券）来获取利润。2007年的夏季和秋季，美国银行（Bank of America）和英国的北岩银行，都基本上因结构性投资工具遭受了重大损失，因为它们将自己逼入了绝境，它们所处的金融体系是如此紧密耦合，使得一个展期计划的中断竟产生了数十亿美元的损失。

表7-2 21世纪金融系统复杂性和紧密耦合性的影响因素

复杂性	紧密耦合
1.大型、多元化金融机构的兴起： ·内部组织高度专业化和差异化，包括新的金融产品部门享有高度自治权。 ·角色和职责的日益分化（定量分析师、经理、交易员等）。 ·结果：大型、多元化金融机构中几乎没有人对不同部门和个人主导的不同项目进行整体了解。	3.杠杆： ·由于利润微薄，通过金融杠杆手段来挤压可用金融资本的利润空间。 ·结果：金融机构在法律边缘操作，几乎没有操作修正空间，如果预测的盈利变为亏损将受到巨大的压力。资本流动的脆弱性加剧了这一问题。
2. 新的金融产品（资产支持证券，信用违约掉期）： ·由于利润微薄，为了产生可观的利润，需要大规模地生产。 ·模仿者并不完全理解产品风险。 ·创新者需要面对一直领先模仿者设计新产品的压力。 ·费用和佣金导致新产品的转手速度加快。 ·使用复杂的数学模型来克服风险定价的问题和困难，并为模型提供与历史默认数据截然相反的衍生产品价格。 ·结果：金融机构将自身暴露，需要去面对那些他们不是完全理解的和无法准确计算的风险。	4.缺乏一个为许多新金融品提供清算的场所或市场，特别是那些为特定客户量身做并在柜台交易的产品： ·交易对手风险敞口大幅增加。 ·结果：从一个金融机构到另一个多米诺骨牌效应对于整个金融系统来说，成为可能的潜在灾难。发现合同义务更难履行时，流动性的紧缩加剧了交易对手面临的问题。
5. 20世纪30年代遗留下来的碎片化的监管结构、"监管采购"的实践，以及现有监管的松懈执行，均助长并加剧了上述因素。在一个复杂和紧密耦合的系统中，监管机构必须做到：（1）360度地系统识别问题；（2）处理可能危及系统的问题所必要的权威。	

虽然这不是什么新鲜事，但导致金融系统紧密耦合的另一个因素是计算机技术的进步。在1987年，被称为"黑色星期一"的股市崩盘期间，美国股市在星期一下跌了22.6%，创下1914年以来的最大单日跌幅。另一

次突然下跌发生在1997年，俗称为"黑色星期五"。在这两种场合，程序化的交易都被视为导致金融系统紧密耦合的一个因素。当计算机模型确定执行买入和卖出指令的时，程序化的交易就发生了。随着所谓的"高频程序化交易"的出现，交易将会在纳秒内发生完成。程序化交易使金融市场高度互联，因为它使金融机构能够从各交易所之间的微小价格差异中获利。它还会引发多米诺骨牌效应，导致股票价格在一天之内剧烈波动。在美国，交易所估计，他们所有的交易有30%～50%是由一小群高频交易商执行的，其中包括高盛。2008年10月经历了"血腥星期五"，几个市场在经历了有记载以来最严重的下跌之后停止了交易行为。程序化交易可能在危机的演变过程中发挥了作用，这需要进一步调查。计算机计算速度的加快和2000年从1美元的八分之一和十六分之一转换到十进制的定价也可能增加了金融市场的耦合（The Economist，2009）。

如果金融公司的杠杆率不那么高，或者当时有一个清算所或市场，也就是说即便金融系统有多么复杂，但不像现在这样紧密相连，那么美国的金融体系或许能够经受住房地产泡沫的破裂和次贷危机的冲击。经过多年大胆的金融创新和不断提高的金融杠杆，金融体系缺乏适当的减震垫和缓冲带、铃声和哨声。在2007年夏秋两季，当金融机构之间的信任蒸发殆尽时，流动性的危机将这个紧密相连的体系推到了崩溃的边缘。只有美联储、欧洲央行和其他货币当局注入大量流动性和资金，才避免了一场全面的灾难。正是不断增长的复杂性和紧密耦合的结合，才导致了一场规模空前的正常事故，一场需要数千亿美元才能修复的事故，并在接下来的几年里改变了整个行业。

监管碎片化的政治

基本的正常事故框架需要由对导致灾难的政治和监管因素的分析加以补充。20世纪90年代和21世纪前十年，监管格局迅速变化，为金融危机的发生创造了通道，甚至可以说是鼓励了金融系统变得更加复杂和紧密耦合（表7-2第5点）。20世纪80年代以来，在市场能自我调节假设的基础上，市场的总体趋势之一是移除自由开放市场力量的障碍，引入复杂金融创新的障碍。1986年，撒切尔夫人（Margaret Thatcher）通过所谓的"伦敦大爆炸"（London Big Bang）发动了一场金融服务业的重大革命。我们应该在一揽子"新自由主义"改革的背景下来看待这场金融服务业的重大改革（Fourcade-Gourinchas & Babb，2002）。在这场改革中，固定交易佣金被取消，电子交易模式被引入，城市内部人士的舒适俱乐部被有效地瓦解。在接下来的20年里，伦敦重新获得了失去已久的全球金融中心地位，吸引了摩根大通、雷曼兄弟和美国国际集团等公司。伦敦金融体系中相对没那么严格的监管吸引了美国金融机构来此试验新的金融产品。

与此同时，美国监管的发展为金融创新和接受风险创造了更肥沃的土壤，并使金融体系变得更加复杂和紧密相连。20世纪90年代初，政府监管机构和国会考虑了几项举措和法案，以此来监控和监管不断扩大的金融衍生品市场，然而激烈的行业游说导致这些举措和法案实施计划被搁置。1996年，美联储做出了一个惊人的决定，如果金融机构利用信贷衍生品来抑制金融风险，就允许机构降低其准备金率。或许，20世纪90年代最引人注目的立法是1999年的《金融服务现代化法案》，该法案废除了更为著名的1933年《格拉斯－斯蒂格尔法案》。至此，银行、证券公司和保险公司可以在业务上相互竞争。随后，财政部部长劳伦斯·萨默斯（Lawrence Summers）解释说："在20世纪末，我们最终将用一套法律基础来取代这一套陈旧的（金融活动的）限制，从而建立21世纪的金融体系。"他断言，该立法"将为国民经济带来重大利益"（Labaton，1999）。

其实取消限制本身不一定会带来麻烦。毕竟，世界上许多国家都允许综合性和多样化的金融公司经营。然而，与其他国家不同的是，美国的监管结构并没有进行彻底的改革来保障这个彻底改变的金融体系的稳定。这是克林顿政府犯下的关键错误，后来布什执政期间的疏漏又加剧了这一错误。商业银行继续受到美联储、货币监理署、联邦存款保险公司和各州的监管；证券公司主要处于证券交易委员会（SEC）的监管之下；保险公司则由各州和劳工部监管。1999年以后，允许一家多元化的金融服务公司为其每项业务选择相应的监管机构，这导致没有一个单一的政府机构能够全方位地了解一家公司的整个投资组合以及相关的系统性相互作用。2000年的《商品期货现代化法案》（Commodity Futures Modern Act）也加剧了这一问题，因为该法案中将掉期与期货或证券区别对待。这本质上意味着，美国证券交易委员会和商品期货交易委员会（Commodity Futures Trading Commission，CFTC）［该委员会由美国国会农业委员会（U.S. Congress Agriculture committee）监管。在长期资本管理公司成立后不久，美国国会曾明确禁止商品期货交易委员会监管OTC衍生品市场］都无法监管这些可能致命的新金融产品。行业游说在获得来自证券交易委员会关于杠杆率的有利裁决方面起到了非常有效的作用。2004年，证券交易委员投票决定提高杠杆率。于是毫不奇怪，雷曼兄弟、贝尔斯登和摩根士丹利的资产/股权比率超过了3000%，美林和高盛的资产/股权比率超过了2500%。

美国国际集团的案例是迄今为止规模最大、成本最高的救济行动案例，这个案例反映了监管放松和监管碎片化的影响。1999年底之前，《现代化法案》墨迹未干，当美国储蓄机构监理局（OTS）批准了AIG银行的特许申请后，AIG获得了美国储蓄机构控股公司的地位。AIG还获得了收购特拉华州一家小型储蓄贷款银行的批准。储蓄管理局是紧跟着储蓄与贷款危机之后成立的，目的是取代联邦住房贷款银行委员会，但实际上该管理局在监管信用衍生品方面并没有任何专长。尽管如此，AIG中臭名昭著的金融产品部门（总部设在伦敦），还有通用汽车和通用电气的储蓄部门，雷曼兄弟、美林和摩根士丹利的一些部门都受到OTS的监管，而这主要是因为这些公司自己选择了OTS作为监管机构。欧洲的监管机构在接受了游说后，2004年至2007年间OTS被授予监管AIG的同等权力，这意味着OTS成为监管AIG集团在伦敦的业务以及那些不断增长的衍生品投资组合产品的唯一机构，这些衍生品投资组合产品最终达到了市值1.5万亿美元（Gerth，2008）。早在2007年，美国政府问责办公室发表的一份措辞激烈的报告指出，当需要监管金融衍生品时，包括OTS内的一些监管机构都缺乏专业的金融人士（GAO，2007）。2009年3月3日，伯南克在参议院听证会上总结了这一情况，他提出，AIG"利用了监管体系中的巨大漏洞"，使得"AIG集团的金融产品部门没有得到监管"（Gerth，2008）。

复杂性、紧密耦合和全球蔓延

经济体和金融系统之间的紧密联系使得在美国出现的问题迅速蔓延至全球。事实上，在20世纪80年代和90年代，全球经济本身已经成为一个复杂和紧密耦合的系统，这使得美国的问题更容易影响其他经济体（表7-3）。20世纪和21世纪经济体和金融体系变得复杂得多，原因有两个。第一，跨国公司及其附属公司的数目和规模明显增加。这一重要的变化意味更多的有关投资和创造就业机会的决定是由跨国企业做出的。1980年，跨国公司在外投资累计占全球GDP的6.7%；到2007年，这一数字上升到27.9%（UNCTAD，2009）。第二，全球失衡的变化源于美国作为最终消费者的崛起，以及中国成为资本的主要出口国，这意味着来自世界各地的投资者购买美国公共和私人的证券，这些证券最后出现在亚洲和欧洲银行的资产负债表上（IMF，2009b）。根据国际清算银行（BIS）的数据，跨境银行外部资产占全球GDP的比重从1980年的13.7%上涨至2005年的54.0%。

与此同时，全球经济和金融体系变得更加复杂，也变得更加紧密相连，原因有两个。第一，所有类型的公司，不仅仅是跨国公司，会通过重组、外包和离岸外包来降低成本、增加运营灵活性（Gereffi，2005）。

产品的开发－生产－销售价值链被分解成不同的组成部分，分布在世界各地，以寻求更低的成本。因此，更复杂的跨境贸易模式不仅出现在成品中，还出现在中间投入品、零部件和服务中，这意味着全球贸易体系中的某一部分出现问题或中断，几乎会立即影响到贸易体系汇总的其他部分。准时制的供应链模式日益流行也导致了紧密耦合程度的急剧增加，因为该模式消除了中间投入品和成品库存所提供的缓冲或减震地带。

表7-3 20世纪和21世纪导致全球经济和金融体系变得复杂和紧密耦合的因素

复杂性	紧密耦合
1.跨国公司及其全球子公司的数量和规模的增加 结果：有关投资与就业岗位的创造决定权在资本交易者手中。	3.重组、外包和离岸外包带来的价值链跨境分裂 结果：更复杂的跨境贸易模式不仅出现在成品中，还出现在中间投入品、零部件和服务中，这意味着全球贸易体系中的某一部分出现问题或中断，几乎会立即影响到贸易体系汇总的其他部分。准时制的供应链模式日益流行也导致了紧密耦合程度的急剧增加，因为该模式消除了中间投入品和成品库存所提供的缓冲或减震地带。
2. 全球失衡的发展源于美国作为最终消费者的崛起，以及中国作为资本的主要出口国 结果：美国证券出现在世界各国的银行资产负债表中。	4.服务贸易自由化和资本流动导致全球投资组合和外汇交易 结果：现钱进出国家变得简单，侵蚀了决策者推动市场发展的能力。

20世纪90年代的贸易服务和资本流动自由化是造成全球经济和金融系统紧密结合这一现象背后的第二个因素。90年代初的贸易谈判对贸易服务的自由度作出了前所未有的承诺，并在1995年成立了世界贸易组织（WTO）。2001年，中国加入世贸组织，成为全球贸易体系一体化和紧密耦合的重要里程碑。跨境资本流动的自由化是一个更为重要的过程，这里包括外国股票和债券的交易、外币借款、海外上市股票和外汇交易（Abdelal，2007；Davis，2009）。例如，资本流动占全球GDP的比例从1996年的6%上升到2007年的21%（Blanchard & Milesi-Ferretti，009）。根据国际清算银行的数据，虽然1980年全年每日外汇交易额约占全球GDP的0.7%，但截至2007年4月，这一数字是1980年的9倍多，达到6.6%。跨境资本流动的变得容易以及规模的增加，限制了政策制定者影响市场发展的

能力，特别是在市场危机时期。由于市场参与者可以以令人眩晕的速度将资金从一个国家转移到另一个国家，政府失去了自主权。

在全球经济和金融体系日益复杂和紧密耦合的背景下，让人不会感到意外的是，危机状况的一个关键特征是经济增长放缓和失业率上升的情况迅速蔓延到世界各地。除20世纪30年代的大萧条外，早先的金融危机都仅是区域性的，只影响了几个国家（Glick & Rose，1999）。2007—2009年的危机则完全不同（Reinhardt & Rogoff，2009）。在大多数国家，尽管导致金融和经济问题的因果链并不是主要来自美国的"有毒"金融产品的直接影响，但德国和瑞士的一些银行早在2007年8月和10月就分别报告了严重的次贷损失。在英国和爱尔兰，因果链的开始与美国一样，国内的房地产泡沫破裂影响到金融部门，进而导致了严重的经济衰退。

在第二组国家，问题始于金融部门，随后蔓延至实体经济。在冰岛这个戏剧性的案例中，问题源于糟糕的金融投资和跨境套利押注。在瑞士，瑞银（UBS）和其他银行的不良金融投资（以及贸易额下降）对实体经济造成了沉重打击。在大多数东欧国家，经济增长是建立在来自外国的借款基础上的，但全球金融动荡使这些借款在很大程度上消失了。随之而来的信贷紧缩使这些经济体陷入停滞。持续的货币贬值使匈牙利、波兰和捷克共和国的情况变得更糟。与此同时，固定汇率的国家（保加利亚和波罗的海国家）也面临着货币突然贬值的风险。

第三条因果链始于建筑业和房地产业发展的急剧下降，这影响了实体经济，并可能影响到金融业（如西班牙和阿联酋）。建筑业一直是两国经济增长和就业的主要引擎。该行业的命运迅速逆转，很快波及实体经济，导致经济增长放缓，失业率飙升。这些国家的旅游业也遭受了游客数量减少的打击，而对于迪拜来说，它还遭受了全球贸易量下降的重击。这些国家的金融体系在多大程度上会受到严重影响取决于衰退的持续时间和深度。

第四条因果链涉及贸易量的下降，以及其对中国、墨西哥、日本、德国和如上所述的瑞士等出口导向型经济体的工业生产和就业的毁灭性影响。那些相对出口导向较小的东欧国家也受到了这次贸易量下降的影响。最后，包括俄罗斯和几个中东、南美洲、非洲国家，以及加拿大、澳大利亚在内的大宗商品出口国也受到价格突然下跌的打击。

这些因果链表明危机的扩散是通过贸易渠道从美国这个出口导向型经济体影响到其他经济体的，特别是当这么多的离岸外包业务功能和中间产品使得GDP增速下降时，按比例而言，更多的贸易被摧毁了。第二组国家在其国内建设、房地产业和金融部门的发展中均陷入困境后，遭受了经济发展的困难时刻。很少有国家受到美国"有毒"金融产品直接并显著的影响。正如国际货币基金组织（IMF，2009b）最近所指出的，"美国正在与这场危机的金融核心做斗争"。全球经济和金融市场的复杂性和紧密耦合促进了危机的蔓延。

政策解决方案的搜寻：意识形态和政治

政府官员和央行为危机赋予了不同程度的紧迫性等级，这不仅是因为全球传播的迟滞，还因为每个国家发生危机的方式、政治倾向和意识形态，以及利益集团力量的不同。早期的政策回应大多与遏制战略有关，尤其是在降息、紧急的流动性支持和加强对银行存款的担保方面。这些措施试图为紧密耦合的金融体系提供其所缺乏的缓冲和减震地带。其他一些更极端的措施，例如暂停银行存款的可兑换性和对监管的资本豁免措施，尽管这些措施最近在世界各地的其他银行面临金融危机时被使用，但由于政治上的成本昂贵或者容易产生适得其反的影响，这些措施被取消了（Laeven & Valencia，2008）。

决策者接着开始寻找解决问题的策略。潜在的解决办法包括以下几个问题：不良贷款解决方案、政府为坏账担保、坏账转移到政府资产管理公司（一个"坏银行"）、将金融机构出售给新主人、政府干预和对银行进行资本重组，以及银行的清算（Laeven &Valencia，2008）。在金融体系中受损最严重的两个大国——美国和英国，其政府与央行采取了不同的做法。2008年2月，英国政府迅速采取行动，将第一个受害者（北岩银行）收归国有，并将包括布拉德福德宾利集团（Bradford & Bingley）在内的其他较小金融机构收归国有；对国家的主要银行进行大规模的资本重组，例如劳埃德银行（Lloyds）和苏格兰皇家银行（Royal Bank of Scotland）等。相比之下，美国的政策制定者采取了一系列随意的行动，其中一部分是来自银行的施压，一部分是因为向国会游说的难度，以及政府对金融业的大规模公开干预。

因此，在关键的2008年，美国政府的决策者采取了多种多样的应对措施：在同年3月份，决策者精心策划了摩根大通对贝尔斯登的收购；7月，监管机构接管了印地麦克银行（IndyMac）；9月，抵押贷款巨头房地美和房利美被政府接管；9月，雷曼兄弟宣告破产，这一决定让整个市场陷入混乱；此后不久，美国国际集团（AIG）获得了救生绳索，美国银行收购了美林，摩根大通收购了华盛顿互惠银行（Washington Mutual），花旗集团计划收购美联银行（Wachovia），富国银行（Wells Fargo）也最终在一个月后获得了救助；10月初，美国国会通过了7000亿美元的问题资产救助计划（TARP），随后分别用于花旗银行（250亿美元）、摩根大通（25亿美元）、美国银行（20亿美元）、富国银行（20亿美元）的资本重组。在转换为银行控股公司后，高盛（10亿美元）和摩根士丹利（10亿美元）也实行了资本重组；11月，美国国际集团几乎被政府所拥有，而花旗集团获得了潜在价值为3060亿美元的救命钱和200亿美元的进一步注资，政府持有其三分之一的股权；12月，通用汽车和克莱斯勒获得了高达180亿美元的救助金。奥巴马政府则在国会上通过了价值7870亿美元的经济刺激方案和一份修改后的TARP（即所谓的TARP II），后者直到2009年年底才开始实施。与此同时，最大的几家银行想尽办法归还救助资金，使自己免于受到政府的强制要求，尤其是那些与高管薪酬有关的要求。鉴于美联储向银行提供免费资金的政策是在以银行提出要求，并且政府作为以贷款人身份进行活动的银行最后一根稻草的隐性保障的基础上，银行可以在2009年的下半年创造利润是毫不奇怪的，尽管他们还没有摆脱2008年秋天的"有毒"资产。

其他国家还没有必要去解决金融部门的大量问题，但存在着重大的经济衰退或潜在的经济衰退。因此，他们没有进行大规模的金融救助和重组，而是采取财政刺激措施来支撑实体经济。中国就是一个值得注意的例子。中国在2009年和2010年分别批准了相当于国内生产总值5.5%和6.5%的大规模经济刺激计划，是美国经济刺激计划的3倍。印度也宣布了一项类似的大计划。在此情况下，高达90%的资金将被用于实体的基础设施项目，而在美国，仅10%的资金将被用于家庭税收抵免、教育、科技、可再生能源、医疗补助、失业救济和医疗信息技术。显然，政治进程（而非支出的反周期效应）决定了资金的分配。欧洲似乎也因为意识形态和政治原因而分裂。英国通过了一项财政刺激计划，就其经济规模而言，与美国的不相上下，法国也实施了基础设施计划，而在德国，尽管默克尔主张降低税收，德国人更愿意花钱来摆脱经济衰退。出于历史和意识形态方面的原因，德国人可以忍受高失业率，但希望不惜一切代价避免通胀，而法国人则恰恰相反。与此同时，国际货币基金组织的研究人员已经证明，要扭转全球经济方面，一个协同发展的全球经济刺激计划将会比不同国家各自努力更加有效，因为很大程度上，来自任何刺激经济的支出或对其他国家的溢出效应都源自贸易和其他互联关系（Freedman，Kumhof Laxton & Lee，2009）。

总结：政策、政治、意识形态和组织

现在要对危机的原因、政策解决方案的有效性，以及未来防止类似危机的最佳方法下结论可能还为时过早。关于危机发生的原因，我们已经强调了一些环境的因素，例如货币政策、全球失衡，以及利润最大化、非正常激励和金融创新等组织的动态变化。这些论点适用于美国，部分适用于英国。在其他国家，危机以不同的方式开始和展开。政策解决方案是由意识形态和利益集团的压力，以及纯粹的经济或技术考虑一起推动的。

最棘手的问题是如何来考虑未来的预防措施。大多数专家和观察者都认为有必要加强政府监管力度。虽然政治和意识形态的趋势似乎都转向了更全面的监管和监督，但这在美国是一个有点污名化的术语，有组织的商业利益的政治精明程度是不可低估的（Suarez，2000）。将美国金融危机作为一场普通事故分析的话，有两种选择可以在有效监管和监督与金融活力和创新之间取得平衡。第一种是允许多样化的金融机构在金融产品方面发展和创新，但迫使它们降低杠杆率，并同意为衍生产品创建一个透明的市场。从本质上讲，这一选择需要保持金融体系相对复杂，但与过去10年左右的时间相比，产品之间的联系要小得多。美国目前支离破碎的监管结构需要加以简化和精简，以便能够迅速发现和处理系统复杂性所产生的任何潜在有害影响。此外，国际资本流动可能也需要政府的监管和监督（Reinhardt & Rogoff，2009）。第二种选择是防止银行和其他金融机构过度多样化和过度增长，在较小的机构中促进创新，允许更高水平的杠杆，使它们能够盈利。第二种选择将减少系统的复杂性，但允许更高级别的紧密耦合。

当然，人们可以提出减少美国金融体系的复杂性和耦合性的监管预防措施。这第三种选择将因其对金融创新的潜在严重影响而受到攻击，并可能遭遇金融利益集团和一些政界人士的强烈反对，导致情况反弹，并可能在不久的将来导致监管趋势逆转。我们认为，第一种选择——允许复杂性的同时减少紧密耦合——是在保持金融创新承诺的同时，防止未来出现类似特征和规模危机状况的最具政治务实性和潜在有效性的方法。

参考文献

Abdelal, R. (2007). *Capital rules: The construction of global finance.* Cambridge: Harvard University Press.

Blanchard, O., & Milesi-Ferretti, G. M. (2009). *Global imbalances: In midstream?* IMF Staff Position Note SPN/09/29, December 22.

Davis, G. F. (2009). *Managed by the markets: How finance re-shaped America.* New York: Oxford University Press.

Fligstein, N. (1990). *The transformation of corporate control.* Cambridge, MA: Harvard University Press.

Fourcade-Gourinchas, M., & Babb, S. L. (2002). The rebirth of the liberal creed: Paths to neoliberalism in four countries. *American Journal of Sociology,* 108, 533–579.

Freedman, C., Kumhof, M., Laxton, D., & Lee, J. (2009). *The case for a global fiscal stimulus.* IMF Staff Position Note 09/03, issued March 6.

GAO. (2007). *Financial market regulation: Agencies engaged in consolidated supervision can strengthen performance measurement and collaboration.* Government Accountability Office, Washington, DC, report number GAO-07-154, released March 15, 2007.

Gereffi, G. (2005). The global economy: Organization, governance, and development. In: N. J. Smelser & R. Swedberg (Eds), *Handbook of economic sociology* (pp.160–182). Princeton, NJ: Princeton University Press.

Gerth, J. (2008). Was AIG watchdog not up to the job? November 10. Available at www.propublica.org

Girouard, N., Kennedy, M., & Andre, C. (2006). *Has the rise in debt made households more vulnerable?* OECD Economics Department Working Paper no. 535, OECD,

Paris. Glick, R., & Rose, A. K. (1999). Contagion and trade: Why are currency crises regional? *Journal of International Money and Finance,* 18, 603–617.

Guillén, M. F. (2001). *The limits of convergence.* Princeton, NJ: Princeton University Press.

Henisz, W. J., Zelner, B. A., & Guillén, M. F. (2005). Market-oriented infrastructure reforms, 1977–1999. *American Sociological Review*, 70(6), 871–897.

IMF. (2007). *Financial stability report*. Washington, DC: International Monetary Fund.

IMF. (2009a). *Financial stability report*. Washington, DC: International Monetary Fund.

IMF. (2009b). *World economic outlook*. Washington, DC: International Monetary Fund.

Labaton, S. (1999). A new financial era. *The New York Times*, October 23, Section A, p.1.

Laeven, L., & Valencia, F. (2008). *Systemic banking crises: A new database*. IMF Working Paper no. 08/224. International Monetary Fund, Washington, DC.

O'Sullivan, M. (2000). *Contests for corporate control: Corporate governance and economic performance in the United States and Germany*. New York: Oxford University Press.

Perrow, C. (1984). *Normal accidents: Living with high-risk technologies*. New York: Basic Books.

Perrow, C. (1994). *Normal accidents: Living with high-risk technologies*. New York: Basic Books.

Polillo, S., & Guillén, M. F. (2005). Globalization pressures and the state: The global spread of central bank independence. *American Journal of Sociology*, 110(6), 1764–1802.

Reinhardt, C. M., & Rogoff, K. S. (2009). *This time is different: Eight centuries of financial folly*. Princeton, NJ: Princeton University Press.

Salmon, F. (2009). Recipe for disaster: The formula that killed wall street. *Wired Magazine*, February 23.

Stiglitz, J. E. (2002). *Globalization and its discontents*. New York: Norton.

Suárez, S. (2000). *Does business learn? Taxes, uncertainty and political strategies*. Ann Arbor: The University of Michigan Press.

Tett, G. (2009). *Fool's gold: How the bold dream of a small tribe at J.P. Morgan was corrupted by Wall Street Greed and unleashed a catastrophe*. New York: Free Press.

The Economist. (2009). High-frequency trading: Rise of the machines. *The Economist*, July 30.

UNCTAD. (2009). *World investment report*. New York: United Nations Conference on Trade and Development.

第八章　监管还是重新设计金融体系？
市场结构、正常事故和监管改革的困境

马克·施奈贝格（Marc Schneiberg）和蒂姆·巴特利（Tim Bartley）

摘要

现有的金融市场架构将惊人的复杂性与紧密耦合结合在一起，容易发生系统性危机或"正常事故"，并对监管提出了极高的要求。有鉴于此，我们考虑两条监管改革之路，一种是试图按照当前的设计来监管金融市场的"高度现代主义"。这条道路不仅意味着要提高监管机构和评级机构评估复杂风险的能力，还意味着要设计出能够通过学习和谈判来管理更激进形式的不确定性的体系。我们考虑了这条道路上的一系列建议和挑战。另一种可能性是认真对待监管是市场的组成部分这一观念，并利用当前的危机重新思考市场架构本身，尤其是其复杂性和紧密耦合性。要防止破产状况演变成系统性危机，可能需要首先利用监管，简化金融产品及其衍生品；第二，通过围绕不同的原则组成起来的专门的金融子部门，包括调整了资本结构的社区银行、信用合作社、互助组织和公共金融机构，来创造冗余或对冲押注。

在奇怪的命运转折中，新自由主义和全球化为创造和改革市场创造了新的需求，带来了监管的复兴和有关这一主题的学术复兴（Schneiberg & Bartley，2008）。最近的金融危机只是加速了这一趋势。然而，学者和政策制定者努力反思了新自由主义和再次回归的监管，他们认为当前金融市场结构的几个特点是不可避免的，可取的，或两者兼而有之：（1）其全球角色，（2）不同的行业中金融部门的集成，（3）证券化，（4）通过对私有化的依赖来获取利润。对于学术界、政界和商界的许多精英来说，这些都是监管改革必须面对的自然而必要的事实。任何偏离这一底线的行为都会被视为破坏了效率、增长、盈利能力和现有金融市场架构的重要创新活力。实际上，改革的建议往往压倒性地支持追求增长，主要是呼吁通过监管的方式来改善金融市场，同时又不破坏其活力，也不因为提供了广阔的创新空间而招致不确定性情况下的错误。

我们对这些建议有两点异议。它们对监管是什么、做了什么提出了非常狭隘的看法，认为监管是自然存在的，或认为市场的结构特征令人不安。按照目前的设计，金融市场体系结构与查尔斯·佩罗（Perrow，1984）、斯蒂芬·梅茨亚斯（Mezias，1994）等人所展示的组织系统之间有着令人不安的相似之处，这些组织系统非常容易出现系统性崩溃、危机和"正常事故"。它们是极其复杂和紧密耦合的系统。因此，它们对监管体系及其改革提出了非常高的要求（可能不可管理）。

至少，管理一个证券化的、全球化的、一体化的金融体系需要内部风险管理部门、评级机构和监管它们的公共监管机构的自主权和能力提高一个层次。评级机构的失败导致当前的危机人尽皆知，但据我们所知，很少有改革建议从一开始就朝向建立独立和有效的评级系统，来为涉及证券的复杂社会网络关系评级。我们试图通过考虑监管机构的自主权/能力的多个维度，以及评级机构评估证券的复杂的、网络化的特征，来扩大这一讨论。

然而，证券化所带来的复杂性问题，在一定程度上只是与风险管理有关，即需要评估和披露潜在的未知但可知的可能性。在一个以逐利、金融工具的快速创新、创造性的破坏为目的的金融体系中，监管面临的不确定性问题超出了"正确制定规则"的范畴。在这种情况下，即使是接受现有架构的改革者也必须认真对待这一挑战，即允许监管机构和被监管机构了解正在迅速变化的证券属性，并根据相关发现调整规则。在复杂的、耦合的系统中，当学习和计算失败时，不确定性也使得着手恢复的方法非常有必要——有效地重组公司、对收益的损失部分进行谈判等。不幸的是，据我们所知，美国政府和跨国公司在重组、系统性冲击和损失方面支持有序公平谈判的能力并不令人振奋。

另一方面，不应把一个复杂的、一体化的、证券化的金融体系视为不可避免的，而应该去挑战这个体系，并考虑重新设计金融基础设施本身的可能性。如果我们认真对待监管也是市场一部分的观点，而不是仅仅在"事后"干预市场，那么，当前时刻将成为基于复杂性和紧密耦合问题来重新思考市场架构的一个机会。重新配置市场架构可能包括实施《格拉斯－斯蒂格尔法案》，从而重新划分金融市场；促进金融领域的去中心化、地方主义和命运共同体；简化金融公司交易的证券种类。为了最大限度地降低破产迅速演变成危机的程度，监管机构还可以促进金融机构围绕不同的原则来创造冗余和对冲押注的方式，即调整资本结构的社区银行、信用合作社、互助组织，甚至公共所有的金融机构。尽管采取这种策略并非没有成本，但这可能是避免当前金融市场"正常事故"明显成本和累积成本的代价。

我们基于普通事故分析框架，对最近的金融危机有了新的认识。我们就监管改革问题展开了三方面的论证。前两点论证中保留了对现有市场结构的认可，但分别要求提高风险评级水平，以及控制复杂、耦合的系统所产生的不确定性。第三点论证认真考虑了利用监管来重组市场结构和体系，以此来降低正常金融事故发生的可能性。

金融市场架构、监管改革和正常事故

当前有关监管改革的讨论，往往要求更新"路径规则"，以便在不妨碍金融活力和创新的情况下能更有效地管理金融市场。艾肯格林（Eichengreen，2010）在一篇内容丰富、发人深省的文章中选择了这条道路。他将金融危机与当前金融市场架构的几个特点联系起来。其中包括"发起和分销"证券化抵押贷款体系的兴起，该体系切断了发行者、借款人和银行之间的联系；依赖内部风险组合模型和外部评级机构等进行自我监管的机制，该机制低估了抵押贷款支持证券（MBS）及其衍生品的相关风险；对冲基金、结构性投资工具（SIV）以及发生收支均衡表外的审慎监管范围之外的活动的激增。

艾肯格林为深远的监管改革提供了思路。他建议促进评级机构之间的独立性和竞争，将衍生品交易纳入有组织的交易所，从而使非银行机构服从资本要求，并加强对金融市场的监管。他还提出了一系列措施，将银行作为运行对冲基金、结构性投资工具和其他依赖银行信贷的实体的守纪律行动者来运作。这里的核心措施是，根据风险投资组合模型［如《巴塞尔协议Ⅱ》（Basel Accord Ⅱ）］和银行投资倍数［如《巴塞尔协议Ⅰ》（Basel Accord Ⅰ）］对银行实施资本金要求，将资本金规定与抵押品价值和增长率挂钩，并将表外交易纳入银行账目。

然而，与此同时，艾肯格林又反对限制经纪业务，反对重新推行"发起并持有"的抵押贷款体系，反对将证券简单化，或以其他方式篡改当前金融市场组织核心原则的做法。他认为，这些"回到60年代的措施"不仅忽视了经济现实，试图把"精灵"关回瓶子里，而且还会扼杀那些有助于吸收风险和降低信贷成本的创新。今天的问题有点像汽车时代的开端，在前所未有的强大机器的辅助下，新手们会有"是开下道路还是与其他车辆相撞"的选择困扰，同时他们还需要通过权衡道路与交通法规来进行掌控（p.439）。在这一点上，艾肯格林也完全属于这一类研究分析观点，此类观点以斯蒂芬·布雷耶（Stephen Breyer）在1982年出版的经典著作《监管及其改革》（*Regulation and Its Reform*）为例，该著作将改革问题归结为选择最适合市场或修正市场缺陷的监管体系。

实际上，当前的改革提议通常将现有的市场架构视为金融领域的最新技术，将监管问题设置为为这些架构制定正确的规则。要求合并监管机构以避免分散化和场所交易的呼声就采取了这一方式，而主要侧重于资本监管、欺诈，或证券化后的消费者保护方面的改革也是如此。虽然这种改革提议要比大多数的走得更远，但监管"杠杆周期"（Geanakoplos，2010）或创建金融保护机构（Warren，2010）的提议同样认为证券化、一体化和现有市场结构的其他关键特征是理所当然的。奥巴马总统还以这些术语框定了所面临的挑战，呼吁形成"在前进道路上强有力的规则，以防范系统性风险，我们所看到的……规则必须以不会扼杀创新和企业的方式发展"（总统关于金融救援和改革的讲话，9月14日，2009）。

这一基本立场涉及两个问题。第一，它与政治经济学和有关市场的组织社会学、经济社会学的一些核心观点之间存在严重不符（Abolafia，1996；Balleisen，2010；Campbell &Lindberg，1990；Carpenter，2010；Eisner，2010；Fligstein，2001）。市场不是预先设定的，也不是外生于监管的，而是由国家、监管机构和非国家治理构成的。此外，关于监管的决定是由生产的工业秩序和经济类型来决定的，甚至是由经济发展的道路、资本主义的多样性、不平等程度，以及我们能够或将要维持的阶级结构类型而决定的（Berk，1994；Schneiberg，2002）。作为一个行业的监管金融业的主要愿望是促进增长、创新和承担风险，而作为一项重要的基础设施的监管金融业则更强调稳定、可靠、审慎，并强调培育特定类型的经济发展，两者之间存在着重要的权衡。在这个时候，当旧的解决方案还存在争论时，我们认为限制讨论并剥夺监管的可能性是一个错误的对策，我们需要对金融行业进行更具实质性的重新配置。

第二，把关键问题归结为未能完善或有效监管组织得当的金融市场，将会淡化当前危机从这些市场的基本架构中流出的方式。具体地说，像艾肯格林和奥巴马的建议并没有解决一些组织系统诱发"正常事故"的倾向，在这些"正常事故"中，中断会迅速蔓延，负面反馈会导致大规模的灾难（Mezias，1994；Palmer & Maher，2010；Guillen & Suarez，2010）。

佩罗（Perrow，1984，1999）在对这类系统的经典描述中将复杂性视为正常事故的两个主要条件之一。复杂系统的特征是广泛的、多重的且相互依赖的，以及系统中各元素之间的关系，这些元素是很难理解的，是非线性的、可变的和特殊的。在这种情况下，许多相互作用仍将被隐藏，而监督将产生相应的错误警报并建立警告系统，而这些作用却通常被忽视或被摒弃了。众所周知，当前的金融市场结构非常复杂。即使我们只考虑在一个不断创新的系统中所涉及的参与者、交易和工具的绝对数量及其随时间的扩散，情况也是如此。

更重要的是，全球化的、证券化的金融，银行的合并，以及投资银行和商业银行的整合，在市场、组织和产品之间产生了非同凡响的互联性。在这样做的过程中，他们形成了接近性、共模依赖性和相互影响的路径，这些相互之间的影响位于系统中复杂的"交互"核心。这种相互联系的来源有很多。在20世纪70年代和80年代，证券化、经纪人存款，以及货币转换行为导致了储蓄贷款、抵押贷款市场和华尔街的整合。1999年《金融服务现代化法案》（部分废除《格拉斯－斯蒂格尔法案》）让商业银行承销和交易抵押贷款支持证券（MBS）和债务抵押债券（CDO），催生出大量相互之间存在联系的机构（银行、投资公司、共同基金、抵押贷款合并者、经纪人、保险公司和对冲基金）和市场（商业票据、抵押贷款、"回购"、市政债券、一般证券和代理存款）。行业集中化意味着，数以百万计的交易通过五大投资银行、三到四家政府支持企业（如房利美）、几家抵押贷款整合商和几家保险公司而进行。此外，这种合并表面上是为了使美国公司能够与外国金融机构竞争，但同时也伴随着相关基金和公司规模的增长，这些基金和公司的规模大到可以不需要根据市场价格来决定其投资组合的成败。在全球范围内，中国和印度等快速增长国家的资本积累及其向美国投资的转移进一步导致了一体化（Prasad，2009）。

证券化本身所引入了新的形式、新的复杂层次以及新的相互联系。这不仅包括衍生品在任何特定时间点展现的特征和关系，这些特征和关系来自重组的过程，需要依赖复杂的定价和风险分析模型。其中还包括新证券和衍生品的不断发展，以及资产、证券、次级市场和收益流的持续合并、分割和重组。正如艾肯格林（Eichengreen，2010）所说，"炮制越来越复杂的衍生品是金融工程师的谋生之道"。在赚取日常收入的过程中——在开发新产品的过程中；在将抵押贷款资产分割、合并、重组为抵押贷款支持证券（MBS）、债务抵押债券（CDO），以及债务再抵押债券的过程中，金融工程师们构建了越来越复杂的债权和关系体系。

事实上，一个基于一体化、证券化、全球化和私人供给的金融体系包含着多层次之间的复杂互动。在将以前隔离的市场和金融中介连接起来的过程中，当前的架构在华尔街和普通民众之间，以及其他领域或市场层面的相互联系之间，形成了新的、不断深化的联系。现有的体系结构也通过新的贸易和产品显著增加了组织间的联系，并逐步形成了更复杂的交易、债权和债务链。此外，"更复杂衍生品的炮制"本身就是金融工程师对其他金融资产进行分解、重组、汇集和打包的过程，产生的产品本身也越来越复杂，在债权、收益流、债务和交易方面相互关联。从这个意义上讲，衍生品是社会关系网络的节点，是资产、资产持有人、债权、收益流和债务之间的产品，它们在极其复杂、不断演变的相互依存系统中，以其自身都不太了解的突发性和动态性联系在一起。

当复杂性与紧密耦合结合在一起时，正常事故变得更有可能发生，这意味着当系统出现某一部分的错误或故障时，如果不立即检测和解决，将迅速和广泛地发展成系统范围内的危机和崩溃。正如梅茨亚斯（Mezias，1994）、佩罗（Perrow，1999）、帕尔默和马赫尔（Palmer &

Maher，2010）指出的那样，主流的体系结构和实际操作使得金融市场紧密耦合，子系统之间几乎没有缓冲或防火墙，即实际上没有缓冲或减震地带来应对逆境。这种紧密耦合也来自多个方面。这包括在全球范围内的持续交易，结合了超高杠杆作用的证券化机制，严格的追缴保证金的最后期限，以及依赖持续的日间贷款来为投资提供所需资金。紧密耦合也来自金融行业的整合、证券化，以及它们在曾是互相脱钩的市场、组织和产品之间建立的日益紧密的联系。一旦房价开始下跌，整个体系及其相互关联的各个部分就会以惊人的速度出现各种问题，从而加速资产降级、资产负债表调整、追加保证金通知、资产出售、要求履行贷款和信用掉期合约，以及导致整体交付能力的下降。这是一个具有紧密联系的交易、债权和债务链的结构。尽管这些结构支持创新，但它们也使金融市场易受市场波动、大幅度下落和整体不确定性的影响（Beunza & Stark，2009；Choi，2009）。

当然，在将正常事故理论应用于金融市场架构时，需要解决一些问题。正常事故论证将复杂性和耦合视为独立的特征，但这两项特征在金融危机的产生过程中是紧密地交织在一起的。金融衍生品、债务抵押债券（CDO）和债务再抵押债券通过资产和收入流的汇集、分割和重组而产生联系，这些联系本身也促成了参与者、组织和市场之间的紧密耦合。此外，正常事故框架是为有意设计的系统或计划的系统而构建的，而不是为了像金融服务行业那样的系统而构建，后者是在一系列特别的、基本上是零碎的创新和政策决定中组装起来的。此外，在有关可识别的行动者（或更普遍意义上的"行为者"）的不当行为与系统特征（如复杂性和耦合性）导致金融危机所做的"贡献"问题上，存在着激烈的争论（Perrow，2010；Palmer & Maher，2010）。

然而，从复杂性和耦合性的角度来系统地思考，这为理解危机的特征和监管改革的前景提供了非常必要的工具。不当行为造成的显著性后果在很大程度上取决于它所发生的社会和组织结构。一种特定形式的不当行为是否仍然是一个无关紧要的孤立事件，是否会拖垮一个子系统，或迅速演变成一场系统范围内的危机，关键取决于当前系统的结构特征。不管这些结构是如何形成的，也不管行动者是否"应该会更了解"，都是如此。事实上，从复杂性和耦合性的角度对金融系统进行分析，不仅代表选择了一种有别于现有的"羊群"理论、"系统性"理论和"相关"风险理论的独特概念，也是一种更尖锐地提出监管改革困境的工具。

如果我们保持金融市场的架构及其复杂性和耦合性，监管改革将面临一场硬仗，因为这项任务将涉及制定有效监管正常事故的制度。在接下来的两部分中，我们将讨论这条道路上的几个挑战。正如我们所展示的，在当前的金融架构中，想要调节系统的复杂性和耦合性，对风险评估和不确定性管理来说都是严峻的挑战，在当前的情况下，这些挑战可能只有部分可控。因此，在最后一节中，我们将超越现有金融结构体系中的监管改革，考虑使用监管来改变这些体系结构的可能性，并强调通过去中心化、其他的组织形式和冗余来减少复杂性和耦合的策略。

保护架构 I：评级机构的风险、独立性和能力

穆迪、标准普尔和惠誉等评级机构未能充分评估和报告一系列迅速演变的金融工具之风险的事实，或许是最近这场危机中最被大家广泛认同的地方。在某一时刻，次级贷款的衍生品评级变得惊人地高（Fligstein & Goldstein，2010），市场规律因此终止，它同时还带来了前所未有的债务和房屋价值增长。然而，证券化和金融产品重组不可避免地会通过评级系统评估风险产生溢价，这使得评级机构在国内和国际金融治理中不可避免地保持核心地位。《巴塞尔协议 II》依赖于银行自身的模型和评级机构的判断，而朝着《巴塞尔协议 III》（Basel Accord III）迈进的改革者似乎不太想用固定资本充足率标准取代评级（Eichengreen，2010）。来自美国政府和G20的提议旨在改革评级程序，而非取消评级、将其国有化或系统性

重组。然而我们认为，目前的讨论通常未能充分解决现有金融架构对风险评估、评级机构及其改革所提出的要求。

现存争论主要集中在评级机构所运作的市场，以及随之而来的有关改革的两个方面。第一，对许多观察人士来说，评级机构的失败可以归咎于顾问和评级者双重角色的利益冲突。因此，解决方案只是简单地分割这些功能（Eichengreen，2010），就像随着安然丑闻（Enron scandal）而来的会计的审计与咨询职能分离。在2009年的20国集团峰会（G20）上，主要国家的政府承诺"将监管监督和登记扩大到信用评级机构，以确保它们符合国际良好行为准则，特别是防止不可接受的利益冲突"（《G20最后公报》，2009年4月3日，楷体为作者所加）。一种相关思路认为，评级机构受雇于债券和证券发行者，而不是投资者，这一事实存在着利益冲突，从而刺激了评级通胀。让投资者聘请评级机构可能会减少评级机构通过夸大评级来取悦客户的诱惑。然而，正如一些人所指出的那样，由于评级机构总体良好的特征（非排他性，特别是在信息丰富的环境中），很难建立一个投资者雇用评级机构的有效系统（Partnoy，1999）。人们可以设想一种基于第三方买家协会（如机构投资者或养老基金）的改革，由协会集中资源聘请独立的评级机构，这可能会减轻那些最糟糕的诱惑。但这样的改革可能会带来一系列的利益冲突（White，2009），这仅仅是在复杂风险的可信评估方面提高了一小步，却回避了那些有关评级机构管理和分析能力的更基本的问题。

第二个常见的分析集中在评级机构之间缺乏竞争，以及评级行业的寡头垄断特征，这是因为政府只认可少数的"国家认可的统计评级组织"（NRSRO）（穆迪、标准普尔、惠誉和最近批准的伊根－琼斯评级公司）。尽管评级机构通常被认为会因对其自身声誉资本的考虑而受到约束，但事实上，寡头垄断特征削弱了这种声誉机制（Eichengreen，2010；Partnoy，1999）。因此，帕特诺伊（Partnoy）认为评级机构不太像真正的私人监管机构，而更像是监管牌照的让渡者，其能否继续经营下去不是取决于其在市场中的信誉，而是其在监管机构中的特权地位。根据这种分析，我们的解决办法是引入更多的竞争，通过声誉机制来约束评级机构。然而，最初的尝试收效甚微。成为NRSRO的途径仍然有些不透明，证券交易委员会在这一领域的改革已经停滞，一部分原因是该领域的进入壁垒和先发优势仍然巨大，另一部分原因可能是大型金融公司更喜欢有缺陷的现行制度，而不是改革后出现的不确定性（Eichengreen，2010；Surowiecki，2009）。对寡头垄断的担忧也引发了关于复杂金融市场的学术辩论，即如果评级机构被完全取消，复杂金融市场是否会运行得更好（Hill，2004；Hunt，2009；Partnoy，1999）。

尽管消除利益冲突和国家支持的寡头垄断的提议十分显眼，但这未能解决生成复杂证券的可信信息所涉及的两个关键问题。首先，现在的辩论还远没有充分意识到，提高评级机构的可靠性是一个组织和文化上的行政管理能力问题，需要建立能够维持独立评估和知识输出的行政能力。对现有架构的管理依赖于评级机构和风险管理部门能力的显著提高。第二，评级机构的改革提出了一些相关特征的问题，其中包括什么正在接受判断，以及监管机构或评级机构如何评估本身由其他产品、债权、收益流和债务组合构成的重组产品。

奇怪的是，最近关于金融风险监管的讨论忽略了大量有关行政能力的文献（Evans，1995；Skocpol & Finegold，1982；Weir & Skocpol，1985）。这项工作主要集中在国家能力水平上。然而，这让我们能够洞见到这样的情况，在其中，管理机构可以避免直接控制，而是行使自主、独立的监督，同时在行业中保留足够的嵌入性，以构建有效治理所需的战术知识、信息库和有效政府管理的信任需求。在这些研究工作的基础上，卡拉瑟斯（Carruthers，1994）强调了行政能力的三个方面——资源基础、关系和文化——这对改革金融行业的风险评级问题提供了有益的启示。

围绕评级机构的争论，在一定程度上涉及行政能力的资源基础，这突显了评级机构对投资者资金的依赖，以及在风险评估中打破这些联系以避免具体利益冲突的重要性。然而，金融监管中的资源问题也具有重要的信息和结构性成分。多数迹象表明，评级机构不仅缺乏足够的数据库来评估与证券相关的风险，他们还完全被那些自己必须处理的大量证券发行工作搞得不知所措，这清楚地表明了大规模改进评级机构的数据收集和信息处理能力改革的重要性。此外，不管评级机构及评级人如何获得补偿或资金，评级机构的组织维持、成功运营以及声望个别地或集体性地取决于它们所评的行业的活力、增长和健康状况。如果大量的金融公司想要从事复杂、不透明的投资，这样的风险是很难判断的。即使这些活动产生利润，促进增长和就业，但由于独立的资源流或关乎组织的维系、成功和关联性的替代性基础的缺失，评级机构也将难以及时刹住车。在某种程度上，这种结构性依赖在任何评级体系中都是不可避免的，无论是私人评级还是公共评级。但它的存在为改革带来了问题，将问题从"一家特定的评级机构为何表现糟糕？"转变成"为什么所有的评级机构都没有'拉响警报'？"

提高评级机构的能力还取决于解决第二个方面——关系问题，尤其是监管机构与被监管机构之间的人员流动（"旋转门"），这对独立的评估机构和评估行动也是严重的威胁。一些观察人士注意到，评级机构"员工的高流动性、低工资水平和有限的上行流动性"（Partnoy，1999）导致了"评级机构"人才不断流失（Lo，2008）。但很少有人考虑到这扇门对改革的影响。改善评级机构意味着建立一支稳定的外部专家团队，其在监管部门拥有可晋升的职业道路，同时能培养和调动独立的知识和专业资源。这种人事架构可能已经存在——例如在大学的经济和金融部门。所以寻找如何将本专业知识转移或转化为评级的过程可能会是一个明智的方法，也为培训评级和风险预估核心骨干专家提供了发展项目。

在目前的争论中，最受忽视的是行政能力的第三个方面——文化，它与集体特性和"组织自身产生遵纪守法文化的能力"有关（Carruthers，1994）。至少，评级机构的企业文化能力建设意味着培养评级者一种强烈的使命感，一种"团队精神"，使他们在企业声誉和政府认可的要求之外发挥个体能动性并遵守纪律。更进一步说，评级系统可能会被重新设计，纳入不同意见和不同的评估标准。对其他环境中受信任的私人仲裁者的研究发现，消费者监督员、私人劳动和环境状况监督员的有效性源于他们是社会活动的一部分，以及他们将必要的专业知识和更广泛的社会变革框架结合起来的能力（Bartley & Smith，2010；Cashore，Auld & Newsom，2004；Rao，1998）。替代性的评价标准（包括那些将金融行业视为比工业更为基础的观点）可以在内部评级系统内通过这种"导向"，或通过"警报"、吹哨人系统来引导行动。无论哪种情况，其结果都是迫使评级体系协调多种评估标准，我们预计这将提高评级质量，放大评级机构之间竞争的有益影响。

必要的企业文化形式的产生可能最终取决于将使命、行动、替代性的评估标准与不符合金融行业的风险理论的培训的结合。考虑到评级机构人才流失和道德败坏的情况，以及金融奇才和工程师无可匹敌的声望，随着危机的爆发，被"关起来的"很可能是评级机构的想象力、概念框架和操作流程。此外，本书的几篇文章表明，评级的"操演性"和"反应性"进一步破坏了评级与潜在风险之间的联系。罗纳—塔斯（Rona-Tas，2010）发现，债券发行者有时能够利用评级系统，"调整其抵押贷款池的结构，以此来利好自己"。类似地，卡拉瑟斯（Carruthers，2010）追溯了公开共享次级市场的新评级方法是如何促使发行人改变他们的做法，以及发行人和评级机构如何参与"评级方法中体现的模型共同操演性"，从而导致证券评级的膨胀。

这些观察结果表明，对监管改革而言，发展评级机构的多重行政能力可能比当前讨论所预期的要重要得多。这些观察指出，除非对评级机构进行市场改革，并辅之以一项长期计划，建立一个独立、与社会目标文化相联系的稳定专家团队，否则评级机构将无法继续胜任监管角色。它们还指出，除非评级机构能够清晰、详尽地阐述并成功地捍卫自己的模型、分析类别和风险理论，否则评级机构将无法达标。培养这样的能力可能不仅涉及评级专家的专业化，还包括多样化的、持不同意见的声音的结合（Balleisen，2010），并朝着更多元的利益相关者、多标准的评估形式方向发展。如果不进行这些方面的认真改革——也就是说，不对评级机构的行政能力进行系统性投资——引入竞争、消除重大利益冲突，甚至将评级机构国有化是否会产生重大影响，目前尚不清楚。

最后，评级机构的问题不仅可以追溯到评级机构的性质，还可以追溯到金融产品的评估、监管或重新设计金融产品的问题。在这里，围绕评级机构及其改革的争论也忽视了一个关键的改革性问题。衍生品、MBS、CDO和并不是简单的资产池或资产束，它们的价值或可能的投资行为可以单独被观察。相反，如前所述，此类证券是关系网络中的节点，是通过其他金融产品的组合、分解和重组而产生的债权、收益流和债务的组合。它们在日益复杂的系统网络结构中的地位决定了它们的绩效和风险。整个网络的动态有时取决于相当少的节点的性能。

如果这是正确的，那么对复杂衍生品的"信誉度"进行评级，就不仅仅是评估一项资产的属性，甚至也不仅仅是评估金融产品（或其持有人）承担"相关的"或"系统性"风险的方式，至少目前我们是这样理解的。相反，它意味着需要认真对待互联性，意味着评估债权、收益流和债务组合的产品；评估与上述债券及交易有关的产品、中介人及发行人；评估与这些中介机构和发行者相关的债权、收益流和债务。这意味着不仅要追踪杠杆、资本充足率，还要对分析工具和数据处理能力进行投入，因为它们可以用来评估产品网络，追踪产品随时间演化的情况，分析何种特定组合会将证券持有人暴露于大规模下跌和意想不到的风险中，并在达到阈值时发出警报。此外，这还意味着要对金融产品承担这些任务，跟踪它们的网络属性以评估它们的风险，并将关系网络视为一个整体，跟踪其结构和演化会如何产生新的系统性风险。

保存架构 II：不确定性、学习和谈判系统

耦合性和复杂性极大地提高了评级机构和内部风险评估部门的自主性和分析能力。如果没有这种强化，市场力量、机构投资者、银行（作为交易对手的风险管理者）或监管机构就没有足够的手段来评估产品、约束参与者，或者是恢复公众对金融市场的信心。对系统的正常事故倾向的关键刹车将会失灵。

金融系统中对不确定性的管理也是一个问题，金融系统的基本架构促进了机会主义、持续创新、复杂互联性，以及新产品、捆绑包和相关服务的扩散。这种不确定性给监管改革带来了严重的问题，这让我们超越了对资本投资要求和评级体系的讨论，而将监管视为一个动态过程（Schneiberg & Bartley，2008）。正如麦克德莫特（McDermott，2007b）所说的那样，这给我们提出了关于流动性、促成稳定的信贷流、产品流和创新流等一系列问题；以及库存、坏账管理、大规模的资产估值崩溃和公司重组等一系列问题。

在复杂的金融架构中处理不确定性，意味着我们要精心设计系统。在这些系统中，监管者和被监管者可以（1）以某种方式了解证券不可简化、快速变化的属性；（2）根据他们的发现来支持和管理现金流，定期修改分析模型、算法和规则。在一个为持续创新和创造性破坏而组织起来的领域内，人们并不完全清楚什么是正确的规则或措施，这些规则或措施是否会随着时间的推移而依然有效，以及未来的创新可以如何利用这些规则或措施的漏洞。产品的基本性质、组合及其相互之间的关系既复杂又多变。在这种情况下，我们可以大胆假设，银行或监管机构将会知道一家银行或对冲基金的"正确"资本结构是什么，产品质量水平的正确衡量标准是什么，或者如何评估各种金融工具的风险。监管机构不能只是一劳永逸地设定最优法则、产权和自我激励，然后就退居幕后。相反，核心的设计问题是要使监管者、评级机构、投资者团体和其他利益相关者能够与投资

银行和金融工程师共同学习，并在情况发生变化时进行审查、测试，并快速更新相关的假设、算法和规则。换句话说，监管需要学会参赛。如果监管者、评级机构和其他主要支持者不在"房间里最聪明的人"之列，那么金融工程师将超越监管体制，逃避监管，培养出新的繁荣、萧条和危机周期。如果私人和公共监管机构不能随着相互依赖关系的转变或新产品的出现，去试验、去深入思考并修改准则和模式，那么监管力度就会被削弱。

监管的组织动力学研究指向了设计基于学习的财务治理的三种可能性。第一种选择是"预先批准式"系统的某个版本，这类似于消费品安全法规（Warren，2010），或者更恰当地说，类似于FDA式的药品检测（Carpenter，2010）。这类系统有其缺陷，包括对看似独立的研究进行行业管控，而且这个过程可能需要较长时间。同样不清楚的是，金融领域的随机试验与药物测试领域的随机试验有何相似之处。但这与卫生和医学创新有惊人的相似，因为这也涉及使错误传播的耦合系统。对初步试验的模仿和受限制的、被精心控制的推广可能在一定程度上近似于随机试验。总的来说，在金融工具被广泛采用之前，使用科学界现有的最佳方法对金融工具进行系统的、有一定准则的测试似乎是明智的。正如布伊特（Buiter，2009）设想的那样，"要让一种新设备或新机构获得批准，就必须进行测试，接受监管机构、监管机构、学术专家和其他利益相关方的审查，并对项目进行试点"。一旦一种新的仪器或机构被批准，它有可能只能"凭处方"来获得。例如，只有专业的交易员得到允许，而普通大众则不能被允许。

第二种选择是将同行评议的某些变体纳入监管的重新设计中。自然科学和社会科学领域的同行评议手段也并非没有批评者。但毫无疑问，它是集体学习和质量控制体系中的关键要素，在促进知识和科学（包括金融市场中的建模技术）发展方面有着突出的成绩。同行评议的优点之一是能够促成发现、系统回顾和相关辩论；该方式强调测试、可复制性和可证明性；并且有着调动个体独立判断，进行无情批评和提出异议的潜力。总的来说，同行评议可以培养一种有原则的怀疑论，这种怀疑论既能维持在修订工作中的非凡努力，又能维持较高的拒绝率。

第三种选择对监管进行重新设计，将协商式或实验式的治理形式纳入金融市场（Fung，Graham & Weil，2007；McDermott，2007a，2007b；Sabel & Dorf，1998；Sabel & Simon，2006；Sabel & Zeitlin，2008；Zeitlin，2005）。实验式治理体系通常用于国家之间的协调，这是对无法预先确定的规则（"无所不知的监管者"问题）所做的回应，也是一套促进不同行动者之间协商和相互学习的机制。一般来说，这些是为发现和修订而设计的结盟模式，而不是简单的规则实施。一个中央监管者、同行监察机构和审议机构所阐述的不是统一的规则，而是一套指导方针、时间表、总体目标和绩效指标。这授予被监管机构在这些指导方针范围内的权力和自由裁量权，让它们以此来设定自己的发展目标，试验自己的解决方案，并开发用于评估解决方案如何实现目标的系统。作为交换，被监管机构也同意向中央监管机构、协会或检查机构提供相关指标、证据、方法和绩效的详细报告。然后，该机构或协会将数据汇集，与各个单位合作的基础上，在监管机构中并/或组织审议和同行评议，来比较解决方案、共享相关发现，并根据新发现来开发新的指标、测算方法和基准。

这些系统的力量来自去中心化实验、对系统审查后的发现、相互监视、有准则的考量之间的相互结合。实验式系统不是假设监管者或参与者知道该做什么，或什么是正确的规则，而是让参与者能够学习和提高其能力，并随着监督能力的提高和新的可能性的出现，再逐步修改相应的准则和方法。此外，在一起讨论他们和其他人已经做了什么和发现什么时，参与者必须为他们的政策和建议给出理由，这将学习和修订与责任和监督联系起来。在声称并证明未预料到的可能性的过程中，实验和深思熟虑可以促使参与者进一步反思他们的立场，有时还会根据新出现的可能性和新的能力来深刻地修正他们对自身利益的理解。因此，实验式系统在解决政治僵局和表面上难以解决的短期利益冲突方面也蕴含着令人感兴趣的潜力。

不可否认，在细节中还存在许多问题，特别是在可行性、具体实施，以及参与者之间的权力不平衡方面。然而，现有金融架构所带来的不确定性问题，使我们有必要考虑如何运用监管实验来监督证券化和衍生品的生产。可以想象，这可以作为一种调节和提高管理自治水平的机制，将公共机构与金融组织的风险评估部门联系起来。它可以作为预先审批系统的一部分，或者可以作为一个跨国监管系统的协作学习平台（Sabel & Zeitlin，2008）。

然而，即使最终是一个完全实现的学习系统、事先批准或同行审议，也只能部分地遏制不确定性和现有市场架构下的机会主义。因此，管理金融市场的不确定性具有第二个维度，涉及麦克德莫特（McDermott，2007b）所称的股票问题。这意味着要构建一个系统，使参与者和利益相关者能够解决坏账、重组公司、更换和招募新经理，以及在不可避免地出现测算和学习能力不足的情况下，对正常危机中流动性的损失进行谈判、分配和吸收。在当前的背景下，人们痛苦且清楚地认识到，问题在于管理巨额财富损失的成本，让所有人分担这些损失，并为银行体系纾困，但既不奖励那些带来危机的人，也不会产生令人不悦的和延长的过渡期。我们认为，解决办法是把监管设计成一个动态的过程，使正在进行的谈判、审议和谈判的关于损失和出路的方案成为可能。

例如，在目前的情况下，很明显，如果重新对抵押贷款谈判，使借款人不会违约，那么贷款人、持有MBS和CDO的投资者、纳税人和其他受影响的利益相关者的整体状况都会更好。但由于担心损失和道德风险，债券持有人和银行都在尽其所能保护自己，保护自己免受可能的损失，他们威胁要提起诉讼，并拖拖拉拉，最终把事情搞糟。这与20世纪70年代工资/物价螺旋上涨背后的"各自为战"和"拉锯战"非常相似。一些观察人士担心，这也是日本"失去十年"（lost decade）的根源之一，即无法"清理"市场。

同样明显的是，问题资产救助计划（TARP）支持破产机构，以阻止更大的金融崩溃，却并没有鼓励或强迫人们改变他们的借贷实践，或是减少对大量杠杆衍生品交易的依赖，调整子公司，或者帮助陷入困境的房主协商抵押贷款的房屋。救助计划对银行施加的限制或要求少得惊人，这让银行可以自由地把资源用于高管薪酬、让衍生品持有人全身而退、承销新形式的证券化，甚至用来游说。即便是TARP参与者在获得资金时必须向财政部缴纳的股权，也只是无投票权的股票。这剥夺了监管机构改变金融操作潜在的重要手段，并让问题TARP饱受道德风险的困扰。

在这里，我们需要的也不仅仅是正确的规则——尽管有清盘信托公司（Resolution Trust Corporation）的先例和清盘坏账银行的既定程序肯定会有所帮助。当前一系列困境需要一个系统，使一些团体去谈判，分担成本，以及熬过艰难的转变，操作者需要规避个人利益，避免所有人都想逃避损失或利用意外之财的情况（请注意与最近的计划形成鲜明对比的是，这些计划过于依赖私人投资者的投资意愿，以至于他们可以拖延整个过程，将所有成本转嫁到纳税人、房主或那些本应退休的人身上）。所有人都必须承担一些损失，将"有毒废物"排出金融体系，而这些资产的价值可能永远无法完全恢复。与现代破产法的核心前提相对应的是，这一过程只能在对债权人的拖延、大致平等的待遇等方面加以限制的情况下进行。此外，由于大规模资本重组和资产购买可能会不可避免地成为这一组合中的一部分，因此管控企业的破产同样需要这样的体系，它既能在对破产机构提供支持时提出具体要求，又能在环境发生变化时调整这些要求。那些一次性的监管设计也是不行的，因为维护全球化、大规模证券化、金融一体化，强调利润和创新意味着要接受金融工程师不断地制造出具有新特性和未知特性的工具和市场导致的泡沫、牛市和正常事故。

比较制度分析研究强调了支持这些活动的三种政治制度条件（Atkinson & Coleman，1985；Balleisen，2010；Eisner，2010；McDermott，2007a，2007b；Streeck & Schmitter，1985；Weir & Skocpol，1985）。首先，因为关键参与者是被组织成"共同规制"的协

会或系统,以调节成员之间的短期利益,表达和代表成员更广泛的利益与其他团体谈判,并支持成员的谈判,所以它们更可能处在关联密集的环境中。联合系统强迫系统内的团体在它们的讨论中承认和考虑其他利益,并且可以鼓励成员对它们的利益发展做更广泛和更长期的理解。值得注意的是,正是通用汽车和克莱斯勒的工会组织的联合使得它们能对美国汽车行业的损失还有商讨余地(尽管工会处于弱势,而损失最终可能是灾难性的)。很明显,如果商业银行和其他金融机构在解决坏账、提高信用评级等问题上能更认真地对待自己的集体的和长期利益,每个人的境况都会好得多。

其次,相关的国家机构必须具有自主性和行政能力,并要嵌入培养更广阔视野和协调的谈判中。如果参与者没有放弃最佳策略,协商时毫无诚意,也不履行合约,那国家机构还必须能够让他们因其所作所为的最糟糕结果而遭受信用威胁。这与没收银行并国有化有明显的相似之处,这可以促使金融机构重新考虑其当前的、个人的利益,并分担一部分责任。

最后,正如麦克德莫特(Mcdermoot,2007a,2007b)在东欧银行危机分析中所说,监管制度大大加强了参与者对所造成损失的管理能力和完成大量工作的能力。这些监管制度具备参与性、协作性和持续性的特质,而非政治化、官僚化的范式,也不是一次性的和"一劳永逸的"。在私人和公共行动者对银行危机采取一次性的、非政治化的、保持距离的做法的情况下,银行业复苏缓慢,监管职能仍不发达,而政府不附加任何条件地提供资本和贷款担保。在这些情况下,反复的救助是必要的,否则这个行业仍然很容易崩溃。但是,当银行、监管机构和其他利益相关者被迫密切合作,就重组进行讨论,并不断分享有关重组所做的努力的信息时,政府官员可以同时在银行运营和银行与那些陷入困境公司之间的关系方面,做到以改革为条件进行资本重组和注销。政府还能够大幅提高自己的监管能力,培养重组部门的专业人才,并在更大程度上改善银行危机的解决方案。

总的来说，刚刚讨论的学习和谈判系统可以为管理当前金融体系结构产生的不确定性问题提供强大的工具。然而，我们担心这种改革缺乏政治体制条件。美国政治体系的组织分裂，工人、房主或其他利益相关者缺乏代表者，证券交易委员会机构的工作人员和分析能力的被削弱，都不鼓励我们这样做，美国政府不愿迫使投资者和银行带着股份到谈判桌上来或考虑重组的条件。直接监管或国有化这把"门后的猎枪"没有得到很好的运用，在危机过后，甚至在危机期间，这种威胁都无法令人信服地持续下去。同样，跨国治理体系在维持公平谈判、促进审议和承担或分配损失方面的潜力也没有让我们感到鼓舞。最后，我们担心缺乏监管能力和缺乏组织团体可能会妨碍有效地满足复杂和紧密相连金融系统的监管要求，从而导致停滞不前的局面、不平等的责任分担和反复出现的危机。我们最终将转向能改变并培育现有金融架构的替代方案的监管策略。

超越当前的市场架构：重新设计的原则

如果监管决定最终是关于市场基本设计的决定，那么监管改革的讨论应该超越"干预"，而考虑对金融市场进行影响深远的重组。正如我们所指出的，当前这场危机的严重性至少在一定程度上可以追溯到金融系统过去几十年发展起来的高度复杂性和紧密耦合特征。在危机之前的"完全平静"时期（Crotty，2008），这个系统可能运行得很顺利。但随着房地产泡沫的破裂，系统很快陷入了危机。观察人士开始询问关键性问题：为什么这个泡沫导致危机迅速蔓延而其他泡沫没有？或为什么一次危机对金融体系造成很小的损害，经济发展可以迅速回归，而另一次危机则摧毁了整个金融行业？（Gjerstad & Smith，2009）。然而，令人惊讶的是，很少有人把这个问题及其潜在的深远影响作为讨论监管改革的中心议题。〔有一个例外，参见Buiter（2009），他的改革建议清单包括扩大金融机构的混合所有制和合作所有制、"公共事业银行"，甚至需要重新考虑投资银行的有限责任〕。

从我们对正常事故的分析中，我们看到市场重新设计的三种可能性。第一种可能性是，监管可以通过限制核心金融机构交易或持有的证券类型，以及迫使衍生品交易进入被监管的并获得许可的交易所，以此来直接降低复杂性。如上所述，FDA式的测试和批准系统可能是朝着这个方向迈出的一步。卡朋特（Carpenter，2010）认为FDA的制度生产了一批有限数量的高质量、低差异的产品——实际上，既避免了"柠檬问题"，又降低了复杂性。这样的机制将使金融从一个不断扩大的不透明衍生品菜单，转向一套得到充分理解的、有限的工具，在不忽视其赌博本性的前提下，允许对冲和风险扩散。这也意味着减缓越来越难以管理的互联系统的迅速生产，会给监管机构和风险评估机构带来学习或跟上发展的机会，同时减少生成易于引起连锁反应或系统崩溃的整体网络结构的机会。

第二种可能性是，监管机构缩小、切断或分割构成当前金融架构基础的复杂网络，以此来降低互联密度和金融网络的覆盖范围。在许多情况下（如AIG），"太大而不能倒"似乎也意味着"联系太紧密"或"在债权网络中处于核心地位"而不能倒。这可能与重新划分投资银行和商业银行的《格拉斯－斯蒂格尔法案》式的监管，以及限制市场集中度或公司规模的措施相抗衡。或者如贝克和摩斯（Baker & Moss，2009）所建议的那样，通过对那些达到规模或互联程度门槛的中介机构除了资本、准备金和杠杆率之外，更严格的监管，或许可以解决这一问题。这样的双重政策将避免对规模或集中度的直接限制，但会抑制金融机构加强或加深它们之间的联系，这样的联系会增加正常事故的风险。人们甚至可以想象对产品之间和公司之间的网络的演化进行跟踪的监管实践，然后有选择地进行干预，锁定问题节点，消除某些联系，对某些产品进行持有或召回，或改变银行或其他中介机构的持股。

更进一步说，我们可以通过为住房融资创建专门的子系统，并在金融中介机构的去中心化，来将紧密耦合度最小化。尽管存在种种局限性，但以社区银行、信用合作社、互助储蓄和贷款协会以及保险互助社、电力合作社等形式出现的地方主义，在美国历史上产生了一些令人惊讶的好处（Schneiberg，2002；Schneiberg，King & Smith，2008）。他们在贷款人、借款人和地方社区之间培育了经济命运共同体；对贷款选择、风险选择和投资施加准则；这样，关键的利益相关者群体就不那么容易受到与"投资者拥有的企业"（或按目前的说法，股东价值）相关的各种机会主义的影响。这种地方主义有助于约束营利性公司，并以一些非常有效的方式扩展、升级和重建保险、电能和银行市场。它还有助于支持关键的基础设施产业的稳步扩张，促进形成更区域均衡、更分散的经济发展形式，并培育以中产阶级为基础的小型利益相关者的资本主义形式。可以想象，通过在全球范围内动员一些地方主义策略，可能会放松耦合，形成命运共同体。然而，细节中还存在无数障碍，我们无法通过控制跨境投资创造出互相分裂的国家资本市场。但如果我们认真对待重新设计监管市场的改革，至少看起来是明智地去考虑监管措施，将大量资金集中到全球资本池中，这将更积极地鼓励中国和印度等国保留一些资金并将一些资金再投入到当地的发展中。

第三种可能性是，防止小的冲击演变成危机的关键是通过在金融系统中加入冗余、松弛和缓冲来放松耦合。即使协同努力减少了交互复杂性和互联性，我们的系统（或至少是系统的大部分）仍然容易发生正常的金融事故。接下来的问题就变成了我们如何才能将事故辐射范围降至最小。目前，提高资本金要求似乎是被考虑到的主要减震器，然而以反周期方式监管杠杆的建议提供了朝着这个方向的另一种有希望的举措（Geanakoplos，2010）。我们认为，增加组织的多样性，培育替代的企业形式，嵌入式的本地金融系统也可以在这方面发挥关键作用。在某种程度上，区域金融系统、当地信用合作社或社区银行的运作遵循一套不同的原则——例如，尽量减少抵押贷款证券化并在当地持有这些贷款——它们的命运可能更多地与当地经济状况挂钩，而不是与其他城市或国家的房价挂钩。这样一来，有雄厚资金的替代性金融机构的存在可能会成为一个安全阀、一种冗余的或并行的功能形式，甚至可能成为那些风险较高的投资失败的投资人的后备资本来源。它们甚至可以成为政府调整银行资本结构、恢复信贷流动、援助陷入困境的借款人的另一条途径，让监管机构得以绕过或刺激庞大的、以盈利为目的的金融机构，因为金融体系的这一部分已经冻结，而对那些"太大而不能倒"的企业的救助也无法恢复信贷流动。关键是用复制了一些架构性元素的并行结构来稳定金融系统。

在美国，有许多引人注目的先例表明，监管干预有意促进并行性，以此作为对冲监管押注、扩大拨备和提升市场的战略。在"进步时代"，美国各州将促进把股票公司相互替代的条款作为财产保险市场利率监管制度的一部分。这类政策为保险业引入了新的竞争形式，促使保险公司提供新的股票服务，并将保险出售给它们此前忽视的被保险人。而在新政期间，联邦政府的农村电气化管理局（Rual Electrification Administration，REA）结合中央国家金融和基础设施支持，通过当地电力合作社的自发组织，催生了一个并行的企业体系，重组了电力市场的版图，绕过了投资者拥有的公共事业，为农村发展提供基础设施。

总的来说，重新构建而不是修补金融架构的策略将显著地重新平衡监管在两个方面的考量，一方面是金融业的创新、增长和创造性破坏，另一方面是为家庭、企业和政府提供金融基础设施时的谨慎性和可靠性。当然，这种改革可能会增加信贷的直接成本，并使不太多样化的子系统面临更多的风险。一些观察家可能会把它们看作天真或怀旧地试图让时光倒流的做法。但目前不清楚的是，一旦考虑到社会成本，从政策或效率的角度来看，推动能够为一排排（现在空置的）豪宅、庞大的社区和完全不平等的高层收入的增长提供资金的金融体系，最终会比约束更为严格、活力更低但或许更为可靠的金融体系更令人满意。如果证券化产生的廉价信贷主要流入住房投资（一种相当低效的资本形式）或信用卡债务，我们想知道这是否是一个集体理性的选择。这种从根本上重新设计的政治策略无疑是具有挑战性的。但降低金融领域复杂性和耦合性的提议，可以建立在日益增长的对抵押贷款危机和金融危机的地方主义回应之基础上，例如最近的"把你的钱转移到别处"（Move Your Money）运动就要求消费者将钱转移到当地银行和信用合作社。

我们并不是要建议一种用本地的简单系统代替全局的复杂系统的方案。那确实是"回到20世纪60年代"的幻想。我们也不认为它足以减少导致正常事故的两个主要因素——复杂性和耦合性。相反，我们的目标是引发针对如何重新设计系统的严肃讨论，以减少复杂的互联性，并通过多样性和松散耦合来对冲风险。如果人们认真对待这样一个观点，即有关监管改革的选择就是有关市场架构的选择，那么这些问题将变得至关重要。

参考文献

Abolafia, M. (1996). *Making markets: Opportunism and restraint on Wall Street.* Cambridge: Harvard University Press.

Atkinson, M., & Coleman, W. (1985). Coporatism and industrial policy. In: A. Cawson (Ed.), *Organized interests and the state* (pp.22–45). Beverley Hills: Sage.

Baker, T., & Moss, D. A. (2009). Government as risk manager. In: D. A. Moss & J. Cisternino (Eds), *New perspectives on regulation* (pp.87–110). Cambridge, MA: The Tobin Project.

Balleisen, E. (2010). The prospects for effective coregulation in the United States: A historian's view from the early twenty-first century. In: E. Balleisen & D. A. Moss (Eds), *Government and markets: Toward a new theory of regulation* (pp.443–481). New York: Cambridge University Press.

Bartley, T., & Smith, S. (2010). Communities of practice as cause and consequence of transnational governance: The evolution of social and environmental certification. In: M.-L. Djelic & S. Quack (Eds), *Transnational communities: Shaping global economic governance*. Cambridge and New York: Cambridge University Press.

Berk, G. (1994). *Alternative tracks: The constitution of American industrial order, 1965–1917*. Baltimore: Johns Hopkins Press.

Beunza, D., & Stark, D. (2009). Reflexivity and systemic risk in quantitative finance. Paper presented at the Politics of Markets conference, Berkeley, August.

Breyer, S. (1982). *Regulation and its reform*. Cambridge, MA: Harvard University Press.

Buiter, W. (2009). Regulating the new financial sector. Available at http://www.voxeu.org/ index.php?q = node/3232. Retrieved on March 9, 2009.

Campbell, J. L., & Lindberg, L. N. (1990). Property rights and the organization of economic activity by the state. *American Sociological Review, 55*, 634–647.

Carpenter, D. (2010). Confidence games: How does regulation constitute markets? In: E. Balleisen & D. A. Moss (Eds), *Government and markets: Toward a new theory of regulation* (pp.164–192). New York: Cambridge University Press.

Carruthers, B. G. (1994). When is the state autonomous? Culture, organization theory, and the political sociology of the state. *Sociological Theory, 12*, 19–44.

Carruthers, B. (2010). Knowledge and liquidity: Institutional and cognitive foundations of the subprime crisis. In: M. Lounsbury & P. M. Hirsch (Eds.), *Markets on trial: The economic sociology of the U.S. financial crisis*. Research in the Sociology of Organizations. Bingley, UK: Emerald.

Cashore, B., Auld, G., & Newsom, D. (2004). *Governing through markets: Forest certification and the emergence of non-state authority*. New Haven: Yale University Press.

Choi, J. N. (2009). Risk vs. return: The effects of centrality in hedge fund networks. Paper presented at the Politics of Markets conference, Berkeley, August.

Crotty, J. (2008). *Structural causes of the global financial crisis: A critical assessment of the "new financial architecture"*. Working Paper no. 180. University of Massachusetts Amherst PERI.

Eichengreen, B. (2010). Origins and regulatory consequences of the subprime crisis. In: E. J. Balleisen & D. A. Moss (Eds), *Government and markets: Toward a new theory of regulation* (pp.419–442). New York: Cambridge University.

Eisner, M. A. (2010). Markets in the shadow of the state: An appraisal of deregulation and implications for future research. In: E. Balleisen & D. A. Moss (Eds), *Government and markets: Toward a new theory of regulation* (pp.512–537). New York: Cambridge University Press.

Evans, P. (1995). *Embedded autonomy: States and industrial transformation*. Princeton: Princeton University Press.

Fligstein, N. (2001). *The architecture of markets: An economic sociology of twenty-first century capitalist societies*. Princeton: Princeton University Press.

Fligstein, N., & Goldstein, A. (2010). The anatomy of the mortgage securitization crisis. In: M. Lounsbury & P. M. Hirsch (Eds), *Markets on trial: The economic sociology of the U.S. financial crisis*. Research in the Sociology of Organizations. Bingley, UK: Emerald.

Fung, A., Graham, M., & Weil, D. (2007). *Full disclosure: The perils and promise of transparency*. New York: Cambridge University Press.

Geanakoplos, J. (2010). *Solving the present crisis and managing the leverage cycle*. Cowles Foundation Discussion Paper No. 1751, Yale University. Available at http://ssrn.com/ abstract = 1539488.

Gjerstad, S., & Smith, V. (2009). From bubble to depression? *Wall Street Journal*, April 6.

Guillén, M. F., & Suárez, S. L. (2010). The global crisis of 2007–2009: Markets, politics, and organizations. In: M. Lounsbury & P. M. Hirsch (Eds), *Markets on trial: The economic sociology of the U.S. financial crisis*. Research in the Sociology of Organizations. Bingley, UK: Emerald.

Hill, C. A. (2004). Regulating the rating agencies. *Washington University Law Quarterly*, 82, 43–95.

Hunt, J. P. (2009). One cheer for credit rating agencies: How the mark-to-market accounting debate highlights the case for rating-dependent regulation. *South Carolina Law Review*, 60.

Lo, A. W. (2008). Hedge funds, systemic risk, and the financial crisis of 2007–

2008. Written testimony, prepared for the U.S. House of Representatives Committee on Oversight and Government Reform November 13, 2008 Hearing on Hedge Funds. Available at http://ssrn.com/abstract = 1301217.

McDermott, G. (2007a). The politics of institutional renovation and economic upgrading: Recombining the Vines that Bind in Argentina. *Politics and Society*, 35, 103–143.

McDermott, G. (2007b). Politics, power, and institution building: Bank crises and supervision in East Central Europe. *Review of International Political Economy*, 14, 220–250.

Mezias, S. J. (1994). Financial meltdown as normal accident: The case of the American savings and loan industry. *Accounting, Organizations and Society*, 19, 181–192.

Palmer, D., & Maher, M. (2010). A normal accident analysis of the mortgage meltdown. In: M. Lounsbury & P. M. Hirsch (Eds), *Markets on trial: The economic sociology of the U.S. financial crisis*. Research in the Sociology of Organizations. Bingley, UK: Emerald.

Partnoy, F. (1999). The Siskel and Ebert of financial markets: Two thumbs down for the credit rating agencies. *Washington University Law Quarterly*, 77, 619–712.

Perrow, C. (1984). *Normal accidents: Living with high-risk technologies*. New York: Basic Books.

Perrow, C. (1999). *Normal accidents: Living with high-risk technologies* (2nd ed.). Princeton: Princeton University Press.

Perrow, C. (2010). The meltdown was not an accident. In: M. Lounsbury & P. M. Hirsch (Eds), *Markets on trial: The economic sociology of the U.S. financial crisis*. Research in the Sociology of Organizations. Bingley, UK: Emerald.

Prasad, M. (2009). Three theories of the crisis. *Accounts: ASA Economic Sociology Newsletter,* 8.

Rao, H. (1998). Caveat emptor: The construction of nonprofit consumer watchdog organizations. *American Journal of Sociology*, 103, 912–961.

Rona-Tas, A. (2010). The role of ratings in the subprime mortgage crisis: The art of corporate and the science of consumer credit rating. In: M. Lounsbury & P. M. Hirsch (Eds), *Markets on trial: The economic sociology of the U.S. financial crisis.* Research in the Sociology of Organizations. Bingley, UK: Emerald.

Sabel, C., & Dorf, M. (1998). A constitution of democratic experimentalism. *Columbia Law Review*, 98, 267–473.

Sabel, C., & Simon, W. H. (2006). Epilogue: Accountability without sovereignty. In: G. De Búrca & J. Scott (Eds), *Law and new governance in the EU and the US* (pp.395–411). Oxford: Hart.

Sabel, C., & Zeitlin, J. (2008). Learning from difference: The new architectures of experimentalist governance in the European Union. *European Law Journal*, 14, 271–327.

Schneiberg, M. (2002). Organizational heterogeneity and the production of new forms: Politics, social movements and mutual companies in American Fire Insurance, 1900–1930. *Research in the Sociology of Organizations*, 19, 39–89.

Schneiberg, M., & Bartley, T. (2008). Organizations, regulation, and economic behavior: Regulatory dynamics and forms from the 19th to 21st century. *Annual Review of Law and Social Science*, 4, 31–61.

Schneiberg, M., King, M., & Smith, T. (2008). Social movements and organizational form: Cooperative alternatives to corporations in the American insurance, dairy and grain industries. *American Sociological Review*, 73, 635–667.

Skocpol, T., & Finegold, K. (1982). State capacity and economic intervention in the early new deal. *Political Science Quarterly*, 97, 255–278.

Streeck, W., & Schmitter, P. C. (1985). Community, market, state and associations? In: Streeck & Schmitter (Eds), *Private interest government: Beyond market and state* (pp.1–29). Beverly Hills: Sage.

Surowiecki, J. (2009). Ratings downgrade. *The New Yorker*, September 28.

Warren, E. (2010). Redesigning regulation: A case study from the consumer credit market. In: E. Balleisen & D. A. Moss (Eds), *Government and markets: Toward a new theory of regulation* (pp.391–418). New York: Cambridge University Press.

Weir, M., & Skocpol, T. (1985). State structures and the possibilities for "keynesian" responses to the great depression in Sweden, Britain, and the United States. In: P. Evans, D. Rueschemeyer & T. Skocpol (Eds), *Bringing the state back in* (pp.106–168). Cambridge: Cambridge University Press.

White, L. J. (2009). Agency problems – and their solution. *The American – the Journal of the American Enterprise Institute*, 3(1), 1–2.

Zeitlin, J. (2005). Conclusion: The open method of coordination in action: Theoretical promise, empirical realities, reform strategy. In: J. Zeitlin & P. Pochet (Eds), *The open method of coordination in action: The European employment and social inclusion strategies* (pp.447–503). Bruxelles: P.I.E.-Peter Lang.

第九章　系统崩溃不是事故

查尔斯·佩罗（Charles Perrow）

摘要

我将批判性地讨论本书包括的关于系统崩溃的两项主要解释。第一种解释是"正常事故理论"，该理论认为金融体系的复杂性和耦合性导致了破产。虽然结构性特征很明显，但我认为这个案例不符合该理论，因为原因不在系统，而是关键行动者的行为，他们其实意识到自己正将公司、客户和整个社会暴露在巨大的风险中。第二种解释是一种新制度主义的解释，强调意识形态、世界观、认知框架、模仿和规范是那些对精英和其他人来说是灾难性的行为的根源。这意味着，精英阶层是受害者，而不是作恶者。我认为，虽然意识形态等因素可以对许多公司成员和整个社会的行为产生真正的影响，但就这个案例而言，金融精英是为其个人目的服务而精心设计了意识形态并改变了制度，他们充分意识到这些变化可能会伤害他们的公司、客户和公众。复杂性和耦合只会让欺骗变得更容易，也会更广泛地影响结果。对于轶事证据，我审查了十年来有关放松管制的措施，以及当选代表、监管官员、公司和大量的警告的例子。

引言

在这本论文集里，有两种对当前金融危机的主要解释。第一个强调系统事故（通常被称为"正常事故"）；第二种规范性和模仿性地运用了新制度主义理论。我认为，系统事故的解释是不合适的，因为行动者意识到了他们所造成的损害。考察有意识的行动者的角色也符合新制度主义的解释，这种解释指出了行动者对意识形态的使用，而不是将行动者视为由意识形态驱动的。我提出的是一种行动者观点，即认为虽然大多数行为者天真地接受了准则和意识形态（我们需要制度理论来理解这些准则和意识形态），但关键行为者会将其用于个人和阶级目的，同时也知道这些准则和意识形态可能造成的损害。

第一种解释使用了"正常事故理论"（NAT），并在本书的其他三篇文章中得到了最有力和最有成果的描述。这些研究正确地发现交互复杂性和紧密耦合的概念在分析系统崩溃时非常有用。但我对系统事故的看法明确指出了，即使在每个人都尽其所能避免系统故障的地方，这些事故仍然会发生。参与者是系统的一部分，而且（虽然通常很少见）是不可避免的。如果他们不努力尝试，或者如果他们采取的步骤会对系统造成很大的破坏风险，那么出错的是他们的行为，而不是复杂性和耦合性之类的系统特性。

第二种解释有关新制度主义观点，即认为代理人在无意中成为失败的原因。失败源于已经形成的制度特征，其构成是基于提供规范和支持模仿行为（同构）的意识形态和世界观。在这种观点下，复杂性掩盖了主导性规范的不良后果（他们不理解自己行为的后果）；而模仿促进了紧密耦合（如果每个人都这样做，那么缓冲区和冗余就很小）。个体行动者并不对自己负责，即使他们的行为在技术上是欺诈或非法的。

正常事故理论和新制度主义的观点都很好地利用了复杂性和耦合的概念，但前者认为它是导致崩溃的原因，而后者认为它只是加剧了不幸的制度的条件。我认为，系统事故是存在的，并对其中的一些进行了探讨；我只是不认为这场灾难，或者说所有的金融灾难都是系统事故。我相信新制度主义理论通常是合理和有价值的，但在这场金融系统崩溃的案例中，我们需要一个更真实的分析范式（我不会深入探讨危机的背景；这一方面在已有文献中已经得到了深入讨论，特别是来自米兹鲁奇和坎贝尔的结构性分析的贡献）。资本的洪流首先来自日本，然后来自中国；极低的利率限制了银行盈利所需的利差，鼓励了银行通过放松监管和政府的住房政策寻找更新颖的收入来源；所有这些加在一起造成了一系列的泡沫。历史学家理查德·R. 纳尔逊（Richard Scott Nelson）写了一篇关于1873年恐慌的短文，在这场恐慌中，美国扮演了今天中国的角色。我们向欧洲出口的廉价商品和粮食迅速增加，在欧洲主要城市创造了繁荣和膨胀的房地产市场。泡沫的破裂在欧洲和美国都造成了严重的破坏，并可能导致美国金融公司的合并（Nelson，2008）。

正常事故理论

这部论文集很好地应用了正常事故理论。我在1999年出版的《正常事故》第二版"后记"（Perrow，1999）中简要提到了正常事故理论对金融市场动态的潜在贡献。该书的优点是看待事故的系统观，而不是把单一的故障视为原因，并通过粗略列出交互的、非线性的复杂性特征，以及紧密耦合的特征，做了一些扩展，并推广了这些概念。复杂性和耦合当然可以被合理地应用于最近的金融危机，本书的一些论文或多或少地以我25年前的方式使用了这些术语，特别是吉伦、苏亚雷斯、帕尔默和马赫尔对本论文集做出的贡献，这是很好的例子。

我认为NAT，或者我更喜欢叫它"系统事故理论"，是与行动者无关的；一些系统是如此交互复杂和紧密耦合，以至于无论每个人如何努力使它们安全，这些系统还是会发生一些罕见但不可避免的失败。因此，我认为如果这些系统有发生灾难的潜力，如果它们不能被重新设计成更线性和更少耦合的系统，那这样的系统就应该被抛弃。尽管人类无疑是这系统的一部分——他们导致了错误或失败，就像其他系统组件和环境事故中有一个单点故障一样；例如，一个操作员的操作错误导致起重机上掉下一个重物在关键设备上，或是心怀不满的工人企图破坏，但这些都不被视为系统事故。系统事故是一类特殊类型的事故，该事故的源头必须在系统中，即两个或两个以上的可以单独接受的事故之间的意外相互作用。例如，我认为无论设计师、管理人员和工人多么努力地尝试，核电站和核武器系统注定会灾难性地失败，因此应该放弃这个系统目前的形式。

当人们故意采取违反系统规则或操作准则的行为时，可能会导致系统崩溃，与复杂性和耦合相比，这是一种完全不同的失败来源。高度复杂和耦合的系统将增加这种故意行为发生的可能，并很可能掩盖这些行为，使归因变得困难，因此这些概念仍然是有用的。例如，本书的许多作者指出，金融工具的复杂性令人难以置信，而事实也的确如此。迈克尔·刘易斯（Michael Lewis）讨论提出，CEO显然不可能理解他手下那些技术娴熟的经理们在用他们的新技术做什么，这些新技术可能会损害公司、客户和整个金融系统（Lewis，2008）。但是，行动者观点会说，首席资质执行官（CEO）要对自己的下属的行为负责，当他意识到自己对下级是如何获得创纪录的利润缺乏了解时，如果不去获取这方面的信息，就会造成组织的失败。CEO应该在下级以令人费解的行为获得巨额利润的情况下去了解具体事实。如果他不去了解，或者甚至避免尝试了解，从长远来看，这意味着将牺牲公司和其他人的利益。

在1999年版《正常事故》一书的"后记"部分，我煞费苦心地对比了系统论点与行动者论点。举一个重要的例子，挑战者号航天飞机的故障是行动者造成的，而不是系统事故。尽管该系统复杂且紧密耦合，但该事故是管理者对工程师运用权力的结果。工程师们警告说（事实上，他们敲打着桌子警告），操作员不应该在前所未有的低温条件下发射航天飞机；众所周知，低温对O形圈是不利的。然而，这些管理者承受着白宫要求他们启动的压力，并为之前的推迟感到尴尬。相比之下，戴安娜·沃恩（Diane Vaughan）则将管理权的作用最小化（但并未排除），援引她的"异常行为常规化"概念来解释挑战者号事故。这是一个重要的提法，对于解释后来的哥伦比亚号航天飞机事故特别有用，在这起事故中频繁的泡沫粉碎并没有引发警报。斯科特·斯努克（Scott Snook）非常恰当地使用了一个类似的概念——他称之为"实际漂移"（practical drift）——来解释在伊拉克发生的误伤事故（Snook，2000；Vaughan，1996）。这与本书中许多文章中的新制度主义观点相当一致。但是当航天飞机项目的管理者们无视工程师们的警告，或者首席执行官们无视风险分析师们的警告时，这就不再是日常规范的问题了。

行动者视角：执行失败

在后来的一本关于灾难的书（Perrow，2007）中，我煞费苦心地更仔细地审视了行动者观点。我回顾了一些曾经发生的灾难，在这些灾难中，我认为关键的参与者（我粗略地称他们为"执行者"）采取了他们知道可能会损害组织和/或其客户和环境的一些行动。因为他们得到了组织内外可靠来源的警告，所以他们知道，或者我们可以推断他们可能获得的信息，因为他们采取了一些具有欺骗性的行动来掩盖他们的本身意图。一个典型的例子与烟草业的高管有关：他们从自己的研究中知道吸烟的危害，但却公开否认（有一项对被称为"行政罪恶"的类似行为进行深入探索的研究，却莫名其妙地几乎没有提到烟草案件，见Adams & Balfour，2004）。

当管理者处罚或解雇那些坚持反对不安全做法的下属时，管理的失败尤其明显。例如，我讨论了戴维斯－贝塞（Davis-Besse）核反应堆的案例。反对不安全做法的工作人员反而受到了纪律处分，反应堆则被允许在非常危险的条件下继续运行。一名持反对意见的工作人员直接去了核监管机构（NRC），迫使这个感到尴尬的机构根据他们已经掌握但却选择忽视的信息来采取行动。这个工人最后被解雇了。当他起诉公司非法解雇时，NRC反过来起诉了他！（Perrow，2007）

执行失败这个概念关涉拥有利益和权力的角色。因此，应该补充强调意识形态和规范激励行为的新制度主义观点。对金融危机的新制度主义解释，在本书的一系列文章和特权意识形态（如市场原教旨主义、新自由主义观点、自由市场观点）中了占主导地位，这种解释强调认知框架和"嵌入性"。由于所有这些认知和文化结构都有着充分的证据，那高管的蓄意行为就有被归因于制度和文化条件的危险。如果他们的行为损害了他们的组织、客户或经济，从这个视角来看是因为他们的信仰或意识形态或构造中是有缺陷的。例如，游说减少监管将被视为一种基于真诚的信念，即认为现行监管妨碍了自由市场。对于一家公司来说，一些成员关于该公司过度冒险并可能遭受损失的警告是完全错误的；一个人必须接受风险，而且，正如某些失败案例中所断言的那样，那些坚持发出警告的人应该被调离岗位，或者被解雇。

我认为，有缺陷的意识形态和对风险的合理接受并不是导致经济崩溃的原因。我强调了行动者在危机中的作用。我认为，文化和制度上的陷阱可能不会像新制度主义者所设想的那样激发关键行动者的行为，而只是提供了理由（"借口"），或一套有关动机的词汇。他们的合法行为将损害公司的长期利益以及更大的系统，而对这些可能性行动者要么已经被可靠地警告过，要么自己已经意识到了这一问题。行动者不是市场原教旨主义等意识形态的受害者；他们已经培养和构建了这些意识形态，或者至少选择接受这些意识形态来服务于他们自己的利益，包括财富、威望和对他人行使权力。他们创造和维护这些意识形态，并以支持这些意识形态的方式来塑造制度。

格林伍德（Greenwood）和苏达比（Suddaby）的解释与我相似。他们称这些高管为"制度创业者"，这些人试图促进现有逻辑框架下所不支持的利益（Greenwood & Suddaby，2006）。他们指出，这种观点"与公认的制度理论相悖"。在谈到五大会计师事务所时，他们表示这些事务所受到机构流程的约束减少了，而对替代性逻辑更加"开放"，这是大型企业客户强加于会计师事务所的。格林伍德和苏达比没有探索替代性逻辑的来源，以及去构建这些逻辑的努力，但这样做其实很重要。我想补充的是，五大会计公司所做的远比"对替代性逻辑开放"要多，它们是管理失败的例证，因为它们知道它们在做的哪些具有欺诈性，并在许多情况下被自己的员工警告说公司大家未来正遭受危险。

有行动者的正常事故理论？

帕尔默和马赫尔在他们对这个问题的研究中指出，"贪婪和欺诈行为……在系统崩溃中扮演了很小的角色"，这一切是系统的复杂性和耦合造成的。当他们推测这种复杂性"部分是由设计者自身的私利支撑起来的"时，他们所涉及的是小型行动者。他们将正常事故理论（NAT）扩展到包含不当行为（与错误不同），并认为不当行为会导致了正常的事故。但在我看来，虽然不当行为肯定会导致事故，但这些并不是不可避免的系统事故或"正常事故"；我认为错误行为是可以避免的；而多个故障的意外交互则不能避免。帕尔默和马赫尔还认为，正常的事故会揭露不法行为——这当然是可能的，他们还表示，正常事故会为进一步的不法行为创造环境，也会引起社会控制机构的注意，它们会采取更积极的行动。的确如此，但这同样适用于所有的事故，而不是正常事故所特有的。

正如我后来所论述的，过去二十年来发生的大面积的去监管化趋势是在企业的要求下发生的。在这一问题上，帕尔默和马赫尔有不同的看法。他们描述了正在颁布的"一系列令人眼花缭乱的政府法规"，"所有这些法规都增加了意想不到的和难以控制的相互作用的数量等级"。处于危机中心且面临监管限制的公司，"与政府对系统的监管形成了原则性的反对"。我认为，与其说它是"原则性的"，不如说它是"战略性的"。

"操演性"视角

或许最具吸引力的系统论点是（与行动者视角形成鲜明对比），来自中国的大量资本加上低利率意味着银行在利差上几乎赚不到钱，而开始寻求其他赚钱方式（想要了解更多，请参阅本书中米兹鲁奇的论文）。金融公司在布莱克－斯科尔斯（Black-Scholes）计划中找到了替代方法，为金融公司带来越来越不透明的衍生品定价。最初，布莱克－斯科尔斯计划不是很成功，但要比其他定价计划好。随着该计划被模仿性地传播，金融机构逐渐改变了他们的行为，使这个计划被频繁地修订，并被合法化，这一现象在社会建构主义学者卡隆和麦肯齐（MacKenzie & Millo，2003）的杰出著作中被标记为"操演性"（performativity）。项目的开发者并没有故意操作欺诈行为，但随着系统的日益复杂，行动者发现了欺诈和欺骗行为的机会，并进行了相关的"实践"。虽然一开始，行动者的不法行为对系统的运行并没有太大的影响，但系统的复杂性导致了意料之外的交互影响，系统内的紧密耦合意味着一小部分参与者的欺骗和欺诈行为带来的后果被进一步放大了。尽管有许多关于这些巨大风险的警告，但因为所涉衍生品大幅扩张带来的利润非常丰厚，这些警告都被忽视了。

在这一观点中，几乎没有造成毁灭性后果的行动者，相反有许多人只是为了"光荣的旅程"而去。正如花旗集团首席执行官所言，只要音乐不停地播放，你就必须站起来跳舞，这样的言论为正在形成的放松市场监管的共识带来了更多的效仿。但我认为，破坏系统的不是少数几个行动者，而是许许多多的代理，而且他们不单单是简单的模仿者。实际上，所有的大公司和监管机构都不只是踏上"光荣旅程"，而且还与那些想要"停止播放音乐"的人进行了激烈的斗争。它们受到了相应的警告，并在知情的情况下对他们的机构、客户，以及整个社会造成了损害。因此，虽然操演性视角开辟了全新的研究领域，同时也应该被推广，尤其是在金融危机的案例中，就像其他种类的新制度主义理论一样，该视角将那些游说放松管制时清楚地知道自己在做什么的行为者的意图最小化了。[在一篇知名的有关长期资本管理（LTCM）的文章中，麦肯齐注意到，当那个对冲基金是少数几个使用新布莱克－斯科尔斯模型的对冲基金之一时，它们做得还不错，但当许多基金采用这种模型时，就会产生该模型无法预见的意料之外的一些后果。在我看来，这构成了一种意外的交互，因此可能将LTCM故障定义为系统事故。当然，俄罗斯债券市场的崩溃等事件也发挥了巨大作用，更深入的分析可能会表明，行动者的行为更重要。（MacKenzie，2003）]

使能者：放松管制

从1998年到2007年的短短10年间，美国经济经历了一系列的放松管制行为，正如麻省理工学院的西蒙·约翰逊（Simon Johnson）所观察到的那样，"事后来看，一系列放松管制的政策是惊人的"（Johnson，2009）。金融公司及其智囊团和专业协会提议并游说进行这些改革，并在某些情况下再起草相关的立法，并发挥了重要作用。早前，学院派经济学家提供了相关的理论支持，米尔顿·弗里德曼（Milton Friedman）指出了自由市场观点的正当理由，迈克尔·詹森（Michael Jensen）随后将股东利益合法化，认为股东利益高于其他利益相关者。下文我将简要概述主要议案、机构法案与裁决。为了强调它们为欺诈和欺骗行为所提供的机会，我引用了约翰逊的重要总结。

· 坚持资本的跨境自由流动；

· 废除大萧条时期将商业银行与投资银行分开的监管规定；

· 国会对信用违约掉期监管的禁令；

· 允许投资银行大幅增加杠杆率；

· 美国证券交易委员会在监管执法方面的一双巧手；（我可不敢说"看不见"的手）

· 允许银行衡量自身风险的国际协议；

· 故意不更新法规，以此来跟上金融创新的巨大步伐（Johnson，2009）。

吉伦和苏亚雷斯也对本书贡献良多，例如关于1996年美联储做出的一项"惊人"的决定——允许金融机构在使用信用衍生品抑制风险的情况下减少法定准备金。他们注意到高频率的游说（行动者行为）导致证券交易委员会在2004年提高了杠杆率的允许上限，允许高盛和其他公司将他们的资产权益比率可以提高到超过300%。他们指出，1999年金融服务公司针对自由选择监管机构的游说成功，带来了最宽松的购买政策，因为没有任何一个政府机构能掌握每个公司整体投资组合的全面情况，市场乏透明度，从而带来了评估系统交互性问题。这增加了系统的复杂性和耦合性，使欺诈变得更容易，造成的结果也变得更严重。

尽管有自由市场中意识形态的支持，但这十年来，金融体系发生的重大的结构性变化，监管的显著放松，似乎不太可能是意识形态信念下的结果，而是关键行动者（主要是金融公司）积极的短期、自利行为所带来的结果。如果规范确实在作用，那么这些就是一种以抹黑旧规范的方式精心制定和营销的新规范。

一些行动者行为的例子

我考察了三类主要参与者：民选官员，主要是参议员；主要监管机构任命的官员；一些重要的金融公司。我不设计另一个重要的参与者——评级机构，尽管我认为它们的高管的行为也具有一些相似性。

当选官员

当选官员以得克萨斯州的参议员菲尔·格兰姆（Phil Gramm）为例。他的观点符合新制度主义，因为从其职业生涯一开始，他就是一位著名的理论家，而且还拥有经济学博士学位。但我认为，他的成功来源于他的公司赞助商。他们带着削弱现有监管的提议来找格兰姆，提出这些监管正在妨碍他们的公司提高盈利。参议员为这些变化提供了意识形态上的辩护；这些变化并不是直接从他那保守的表情中生出来的，而是由公司精心设计并悄悄推出的（关于格兰姆和他的妻子深夜操纵的说明，见Perrow，2007，p.235）。虽然这并不是他有效行动的确凿证据，但他们对参议员的巨大资金支持表明，促使参议员采取相关行动的动力来自财政回报，而不是意识形态。从1989年到2002年，格兰姆是竞选中收到商业银行捐款最多的人，也是华尔街捐款最多的五个人之一。他从来没有失去参议员席位的危险，因此不需要太多的竞选资金，但竞选捐款可以用来提高参议员的生活水平，并作为影响其他参议员行为的一种手段。当他离开参议院时，他从自己的基金中捐出100万美元，以鼓励其他参议员继续追随他的政治观点。

如果格兰姆没有银行和其他金融机构的财政支持，我非常怀疑他的保守思想是否能够使他负责的监管立法发生几次重大（尽管当时还不清楚）变化。如果这是正确的，那么他既是一个工具人，也是一个行动者。追求短期利益的金融机构也是行动者。后来我提出，他们受到了充分的警告，因而是完全认识到他们对自己的组织、行业，当然还有公众所造成的伤害，然而在一些情况下，他们反而惩罚了那些警告他们的人。

另一位在放松监管方面发挥了重要作用的参议员是纽约州民主党参议员查尔斯·舒默（Charles Schumer）。在大多数社会问题，甚至一些财政问题上，他都是坚定的自由主义者。不过，他支持放松对金融机构的监管，1999年，他与格兰姆一起推动了臭名昭著的《金融服务现代化法案》，该法案撤销了1933年的《格拉斯－斯蒂格尔法案》。2001年，他又和格兰姆联合提出了一项立法，将美国证券交易委员会的预算削减了一半！他甚至在金融危机后还在致力于阻止监管行为的回归。在他的职业生涯中，除了参议员约翰·克里（John Kerry），他从证券和投资行业募集到的竞选捐款比国会中任何其他人都多（另一位接受金融业巨额捐款的民主党人是参议院银行委员会主席克里斯多夫·杜德；在1989年至2008年期间，他从房利美和房地美获得的贷款比其他任何人都多）。舒默有如此多的资金储备，以至于他在2005年停止了自己的筹款活动。正如埃里克·李普顿（Eric Lipton）和雷蒙德·埃尔南德斯（Raymond Hernandez）在他们2008年的新闻报道中所说的那样：舒默在过去四年里领导民主党参议院竞选委员会筹集了创纪录的2.4亿美元，同时华尔街的捐款增加到了50%。这笔钱帮助民主党在国会获得了权力，也提高了舒默在党内的地位，增加了该行业在首都的影响力（Lipton & Hernandez，2008）。这是一个有趣的案例，因为其意识形态上的担忧与自由主义密切相关，只是在金融部门监管的特定案例除外。我们很难看出市场原教旨主义在这里所起的作用，但很容易怀疑个人的经济利益和政治权力所发挥的作用。舒默当然会辩解说，这一切都是为了支持他所在州的一个关键产业。

因此，民选代表是连通公司、公司所资助的专业协会和政策中心与公司所支持的国会及相关行政放松管制行动之间的一条渠道。他们的保守意识形态为他们的投票和对机构的干预提供了理由（例如，如果机构不放松监管，就威胁削减预算）。我们将看到，他们其实已经注意到来自各种来源的警告，包括来自他们那些立法部门的同事。

被任命的官员

我们不难看出，即使议员们身处安全地带，他们也会受到竞选资金的影响。然而，在美联储主席艾伦·格林斯潘、美国证券交易委员会主席亚瑟·莱维特和美国财政部部长罗伯特·鲁宾（Robert Rubin）等被任命的官员面前，要证明这种自私自利的行为变得更为困难。约翰·坎贝尔（John Campbell）在其文章中断言了意识形态的力量。据称，以上三名官员都担心"监管干预会降低这些新市场运作的效率"。正如坎贝尔所指出的，"这些并不是不受惠于选民或富有的竞选支持者的民选官员，民选官员可能会采取例如轻微的监管措施来寻求政治上的支持，但被任命的官员是独立的监管者，他们的决策是由一套特定的理念驱动的"。

他有他的道理。这一群体是最难以用行动者理论论证的群体，也是最容易被一种嵌入式的意识形态上的新制度主义所解释的。他们没有竞选公职，因此不必取悦富有的竞选支持者。但他们与行业的联系并不意味着作为公务员的他们，会无私地维护公共利益，而他们的"特定思想"也会是特殊的；还有其他参与者支持其他观点，认为"监管干预"是必要的，比如要确保坎贝尔所提出的"新市场"的稳定。格林斯潘、莱维特和鲁宾可能认为，他们发誓要追求的公共利益在于放松对新市场的监管，但他们错了。我无法证明他们是出于个人经济利益的考虑而明知故犯，但至少这种解释是可能的。其他支持新制度主义立场的论据（尽管也未被证实）认为，他们的关系、忠诚、友谊和自尊使他们很难看到自己的行为是如何对公务员所应该维护的更大公共利益构成威胁的。我并不认为对这些行为给予他们警告有多么困难，但将关于自私的行动者理论应用在这些公务员身上，要比应用在民选代表和公司本身更缺少说服力。

我首先考察了格林斯潘、莱维特和鲁宾三人组的经济利益，正如我们将在"警告"部分看到的，他们在危机加剧时发挥了关键作用。他们的角色是嵌入式的，但他们的经济利益并非无足轻重。亚瑟·莱维特在华尔街工作了16年，之后在美国证券交易所担任了11年的主席，1993年时被克林顿任命为证券交易委员会主席。在金融危机发生之前，他是放松监管观点的积极支持者，对自己员工提出的警告充耳不闻。他还反对向股票期权收取费用，支持金融行业，并帮助安然摆脱一些会计规则，但最终导致了安然的破产。在担任证券交易委员会主席期间，他曾一度试图加强监管，但被当选代表威胁称，如果他继续坚持加强监管，就会削减证券交易委员会的预算，所以他没有坚持。2001年，他离开证券交易委员会，2005年加入AIG，AIG这家大型保险公司受到纽约总检察长艾略特·斯皮策（Eliot Spitzer）的攻击后，随即要求政府给予救助。在金融危机期间，莱维特曾警告过流动性不足的危险，并在2002年出版了一本批评华尔街做法的书。在新制度主义视角下，对在金融系统崩溃之前莱维特对放松监管的热情，常见的解释是他被"过度嵌入"了。这表明他是在不知情的情况下转变的，因此自由市场等"嵌入"的意识形态解释了他的行为。我要强调的是，26年以来，作为华尔街一名强有力的参与者，他的个人利益因此被激发了，但这种嵌入式的论证也是无法被推翻的。

鲁宾在1995年至1999年担任克林顿政府的财政部部长期间，由于为放松管制铺路而受到左派势力的严厉批评。就连《华尔街日报》的一位专栏作家也评论说："不管你喜不喜欢，鲁宾都成了与2008年金融危机有关的人物之一。如今，他在担任财政部部长时放松管制方面的立场被一些人认为是当今许多问题的根源。他也成为花旗集团利用更多撬动更大风险的商业战略团队的替罪羊"（Kostigen，2009）。在担任公职之前，鲁宾在高盛担任了26年的董事会成员，并从1990年至1992年担任联席董事长。在卸下公职之后，他去了花旗集团，担任董事和顾问。在担任花旗集团顾问和董事这一份兼职工作的8年时间里，他获得了1.26亿美元的现金和股票。在从花旗集团辞职后，他开始支持强有力的市场监管，以上表明他的意识形态似乎是变化无常的，是视情境而定的权宜之计。他潇洒的生活方式可能与他对华尔街利益的持续关注有关，也与他对监管可能对他退休前的利益产生影响的担忧有关。另一种可能是，他是被嵌入其中的，但当灾难的预兆来临时，他又重新抽身出来。

在艾伦·格林斯潘被任命为联邦储备委员会主席之前，他曾担任过一系列令人印象深刻的职位，包括美国铝业公司、美国首都/ABC公司（Capital Cities/ABC）、通用食品公司、摩根大通公司、纽约摩根担保信托公司、美孚公司和皮茨顿公司（Pittston Company）的董事。离开美联储后，他曾担任德意志银行（Deutsche Bank）和投资公司太平洋投资管理公司（PIMCO）的顾问。2008年1月中旬，著名的对冲基金公司保尔森公司聘请格林斯潘为经济问题和货币政策的顾问（这里有一点令人惊讶，因为该基金预见了金融危机，并因此获得了丰厚的利润，然后聘请了这位否认了使保尔森公司从中受益的危机的著名人士。他直到最后一刻才承认危机的发生）。格林斯潘确实被嵌入其中，但我不能断言他个人经济利益与之有纠葛。简单地说，我们没有证据表明他在担任公职期间对公共福利表现出任何关心；他认为不受约束的市场有利于社会，这与他长期以来对我们许多大公司利润的关注是一致的。

我认为，在放松监管的过程中，这三名关键人物中至少有两人——莱维特和鲁宾——的个人金融利益与金融市场的放松监管密切相关。他们三人为实现这个目标做了大量的工作。当然，他们提倡新自由主义、自由市场意识形态，说明了他们是被理念驱动的，不过，我认为这些理念只是一些方便的理由，但这只能是对有关他们案例的一种猜测了。

他们，以及所有其他参与者，是否明白放松管制行动的后果？特别是，格林斯潘明确指出他不知道，本书中的许多文章也同意这个观点。但我不同意，因为我们将看到，他们和其他人所采取的那种的危险行动已经收到持续且有力的警告了。

公司

新制度理论将不得不解释为什么从2000年起，包括高盛、摩根大通和保尔森在内的一小部分美国公司没有采用实际起作用的主导结构。这里，还有其他一些公司并没有跟上，比如坐拥50亿美元的环球投资基金（Universal Investments），该基金遵循尼古拉斯·塔勒布（Nicholas Taleb）的原则，所以在预见偶尔会发生的"黑天鹅"方面处于有利地位。（2008年，该公司对金融崩溃的可能性进行押注，获得了超过100%的利润）。保尔森公司在2007年和2008年分别通过做空抵押贷款衍生品获利150亿美元和50亿美元，该公司只是透过本应占主导地位的意识形态而获利的对冲基金之一。记者格里高利·朱克曼（Gregory Zuckerman）戏剧性地描述了少数"不被看好"和"默默无闻"的对冲基金投资者的历史演变，他们在抵押贷款市场或任何市场上都几乎或根本没有经验，或者可以说，在他们开始操作时，仅仅是刚完成了他的"医学实习期"。他们都对市场的底部做过广泛的研究，例如，关于没有任何信用记录的无首付贷款，这是大多数公司没有做过或是忽略了下属所做研究的发现。约翰·保尔森（John Paulson）个人收入超过60亿美元，却仍然选择乘坐地铁和长岛铁路。

这些主要的参与者和金融公司有两项责任，即保障公司的盈利能力和生存能力，以及维护他们所服务客户的利益。盈利不应以牺牲客户利益为代价，但就主要参与者之一高盛而言，公司的盈利能力以及由此带来的个人收益，都是以牺牲客户利益为代价的，这完全违反了受托责任。

一个设计巧妙但又违法的骗局是，一家公司以极低的价格购买大量"便士股票"，然后通过各种欺骗手段兜售股票价值，抬高股票价格，接着就出售所持股份获利，从而导致股价暴跌，不知情的投资者因此蒙受损失。高盛在21世纪前十年末期在其巨大的平台基础上操作了这个骗局。根据格雷琴·摩根森（Gretchen Morgenson）和露易丝·斯托里（Louise Story）的新闻报道（Morgenson & Story，2009），高盛因此获得了数十亿美元的利润。该公司购买那些他们知道是被高估的抵押资产，将其中的一些卖给他们的客户，从交易费用中获利，接着做空这些他们推荐给客户的这些证券的市场（押注股票会下降），同时他们为自己所持有的股票购买了下跌保险，以此来对冲房地产市场下降。美国国际集团为高盛持有的这些证券提供了保险，这些证券在大幅下跌时损失惨重，但高盛的官员们说服美国政府用纳税人的钱来救助美国国际集团，高盛因此从美国国际集团获得了保险款项。该公司通过向投资者出售股票、卖空证券获利，并从美国国际集团获得联邦政府资助的保险基金中获得了丰厚利润。

早在2004年房价飙升时，高盛就开始做空抵押贷款市场，并设计了一个名为"Abacus"的程序，使人们更容易做空一个不断上涨的市场。该公司越来越担心房地产泡沫，在2006年12月决定改变公司在抵押贷款市场的整体立场，从积极态度转为消极态度，做空证券，但它显然没有公开披露这一点，也没有告诉它的客户。在2007年和2008年抵押贷款市场崩溃时，这一计划取得了成效，设计了Abacus的年轻交易员成了公司的合伙人。2007年，该公司在这一赌注上赚了110亿美元。高盛的一位前员工说，这名交易员和他的伙伴早在2005年就预见到了即将到来的崩溃，从而保护了公司不受其他领域损失的影响。高盛在它没有做空的那些抵押贷款资产上确实遭受了巨大损失，但至少有130亿美元的美国救助资金拨给了为其担保的美国国际集团，以弥补这些损失〔高盛出售证券的卖空行为被披露后，仍然向客户售卖证券，高盛首席执行官劳埃德·布兰克费恩（Lloyd Blankfein）承认公司存在"不当"行为〕。

华尔街的其他公司也采取了同样的做法，尤其是一家公司，其高管刘易斯·萨克斯（Lewis A. Sachs）在2009年成为财政部部长蒂莫西·盖特纳（Timothy F. Geithner）的特别顾问（奥巴马政府里满是"房间里最聪明的人"）。2007年和2008年，该公司的回报率约为50%，主要盈利手段就是做空。

许多这类案件正在接受各种机构的调查，以确定其是否存在非法和欺诈行为。我们很难把它看作是由"过度嵌入"、市场原教旨主义或其他意识形态造成的。除非它们是非法的，否则就不是一个由具有不确定性的司法解释的问题，从技术上讲，这些案件不是对市场进行押注的公司的"高管失败"。它们创造了利润，这也是公司应该做的。但它们确实故意损害了客户的利益，进而伤害了一部分普通大众。那些投资这些公司的客户应该受到责备吗？客户很难在华尔街找到一家有竞争力的公司，让他们可以肯定这个公司不会通过损害客户利益来产生利润。考虑到这是公司中普遍存在的做法，投资者几乎唯一的选择，也可以说是唯一的"公共选择"，就是美国储蓄债券！

警告

2004年，欧盟曾警告，如果美国不加强自身的监管，欧盟将对美国大型投资银行的海外业务实施更严格的监管。由于金融体系被广泛认为是一个具有即时通信和数据访问能力的全球实体，新制度主义观点必须解释为什么欧盟能够看到美国主要金融机构、私营企业和公共监管机构所看不到的东西。鉴于金融全球化，很难相信关于世界商业的自由市场思想实际上仅限于美国。尽管自由市场意识形态占据主导地位，但在欧洲监管机构看来，美国机构造成的破坏性是显而易见的。当然，新制度主义观点会简单地说，在一个紧密耦合的世界金融共同体内，可能存在相互竞争的意识形态。将意识形态视为是方便的理由，而不是行为的源泉，将更好地说明这种多样性。

对美国公司破坏性行为的恐惧确实延伸到了美国的其他一些公司。1993年，共和党众议员吉姆·利奇（Jim Leach）发表了一份长达902页的报告，敦促制定"防范系统性风险的法规"。1994年10月，美国参议员拜隆·多根（Byron Dorgan）在《华盛顿月刊》（*Washington Monthly*）的封面故事中警告，金融复杂衍生品的使用正日益增多。当年，《财富》（*Fortune*）在3月号的封面故事《无法消除的风险》（"The Risk That Just Won't Go Away"）中也提到了这个问题。美联储主席格林斯潘回应说，联邦政府和财政部在衍生品方面已经走在了前面，不用担心。1994年，两名民主党代表提出了法案，其中一份是参议员多根提出的，但都无疾而终了。在接下来的10年里，人们的担忧与日俱增。2004年，美国国会提出了两项旨在加强金融监管的法案，但从未付诸表决。

1998年，商品期货交易委员会主席布鲁克斯利·伯恩（Brooksley E. Born）在金融市场的工作组会议上，对格林斯潘、莱维特和鲁宾发出了一个非常重要的警告。她认为，由于缺乏透明度和基本信息，衍生品交易员可以在联邦监管机构不知情的情况下，从事那些威胁市场和经济的交易。她的警告没有成功，所以她的委员会走向公众，做了一项"概念发布"，要求公众对他们提出的警告发表评论。报道此事的《华盛顿邮报》记者说，格林斯潘、莱维特和鲁宾的回应"迅速而激烈"，财政部副部长劳伦斯·萨默斯也加入了他们的队伍。委员会只能退缩了（Faiola，Nakashima & Drew，2008；Schmitt，2009）。

1998年9月，长期资本管理公司（LTCM）倒闭，并在美联储的敦促下接受私营企业的救助。在此之前，一位美联储高级官员还就长期资本管理公司高得惊人的债务资本比率向格林斯潘和其他美联储官员发出了警告。布鲁克斯利·伯恩还就那年的监管漏洞向众议院银行委员会提出了警告。被边缘化的伯恩在第二年就离职了。格林斯潘、莱维特和鲁宾以及接替伯恩的人发表了一份报告，称尽管长期资本管理公司遭遇了惨败并接受了救助，但美国商品期货交易委员会（CFTC）不应增加对衍生品的监管。报道援引美国证券交易委员会前委员，莱维特的总法律顾问的话称，"美联储确实坚决反对任何形式的监管"。尽管国会代表和商品期货交易委员会主席发出了警告，但他们还是要这样做。

经济学家罗伯特·希勒（Robert Shiller）的《非理性繁荣》（*Irrational Exuberance*）一书在2000年3月——科技股泡沫破裂的同月上市，这是股市历史上最伟大的预言之一；2005年4月的新版本中，有一个新的章节警告了刚刚形成的住宅房地产泡沫。另一位经济学家、麻省理工学院的罗闻全（Andrew Lo）在2005年9月接受《纽约时报》记者采访时预测，对冲基金将出现泡沫破裂，并援引了其他泡沫破裂之前的模式。但与我提出的观点相反的是，在2009年的一次演讲中（引用NAT作为支持），罗闻全指出，如果一家金融机构在2005年时削减其风险敞口，将失去其市场份额；对冲基金会损失很多钱，直到2007年的市场崩盘，才最后证明它退出抵押贷款市场是正确的；对于任何金融机构来说，随着利润和奖金的下降，他们将失去关键的人员（Lo，2009）。"每个人都在这么做"的论点与新制度主义的解释是一致的，但请注意，尽管有这些警告，但参与经济行动的关键个体并不只是随大流，而是积极阻止监管机构降低其公司正面临的风险。例如，要求提高流动性的拟议法案将把短期风险扩散到所有银行，这让罗闻全的方法变得不可行。这个行业领域的规模足够小，相互之间的联系也足够紧密，以至于一些领导者会说："我们在这里冒着很大的风险；或许我们应该听听国会议员和监管机构的意见，他们说杠杆已经失控，衍生品交易应该更加透明和受到监管。这样我们都会受益。"

不仅仅只是少数对冲基金预见了经济崩溃，媒体上的报道也越来越多。麻省理工学院的社会学家以斯拉·朱克曼（Ezra Zuckerman）发现，在2000年至2003年期间，提到"房地产泡沫"的报道共有1387次，而在接下来的3年里，提到"房地产泡沫"的报道有5535次，其中许多都出现在金融界阅读的著名报纸上（Zuckerman，2008）。

美国国家金融服务公司（Countrywide）的内部管理者预测到了公司的失败（2008年1月）。公司首席风险官约翰·麦克默里（John McMurray）在2005年和2006年曾多次警告，该公司的激进做法正在损害其承保标准。2005年年初，另一名高管向高级经理们发了一份备忘录，称繁荣显然已经结束，现在是公司收紧指导方针和减产计划的时候了，但其效果并不明显。美国国家金融服务公司以外的一些金融分析师也对房地产泡沫发出了警告，比如1997年乔治·索罗斯（George Soros）和2003年沃伦·巴菲特（Warren Buffett）就把衍生品称为"大规模杀伤性武器"。美国国家金融服务公司意识到了内部和外部的警告，但2004年，公司负责人公开驳回了这些警告。（有关评级机构内部警告的证据，在本例中为穆迪，见Lowenstein，2008）

另一个警告是，共和党人在2005年提出了控制房地美的立法。房地美秘密地向一家公关和游说公司支付了200万美元，以阻止这项立法。三年后，房地美破产，政府出手相救。众议员亨利·瓦克斯曼（Herny Waxman）在听证会上说："这些文件清楚地表明，房利美和房地美知道他们在做什么。公司内部的风险管理人员提出了一个又一个警告，警告大量投资次贷和其他的抵押贷款市场会带来的风险。"（Huffington，2008）

尽管政府监管机构松懈，但他们确实在金融公司倒闭前发出了一些警告。例如，2008年年初，美国联邦储备银行指责花旗监管不力，风险控制存在缺陷，但该行坚称自己是安全的。同年晚些时候，该公司遭受了

650亿美元的损失。

当监管机构、专家、一些公司，以及受损公司的内部人员与据说能解释这一现象的所谓主流世界观相矛盾时，人们很容易将危机视为一种文化现象。如果要用新制度理论来解释这场危机，它必须宣称，这种心态或意识形态是如此强大，以至于警告会被忽视或引起争议。但是，如果有这么多的来自多源头的警告，这就表明自由市场意识形态并没有提升到使人们沉默的程度，或许，意识形态并没有新制度主义赋予它们的力量。或者，如果我们必须将事件解释为意识形态驱动的，人们可能会辩称，是其他因素（如利益和权力）决定了对一种意识形态的选择，而不是另一种。例如，利益和权力可能会导致选择"自由市场"，而不是另一种认为"市场要成功，就必须受到监管"的意识形态。

米兹鲁奇描述了一种务实的立场，它并不一定是一种意识形态，这种立场在20世纪70年代的企业精英中占据主导地位。他说："在战后时期，美国商界的领导层被限制在一套温和的政治立场上，这是三股力量的结果：一个相对活跃的国家，一个相对强大的劳工运动，以及一个由于其调解作用而支持温和解决方案的金融界。"但是，这种温和、妥协的美国商界领导在20世纪80年代瓦解了。这种分析将使意识形态的概念变得相当多余。那些受到国家和劳工限制的精英们，被迫扮演缓和的角色。随着国家的不活跃和劳工运动变得虚弱，这些限制被消除了，管理健康经济的实用利益也随之消失了，即使这意味着较低的短期利润。

复杂性和耦合性

当然，相互作用的复杂性和紧密耦合是导致金融崩溃的主要因素，鉴于金融公司抵制有意义的监管改革，这些问题将继续存在。这两个"正常事故"理论的术语对分析金融危机非常有帮助。施奈贝格（Schneiberg）和巴特利（Bartley）的文章特别说明了对复杂性和耦合性的理解在设计解决方案方面的有用性。梅茨亚斯（Mezias）成功地将"正常事故"理论应用于早先的储蓄和贷款泡沫。像詹姆斯·索罗维奇（James Surowiecki）和达伦·格什（Darren Gersh）这样的记者用正常事故的类比来解释金融危机。更令人印象深刻的是，对冲基金高管理查德·布克斯塔伯（Richard Bookstaber）在其2007年出版的著作《市场、对冲基金和金融创新的危险：我们自己设计的恶魔》（*A Demon of Our Own Design: Markets, hedge Funds, and the of Financial Innovation*）中颇具先见之明。有一章的标题为"复杂性，紧密性耦合和正常的事故"，这是一个对复杂性/耦合性术语所做的富有成果的应用，但他增加了一些行动者。他写道："某些工具的结构是复杂性的根源。期权和其他衍生品的回报与标的证券的价格并不是线性相关的。交易公司的复杂性也会增加，因为交易员会利用它来掩盖自己的行为。简而言之，复杂性帮助了渎职者。"（Bookstaber，2007a，p.156）。新制度主义理论回避规范和模仿，这是一种渎职行为。

　　2007年，布克斯塔伯在《机构投资者》（*Institutional Investor*）杂志上发表了一篇更加新制度主义式的文章，他说，让投资者措手不及的不是单个市场的行为，而是市场之间的意外波动。"正是这些令人惊讶的联系，突然出现在两个本不应该有太多关联的市场之间，而那些本应携手合作的市场之间的联系却失灵了。"所谓的意外联系指的是，当一个面临压力的市场变得缺乏流动性时，就会出现意想不到的联动。由于追加保证金的要求，基金经理不得不出售他们在不相关市场上持有的其他证券，将市场捆绑在一起。通过这种方式，次贷的失败扩展到了抵押贷款和信贷市场之外，最终给定量股票对冲基金带来压力（Bookstaber，2007b）。没错，但这是一种意想不到的联系吗？至少有一些市场参与者预见了这种危险，一些政府机构的官员也发出了警告，但这些都是徒劳的。

结论

正常事故理论和新制度主义理论都对我们理解公司行为和政府行为做出了贡献。他们都被用来解释当前的金融危机。它们指出了系统的结构特征，例如交互复杂性和紧密性耦合；文化特征，如广泛的自由市场意识形态；甚至更微妙的操演性动态机制，给我们提供了许多可利用的工具。我们既需要结构上的洞见，也需要文化上的洞见。但我强调的是结构和文化之外的东西，不管结构和文化对它的影响有多大。在有着强大的政府和商业精英的前提下，正是人类行动者和人的利益所扮演的角色，能够根据他们自己的狭隘利益来塑造系统结构，并传播诸如自由市场意识形态等文化，这些文化将掩盖或证明系统中存在的狭隘利益。在我的一本书中，我将其称为"管理者的失败"，即管理者没有将自己的组织、客户和公众的利益置于个人利益之上，这可以被称为"明知渎职"。我在金融危机中多次看到这种精英行为，我很少看到当前的结构和文化理论中对它的认知。

参考文献

Adams, G. B., & Balfour, D. L. (2004). *Unmasking administrative evil*. New York: Sage Publications.

Bookstaber, R. (2007a). *A demon of our own desigh: Markets, hedge funds, and the perils of financial innovation*. New York: Wiley.

Bookstaber, R. (2007b). The myth of non correlation. *Institutional Invester*, 5, 80–82.

Faiola, A., Nakashima, E., & Drew, J. (2008). What went wrong. *Washington Post*, October 15.

Greenwood, R., & Suddaby, R. (2006). Institutional entreprenuership in mature fiields: the big five accounting firms. *Academy of Management Journal*, 49, 23–48. Available at http://search. ebscohost.com/login.aspx?direct = true&db = bth&AN =

20785498&site = ehost-live.

Huffington, A. (2008). Will the Madoff debacle finally end the Who could have known era? *Huffington Post.* December 15.

Johnson, S. (2009). The quiet coup. *The Atlantic*, May. Available at http://www. theatlantic. com/doc/print/200905/imf-advice.

Kostigen, T. (2009). The 10 most unethical people in business. *Wall Street Journal*, January 15. Available at http://www.marketwatch.com/story/the-10-most-unethical-people-inbusiness?siteid = rss.

Lewis, M. (2008). What Wall Street's CEOs don't know can kill you. *Bloomberg News*, March 26.

Lipton, E., & Hernandez, R. (2008). A champion of Wall Street reaps benefits. *New York Times*, December 14. Available at http://www.nytimes.com/2008/12/14/business/14schumer.html? scp = 1&sq = A%20champion%20of%20Wall%20Street%20 reaps%20benefits.&st = cse.

Lo, A.W. (2009). Kill the Quants: models vs. mania in the current financial crisis. I E Block Community Lecture. Available at http://live.blueskybroadcast.com/bsb/client/ CL_ DEFAULT.asp?Client = 975312&PCAT = 1455&CAT = 1458.

Lowenstein, R. (2008). Triple-A failure. *New York Times*, April 27.

MacKenzie, D. (2003). Long-term capital management and the sociology of arbitrage. *Economy and Society*, 32, 349–380. Available at http://dx.doi. org/10.1080/03085140303130.

MacKenzie, D., & Millo, Y. (2003). Constructing a market, performing theory: The historical sociology of a financial derivatives exchange. *American Journal of Sociology*, 109, 107–145.

Morgenson, G., & Story, L. (2009). Banks bundled bad debt, bet against it and won. *New York Times*, December 24. Available at http://www.nytimes.com/2009/12/24/ business/ 24trading.html?_r = 1&em = &pagewanted = print.

Nelson, S. R. (2008). The real great depression. *Chronicle of Higher Education.* Available at http://chronicle.com/weekly/v55/i08/08b09801.htm.

Perrow, C. (1999). *Normal accidents: Living with high risk technologies.*

Princeton, NJ: Princeton University Press.

Perrow, C. (2007). *The next catastrophe: Reducing our vulnerabilities to natural, industrial, and terrorist disasters*. Princeton, NJ: Princeton University Press.

Schmitt, R. (2009). Profit and loss. *Stanford Alumni Magazine*, March/April. Available at http://www.stanfordalumni.org/news/magazine/2009/marapr/features/born.html.

Snook, S. (2000). *Friendly fire*. Princeton, NJ: Princeton University Press.

Vaughan, D. (1996). *The challenger launch decision*. Chicago: University of Chicago Press.

Zuckerman, E. (2008). Realists, constructionists, and lemminjgs, oh my! [Oart 1]. orgtheory.net, October 26. Available at http://orgtheory.wordpress.com/2008/10/26/realists-constructionistsand-lemmings-oh-my-part-i/.